사이버 공간의 국제정치경제

사이버 공간의 국제정치경제

2018년 6월 15일 초판 1쇄 인쇄
2018년 6월 20일 초판 1쇄 발행

지은이 이승주, 김상배, 강하연, 유인태, 배영자, 이왕휘, 차정미

편집 김천희
디자인 김진운
마케팅 남궁경민

펴낸이 윤철호·김천희
펴낸곳 ㈜사회평론아카데미
등록번호 2013-000247(2013년 8월 23일)
전화 02-2191-1133 팩스 02-326-1626
주소 03978 서울특별시 마포구 월드컵북로12길 17

ⓒ 이승주, 김상배, 강하연, 유인태, 배영자, 이왕휘, 차정미, 2018.

이메일 academy@sapyoung.com
홈페이지 www.sapyoung.com
ISBN 979-11-88108-72-5 93340

이 저서는 2016년 정부(교육과학기술부)의 재원으로 한국연구재단의 지원을 받아 수행된 연구임(2016S1A3A2924409).

사이버 공간의 국제정치경제

이승주 엮음

사회평론아카데미

서론

사이버 공간의 국제정치경제

사이버 공간은 더 이상 가상의 공간만은 아니다. 사이버 공간에서 발생하는 일이 우리의 현실을 강력하게 규정하기도 한다. '꼬리가 개를 흔드는' 격이다. 국제정치경제 분야에서도 예외는 아니다. 사이버 공간의 국제정치경제에서는 아직 '게임의 규칙'이 확립되어 있지 않아, 국가 행위자는 물론 비국가 행위자들마저도 자신에게 유리한 질서를 수립하기 위해 경합하고 있다. 가장 근본적으로는 사이버 공간에 대한 규제를 둘러싼 국가의 역할에 대해 미국, 중국, EU 등의 이해관계가 첨예하게 부딪치고 있다. 상품 무역 중심이었던 국제무역에서 온라인 거래 또는 디지털 무역의 비중이 비약적으로 증가함에 따라 데이터의 초국적 이동과 현지화 요건 등과 관련한 규제 조화의 문제가 현안으로 대두되고 있음에도 불구하고, 역시 주요국들이 자국의 자국의 이해관계를 고수함에 따라 다자 차원의 협상이 진행되지 않고 있다. 미국 등 주요국들은 양자 및 메가 FTA를 통해 자국의 이익을 반영하고, 이를 향후 전개될 표준 경쟁에서 유리한 위치를 선점하기 위해, 경쟁과 협력의 양면 게임을 펼치고 있다. 금융 역시 디지털화가 급진전하였음에도 불구하고, 사이버 공격 등에 대한 국제 협력은 아직 걸음마를 뗀 정도에 불과하여 취약성은 오히려 증대되는 역설적 현상이 벌어지고 있다.

사이버 공간은 국가 역할의 변환과 국제 규범과 질서 수립의 대상인 동시에, 자국 산업의 육성과 진흥을 위한 장이기도 하다. 일부 국가들이 사이버 공간에 대한 규제를 자국 산업의 육성을 위한 산업정책으로 활용하는 디지털 보호주의에 대한 우려가 제기되고 있는 것은 이 때문이다. 그러나 전통적인 산업정책과 달리 사이버 관련 산업은 경제적 이익뿐 아니라 정치적·사회적 요인이 강력하게 작동하고 있다는 점에서 새로운 분석과 설명을 필요로 한다. 사이버 공간에 대한 규제에는 자국 산업의 보호와 육성, 정치 체제의 안정과 유지, 개인 주권에 대한 존중 등 다양한 목표가 혼재되어 있기 때문에, 이에 대한 단편적 접근은 오히려 현실에 대한 이해를 저해할 위험성마저 있다. 또한 기술 및 생산 방식의 변화가 사이버 공간에서 벌어지는 경쟁에 영향을 미친다는 점에서 사이버 공간과 기저의 산업적 기반은 긴밀하게 연계되어 있다. 양자 사이의 연계는 향후 산업 경쟁력의 핵심이 플랫폼 경쟁에서의 승패와 밀접한 관련이 있을 것임을 시사한다.

사이버 공간에서는 이처럼 과거에는 볼 수 없었던 변화가 동시다발적으로 전개되고 있다. 그러나 기존 국제질서와 주요 행위자들의 인식 및 전략은 과거의 틀에서 탈피하지 못하고 있다는 점에서 변화하는 현실과 현존하는 질서 사이의 괴리는 오히려 커지고 있다는 데 문제가 있다. 이 책은 이러한 점에 착안하여 사이버 공간상에서 벌어지는 변화의 요체를 가능한 한 정확하게 파악하는 한편, 주요 행위자 사이에 전개되고 있는 경쟁의 동학과 향후 전망을 시도하고자 한다. 이를 위해 일곱 명의 저자들이 사이버 공간에서 대두되고 있는 국제정치경제의 주요 쟁점들을 의욕적으로 고찰한다.

김상배는 데이터의 초국적 유통이 획기적으로 증가함에 따라 불가피하게 대두될 국가의 역할과 권한의 변화에 대한 논의를 정보주권의 시각에서 검토한다. 사이버 공간에서 국가의 역할이 현실의 문제로 빠르게 대두되고 있음에도 불구하고, 이에 대한 논의의 수준은 단편적 관찰에 의존하는 경향이 있을 뿐 아니라 여전히 전통적 인식과 이론적 틀 속에 이루어지는 한계를 벗어나지 못하고 있다는 지적이다. '새 술을 오래된 부대'에 담고 있는 셈이다.

김상배는 이러한 한계를 극복하기 위해서는 데이터의 초국적 유통 문제와 관련 미국, 중국, EU 등 주요국들의 인식과 전략을 국가 주권 변화의 프레임 경쟁의 관점에서 고찰할 필요가 있음을 역설한다. 우선, 미국은 데이터의 초국적 유통을 보장하기 위해 국가 주권을 이유로 통제해서는 안 된다는 국가 주권 무용론을 주장하는 반면, 중국 등 상당수 개도국들은 데이터의 초국적 유통에 대한 규제는 국가 주권 행사의 본질적 대상이 되어야 한다는 국가 주권 복원론을 주장한다. EU는 시민주권론의 입장에서 데이터의 초국적 유통이 개인 프라이버시의 보호의 문제로 인식한다는 점에서 미국 및 중국과도 차별화된 입장을 갖고 있다. 주요국들이 표방하는 기본 입장의 이면에는 자국에 유리한 사이버 공간의 국제질서를 수립할 필요가 있다는 현실적 이해관계가 작용하고 있다. 미국은 자국 기업의 이익을 증진하는 데 도움이 되는 새로운 질서를 수립하려는 의도를 갖고 있고, 중국은 데이터의 초국적 유통이 규제되지 않을 경우 정보 주권이 잠식될 것을 우려하는 것이 바로 그것이다. 김상배는 바로 이러한 이유에서 데이터의 초국적 유통과 관련한 주요국들의 인식과 전략의 차이는 사이버 공간

상의 국가 역할의 변환의 맥락에서 이해될 필요가 있다고 주장한다.

강하연은 ICT기술의 발달이 상품과 서비스 무역의 경계를 사실상 무너뜨림에 따라 기존 국제무역질서의 재편이 필요한 상황임에도 주요국들이 입장 차이를 해소하는 데 실패함으로써 차선의 대안을 추구하는 상황이 전개되는 것으로 진단한다. 강하연은 이러한 문제를 초래하는 근본으로 서비스 무역의 특성과 WTO 차원의 협상의 한계를 지적한다. 우선, 아마존, 알리바바 등 미국과 중국의 기업들을 중심으로 디지털 서비스무역이 급증하는 것인 현실임에도, 디지털 서비스 무역은 상품 무역에 비해 개별 국가의 규제와 사회문화적 요소가 미치는 영향이 상대적으로 크기 때문에 현실의 변화와 새로운 질서 수립 사이의 괴리가 불가피하게 발생하고 있다는 것이다. ICT 산업의 발달로 연결성이 증진될수록, 디지털 무역을 뒷받침할 규제 조화가 필요한데 이에 대한 주요국의 이해관계가 첨예하게 엇갈리기 때문이다. 세계적인 경쟁력을 갖춘 IT 기업과 금융 기관을 보유하고 있는 미국은 데이터의 초국적 이동을 포함한 개방적인 국제무역질서의 수립에 적극적인 반면, EU를 포함한 상당수 국가들은 개인 정보 또는 국가 안보를 이유로 현지화 요건 등 규제가 필요하다는 입장을 고수하고 있다.

이에 더하여 국제무역질서의 재편이 어려운 것은 다자협상의 장인 WTO가 디지털 무역 문제를 다루기에 적합하지 않다는 점 또한 무시하기 어렵다. WTO가 다자주의 규범에 기초한 협상 방식을 유지하고 있기 때문에, 회원국 간 이해관계가 첨예하게 부딪치는 문제에 대한 합의를 이끌어내는 것이 매우 어려울 수밖에 없기 때문이다. 미국의 한미 FTA 및 TPP를 통해 디지털 무역 관련 새로운 규칙을 수립하려는 차선의 선택을 해야 했던 이유는 여기에 있다. 강하연은 트럼프 행정부가 비록 TPP에서 탈퇴하였으나 TPP에서 합의된 내용을 향후 디지털 무역 질서를 수립해나가는 과정에서 새로운 표준으로 추구할 가능성이 높을 것으로 전망한다. 특히 트럼프 대통령이 WTO와 메가 FTA에 대한 강한 불신을 반복적으로 표출한 데서 알 수 있듯이 미국은 새로운 표준을 양자 차원에서 강력하게 추진할 것으로 보인다.

유인태는 사이버 공간에서 대두되는 또 하나의 새로운 현상인 디지털 보호주의를 국내 온라인 게임 산업과 라이드 셰어링 플랫폼 서비스의 사례를 통해 검토한다. 디지털 보호주의는 이론적으로 정립된 개념은 아니나 IT 서비스 무역 관련 사실상 보호무역의 효과를 초래하는 정부 정책과 규제가 다양하게 이루어지고 있다는 점에서 분석의 대상이 되기에 충분하다. 실제로 온라인 게임 서비스와 라이드 셰어링 플랫폼 서비스의 경우 한국 정부의 규제가 해외 기업에 대한 일종의 진입 장벽을 세운 효과를 초래했다는 지적이 있는 것이 사실이다. 표면적으로 두 사례의 공통점이 있기는 하나, 디지털 보호주의의 작동 메커니즘이 차별적이라는 것이 유인태의 주장이다. 모빌리티 서비스 사례는 서비스 업계와 택시 업계 등과 국토부 및 서울시 등 직접적인 이해관계자들과 정부 부처가 주요 행위자로 참여하는 등 이익집단정치의 단면을 드러냈다. 반면, 온라인 게임 산업 사례는 디지털 서비스에 대한 규제가 과거의 전통적인 산업정책적 목적 때문이 아니라, 사회문화적 요인 때문에 이루어졌다는 차이가 발견된다. 한국 정부가 온라인 게임을 규제하는 근거를 게임산업법이나 청소년보호법 등에서 도박과 같이 분류하는 등 사회문화적 요인에서 찾고 있다. 유인태는 이러한 특성을 반영하여 규제의 부과 여부를 둘러싼 정책결정에 경제적 이해관계를 가진 행위자들뿐 아니라 학부모 단체가 참여하는 등 행위자의 범위가 확대되는 결과가 초래되었다고 본다.

배영자는 자동차 산업의 사례를 중심으로 4차 산업혁명에 기반한 제조업의 변화에 주목한다. 이 문제는 사이버 공간의 기저에서 작동하는 산업 변화라는 점에서 그 의미를 찾을 수 있다. 배영자는 다른 제조업 분야에서 스마트 팩토리 등이 빠르게 도입 및 확산되는 변화가 발생하고 있는 것은 사실이나, 자동차 산업에서 생산 방식의 변화, 생산 네트워크의 재배치, 그에 따른 리쇼어링 등 산업 구조, 생산 방식, 고용의 근본적 변화가 아직 본격적으로 발생하고 있지는 않은 것으로 진단한다.

그러나 이것이 4차 산업혁명시대 자동차 산업의 성격을 규정짓는 것은 아니다. 배영자에 따르면, 오히려 주목할 것은 자동차 산업에서 빠르게 진행되고 있는 플랫폼 경쟁이다. 자동차 산업은 생산 과정의 자동화뿐 아니라, 빅데이터, 인공지능, 사물인터넷 등 4차 산업혁명의 핵심 기술과 융합되면서 급격하게 변화하고 있다. 자동차 산업 분야 경쟁의 핵심이 더 이상 이동성(mobility)에만 있는 것이 아니라, 자동차의 연결성, 친환경성, 공유 가능성 등으로 변화하고 있다. 즉, 4차 산업혁명의 진전으로 인해, 자동차 산업에서 새로운 서비스 플랫폼의 구축을 위한 경쟁이 치열하게 전개되고 있는 것이다. 배영자는 기존 완성차 업체들은 자동차 생산 능력을 기반으로 빅데이터, 인공지능, 사물인터넷 기술을 융합하고 통합 서비스를 제공하는 전략을 추구하는 반면, 구글, 테슬라, 아마존 등은 역으로 빅데이터, 인공지능, 사물인터넷 기술 등에 대한 경쟁 우위를 활용하여 자율주행 전기자동차를 개발, 생산하는 등 플랫폼 개발 경쟁이 향후 자동차 산업의 미래에 중대한 영향을 미칠 것으로 전망한다.

이왕휘는 사이버 공간에서 발생하는 또 하나의 중요한 쟁점인 금융의 디지털화를 검토한다. 특히 금융의 디지털화가 급격하게 진행됨에 따라, 역설적으로 사이버 공격에 대한 세계금융시장의 취약성이 증대되고 있는 점에 주목한다. 2010년 이후 금융 기관에 대한 사이버 공격이 빈발하고 피해 규모도 급증하고 있음에도 불구하고 사건의 해결과 재발 방지를 위한 국제적 노력이 적절하게 이루어지지 않고 있다는 것이다. 이왕휘는 사이버 금융 안보를 위한 국가 간 협력의 근본적인 한계에서 원인을 찾는다. 사이버 공격의 특성상 다양한 쟁점들이 중첩되어 있기 때문에 이를 통합하여 조사하고 처벌할 수 있는 국제기구가 존재하지 않을 뿐 아니라 관련 국제법이 확립되어 있지 않다. 그 결과 개별 국가들이 자국 이익의 관점에서 사이버 해킹 문제에 접근하는 경향이 있기 때문에, 중립적 관점의 문제 해결이 사실상 매우 어렵다는 것이다. 이에 더하여 사이버 공격을 포함한 사이버 안보 관련 규제, 법, 처벌 수위 등이 국가별로 차이가 매우 커서 사이버 공격이 규제가 가장 취약한 국가를 경유하는 경우가 빈번하게 발생하는 문제가 있다. 사이버 공격에 대한 방어와 예방은 정부의 힘만으로는 사실상 불가능하기 때문에 민관 협력이 필수적임에도 협력 체계가 효과적으로 구축되어 있지 못하다는 한계가 있다. 이왕휘는 이러한 문제가 해결되지 않고서는 금융기관에 대한 사이버 공격을 방어, 예방하기 위한 국제적 협력은 현실적으로 개선되기 어려울 것으로 전망한다.

차정미는 인터넷 대국으로 부상하고 있는 중국 사이버 정책의 양면성에 주목한다. 중국 정부는 사이버 관련 산업의 육성을 위해 다양한 산업정책을 시행하고 재정적 지원을 확대하는 한편, 인터넷 검열과 통제를 강화하고 있다. 사이버 관련 산업과 관련 중국 정부가 '기술 개발'과 '국가 통제'라는 어쩌면 이율배반적인 정책 목표를 추구하고 있다는 것이다. 기술 개발과 관련, 해외 기업과 정부들은 중국 정부가 자국 기업에 다양한 정책적·재정적 지원을 했기 때문에 급성장할 수 있었다고 비판하고, 디지털 보호주의를 중지할 것을 강력하게 요구하고 있다.

여기서 제기될 수 있는 질문은 중국 사이버 관련 산업이 성공적으로 성장한 이후에는 인터넷 검열, 소스코드 요구 등 외국 기업에 대한 차별적 조치로 해석될 수 있는 정책들을 중국 정부가 포기할 것인가 하는 것이다. 차정미는 중국 정부의 사이버 관련 산업에 대한 규제의 목표가 자국 산업에 대한 지원과 외국 기업에 대한 차별과 같은 디지털 보호주의에 국한되는 것은 아니라고 주장한다. 중국 특색의 사회주의 사상과 체제의 유지와 보호라는 정치적 고려가 중국 정부의 최우선 정책 목표이기 때문에 인터넷 검열 등 중국 정부의 규제는 자국 산업의 성장이라는 경제적 목표가 완수된 이후에도 지속될 가능성이 높다는 것이다. 더 나아가 중국은 사이버 공간의 국제질서의 형성하는 과정에서 서구 국가들과 이견을 계속 유지할 것으로 예상된다.

이승주는 한국 정부와 구글이 공간 정보의 국외 반출을 둘러싸고 갈등을 지속한 사례를 분석한다. 이승주는 한국 정부와 구글의 갈등 사례는 '기업 활동의 자유 대 국가 안보' 문제뿐 아니라 데이터 국지화, 산업정책, 규제 완화, 국내 기업 역차별, 개인 정보 보호 등 다양한 쟁점들과 연계되었다는 점에 주목한다. 구글 사례는 일차적으로 기업 활동의 자유와 국가 안보 사이의 긴장 관계를 드러낸다. 한국 정부는 구글의 공간 정보 반출 요청에 대해 주요 보안 시설을 위성 영상에서 삭제하여야 한다는 조건을 제시하였으나, 구글이 이 요청을 거절한 데서 이 문제가 표면화되었기 때문이다. 이 문제는 2016년부터 미국 정부가 주목하기 시작하면서 '데이터 국지화와 무역 장벽'의 문제로 전선이 확대되었다. 미국 통상대표부가 2016년 데이터 해외 반출 신청이 열 번째 거부된 점을 지적함으로써 국가안보의 문제에서 해외 기업에 대한 경쟁 제한의 문제로 확대된 것이다. 국내 기업들이 구글 사례에 대해 문제 제기를 함에 따라 이 문제는 다시 한번 새로운 국면으로 변화하게 되었다. 네이버 등 국내 기업들이 구글이 한국 정부의 규제를 사실상 회피함으로써 국내 기업에 비해 우수한 정보 서비스를 제공할 수 있게 되어 결과적으로 국내 기업과의 경쟁에서 유리한 위치를 점할 수 있게 된다고 강력하게 비판하고, 국회의 일각에서도 이 문제에 관심을 표명하였다. 이승주는 구글 사례가 다양한 쟁점들이 뒤얽힌 복합적인 문제이기 때문에 단편적인 시각을 오히려 경계할 필요가 있다고 지적하고, 다양한 쟁점 가운데 다수는 다른 국가들도 직면한 문제라는 점을 인식하고 보편성과 특수성 사이에서 적절한 균형을 취하는 것이 필요하다고 제시한다.

사이버 공간에서 진행되는 주요 현상들은 그 중요성에도 불구하고 아직 국제정치경제 분야에서 본격적으로 다루어지지 않고 있다. 이는 사이버 공간에서 벌어지는 현상에 대한 기존 시각의 분석적 한계와 시시각각 변화하는 현실을 추수하기에 급급한 실정과 무관하지 않다. 이 책은 이러한 현실적 난관에도 불구하고 사이버 공간의 국제정치경제를 미지의 영역으로 남겨두기보다는 탐구의 대상으로 삼아야겠다는 과감한 시도의 첫 결과물이다.

2018년 3월
이승주

14

차례

제1장

초국적 데이터 유통과 정보주권

-국가주권 변환의 프레임 경쟁-

김상배

I. 머리말

최근 초국적 데이터 유통(Transnational Data Flow, TDF)이 활발해지면서 이를 통제하는 국가의 역할과 권한에 대한 논의가 정보주권이라는 이름 아래 한창 진행되고 있다. 무분별하게 유출되는 개인정보를 단속하기 위해 국가주권을 확립해야 한다는 주장이 있는가 하면, 새롭게 부상하는 빅데이터 환경의 현실이 국가주권 확립의 시도 자체를 무색케 한다는 주장도 제기되고 있다. 그런데 이러한 논의들은 모두 21세기 세계정치와 국가주권의 변환을 단편적인 관찰과 오래된 이론적 인식에 기반을 두고 보려는 한계를 안고 있다. 최근 벌어지는 초국적 데이터 유통 현상은 국가주권의 일방적 강화론이나 섣부른 무용론의 이분법적인 구도로만 볼 수 없는 복잡한 양상을 띠고 있다. 실제로 초국적 데이터 유통에 대응하는 각국의 인식과 전략, 그리고 도입되는 제도가 매우 다양하게 전개되고 있어 그 기저에 깔린 국가주권의 변환을 좀 더 복합적인 시각에서 볼 필요성을 제기한다. 이러한 맥락에서 이 글은 초국적 데이터 유통에 대응하는 미국, 중국, EU(European Union)의 행보를 국가주권 변환의 프레임 경쟁이라는 시각에서 살펴보고자 한다. 일차적으로는 이 글의 논의는 이론적 분석틀을 마련하는 데 주안점을 둘 것이며, 이를 입증하기 위한 사례들을 검토할 것이다.

　초국적 데이터 유통과 관련하여 국가주권 변환에 대한 논의의 필요성이 제기되는 것은 일차적으로는 초국적으로 유통되는 데이터, 달리 말해 이른바 빅데이터가 지닌 자체의 특성에서 발생한다. 빅데이터는 '축적과 소유'의 개념이 아닌 '관계와 흐름'의 개념으로 봐야 하는 문제이다. 빅데이터의 가치는 개별 데이터·정보들이 제공하지 못했던 개인의 행위패턴을 읽는 과정에서 생성된다. 이런 맥락에서 보면 빅데이터 시대에는 데이터 자체의 생산자나 소유자(해당 국가의 개인이나 기관 등)로부터 데이터 사이의 패턴을 읽는 활용자(주로 미국의 인터넷 비즈니스 기업들)로 권력이 이동한다. 그런데 기업들이 수집하는 빅데이터의 국적과 그 빅데이터를 저장·활용하는 기업의 국적이 다르다는 점에 갈등이 발생할 소지가 있다. 빅데이터 경쟁이 벌어지는 시대에 경쟁력의 핵심인 빅데이터를, 그것도 자국을 기반으로 생성된 빅데이터를 외국 업체들에게 통째로 넘겨준다는 우려가 제기되고 있다. 이러한 맥락에서 초국적 데이터 유통을 규제하려는 국가주권에 대한 논의가 제기된다(김상배 2015).

현재 초국적 데이터 유통에 대한 대응은 크게 세 가지의 상이한 형태로 나타나고 있으며, 이들은 모두 각기 상이한 국가주권의 관념을 상정하고 있다. 미국의 경우, 자본의 시각에서 국경을 넘나드는 데이터의 자유로운 흐름을 강조하며 이를 통제하는 국가주권의 주장이 사실상 무용하다는 입장으로 요약된다. 이 분야를 주도하고 있는 미국 다국적 기업들의 이익을 옹호하기 위해서 규제를 최소화하고 이에 맞는 글로벌 질서를 만들고 싶은 강대국으로서 미국의 의도가 숨어 있다. 이에 비해 중국을 비롯한 러시아나 개도국은 초국적 데이터 유통에 대한 규제가 국가 본연의 주권적 권리라는 시각에서 접근한다. 데이터의 자유로운 유통보다는 오히려 빅데이터 역량을 장악하고 선진국 기업들의 침투로부터 자국의 정보주권이 잠식될지도 모른다는 우려를 제기한다. 한편 EU의 경우 자유로운 데이터의 초국적 유통으로 인해 침해될 수 있는 개인권리의 보호라는 관점에서 접근한다. EU가 원용하는 주권의 개념은 비즈니스의 이익을 반영한 국가주권의 무용론이나 전통적인 국가주권의 복원론의 차원을 넘어서는 좀 더 복합적인 맥락에서 보는 일종의 시민주권론이라고 할 수 있다.

　　이 글은 이러한 차이를 국제정치학에서 논의되는 국가주권의 변환에 대한 이론적 논의를 원용하여 이해하고자 한다. 이 글에서 원용하는 국가주권의 개념은 크게 세 가지인데, 첫째 정부(government) 차원에서 영토국가의 경계를 넘어서 발생하는 활동을 통제하는 사실상(*de facto*) 능력으로서 정책주권, 둘째, 국가(statehood) 차원에서 누가 정당한 행위자인지 그리고 그 인정의 근거가 무엇인지를 논하는 법률상(*de jure*) 권위로서 법정치적 주권, 마지막으로 네이션(nation) 차원에서 정치적 단위체에 대한 공유된 집합적 정체성으로서 관념적 주권으로 나누어 볼 수 있다. 사실 이러한 세 가지 측면에서 볼 때, '정부-국가-네이션의 복합체'로서 국가주권을 특권화 할 수는 없는 것이 오늘날의 상황이다. 그렇다고 국가주권이 완전히 사라진다고 볼 수도 없으며, 여전히 국가의 주권적 역할이 필요한 부분은 남아 있다. 따라서 21세기 주권론의 관건은, 사라지지 않고 있는 기존의 국가주권과 새로이 부상하고 있는 탈(脫)국가주권의 요소들을 하나로 엮어서 보는 분석개념의 개발에 있다.

　　현재 초국적 데이터 유통에 대응하는 국가의 역할을 분석하기 위해서 원용되는 국가주권의 개념은 각국별로 다르게 표출되고 있다. 게다가 이러한 국가주권 개념의 이면에는 각기 다른 이해관계가 깔려 있다. 이러한 개념과 이해관계의 차이는 이 분야에서 모색되는 국제규범에 대한 인식과 정책이 충돌하는 원인이 된다. 이 글은 이러한 경합의 양상을 분석하기 위해서, 미국의 미디어 학자 토드 기틀린(Todd Gitlin)이 개발하고 미국의 언어학자 조지 레이코프(George Lakoff)에 의해 널리 소개된 '프레임(frame)'의 개념을 원용하였다(Gitlin 1980; 레이코프 2007). 이들의 시각을 적용하여 이 글이 보고자 하는 바는, 서로 상이하게 주장되는 국가주권 프레임의 기저에 깔린 이익과 이를 구현하기 위한 담론의 경쟁, 즉 '프레임 경쟁'이다(김상배 2017). 사실 복합적인 담론경쟁의 시각에서 보는 프레임은 단순히 중립적인 것이 아니라 이를 통해서 미래 세계질서를 자신에게 유리한 방향으로 재구성하려는 이익이 반영된 것이다. 이러한 문제의식을 바탕으로 이 글은 초국적 데이터 유통에 대응하는 국가주권 변환의 세 가지 프레임을 개념적·경험적으로도 탐구하였다.

　이 글은 크게 네 부분으로 구성되었다. 제2절은 국가주권 변환의 분석틀을 제시하기 위해서 기존의 국제정치이론의 논의를 원용하여 정책주권, 법정치적 주권, 관념적 주권으로 대변되는 국가주권 개념의 세 가지 차원을 제시하였다. 이하의 장들은 이러한 분석틀에 입각하여 최근 미국, 중국, EU를 중심으로 진행되고 있는 초국적 데이터 유통에 대한 국가주권의 대응을 검토하였다. 제3절은 초국적 데이터 유통의 국제레짐을 옹호하는 미국 빅데이터 기업들의 이익과 그 이면에 깔려 있는 국가주권 약화론의 관념을 다자간서비스협정(Trade in Services Agreement, TISA)의 사례를 통해서 살펴보았다. 제4절은 미국 다국적 기업들의 공세에 대해서 자국의 국가주권을 수호하는 차원에서 대응하는 중국 정부의 인식과 정책을 2010년 구글의 중국 시장 철수 사례를 통해서 살펴보았다. 제5절은 미국 다국적 기업들이 주도하는 초국적 데이터 유통에 대한 EU의 대응을 세이프하버 협정과 그 무효화 및 후속조치들의 사례를 통해서 살펴보았다. 끝으로, 맺음말에서는 이 글의 주장을 종합·요약하고, 국가주권 변환 시대 한국의 외교전략이 모색할 방향에 대해서 간략히 짚어 보았다.

II. 국가주권 변환의 분석틀

1. 국가주권 변환의 세 가지 차원

현대 국제정치학에서 주권 개념의 변환에 대한 논의는 매우 다양한 형태로 진행되고 있다. 그 중에서 주권 개념의 분석틀로서 가장 많이 알려진 것은 스테판 크래스너(Stephen Krasner)의 4분법이다. 크래스너는 주권의 개념을 국제법적 주권, 웨스트팔리아 주권, 대내적 주권, 상호의존 주권의 넷으로 나누어서 이해한다. 국제법적 주권은 국가들 간 승인이라는 법률상(*de jure*) 상호성을 다룬다. 웨스트팔리아 주권은 내정불간섭과 같은 사실상(*de facto*) 대외적 독립성과 관련된다. 대내적 주권은 국가의 영토적 경계 안에서 행사되는 대내적 최고성을 다룬다. 상호의존 주권은 주로 자국 국경을 넘는 활동에 대한 통제력을 의미한다. 이 중에서 국제법적 주권과 국내적 주권이 권위에 관한 것이라면, 상호의존 주권은 통제력과 관련된 것이고, 웨스트팔리아 주권은 권위와 통제력 모두에 관한 것이다(Krasner 1999; 2009).

크래스너에 의하면, 주권의 개념은 근대 국제정치가 일종의 '조작된 위선'에 의거해서 굴러가는 모습을 반영한다고 한다(Krasner 1999). 겉으로는 상대방의 국제법적 주권을 인정하지만 사실은 이러한 주권을 우회하는 다양한 통제의 기제가 존재한다는 것이다. 또한 현실 국제정치에서는 주권국가라고 해도 이러한 네 가지의 주권을 모두 행사하고 있는 것은 아니라고 한다. 예를 들어 비강대국의 경우에는 국제법적 주권과 국내법적 주권과 같은 법제도적 권위는 보유하지만, 웨스트팔리아 주권과 상호의존 주권과 같은 사실상의 통제력은 가지지 못할 수도 있다는 것이다. 크래스너도 근대 국제정치에 기원을 두는 주권의 개념이 최근 들어 일정한 변화를 겪고 있음을 인정한다(전재성 2011, 51).

이러한 크래스너의 분석틀은 주권의 변환을 이해하는 데 유용한 길잡이를 제공한다. 이 글에서는 크래스너의 분석틀을 기반으로 하지만 이를 그대로 원용하기보다는 현재의 맥락, 특히 사이버 공간에서 벌어지는 국가 간 상호작용의 성격에 비추어 개작하여 사용하고자 한다(김상배 2014). 크래스너의 네 가지 주권 개념 중에서 상호의존 주권과 나머지 세 가지 주권을 두 그룹으로 나누어 이해하고, 크래스너가 간과하고 있는 또 하나의 주권 개념을 새로이 추가하였다. 이리하여 이 글이 제시하는 세 가지의 주권 개념은 정부(government) 차원의 통제력으로서 '정책주권,' 국가(statehood) 차원의 권위로서 '법정치적 주권,' 네이션(nation) 차원에서 공유된 집합정체성으로서 '관념적 주권'으로 나누어 볼 수 있다. 이러한 세 가지 분석틀에 의거해서 볼 때, 오늘날 국가주권은 근대 국제정치에서 상정하는 개념적 차원을 넘어서는 다층적인 변환을 겪고 있다.

첫째, '정부의 통제력'으로서 주권의 시각에서 볼 때, 최근 영토국가의 경계를 넘어서 발생하는 활동을 통제하는 능력으로서 정책주권은 침식되고 있다. 이는 크래스너가 말하는 상호의존 주권의 약화와 같은 개념인데, 정부가 추진하는 정책 차원의 자주나 자율성 및 능력의 관점에서 파악된 주권 개념의 변화이다. 이러한 주권 개념은 할 수 있는 것과 할 수 없는 것으로 구분되는 능력 개념의 형태로 이해되는데, 최근 국가가 정부 차원에서 할 수 없는 것이 늘어남으로써 능력이라는 관점에서 본 주권적 자율성이 제약받고 있다(김상배 2014).

실제로 글로벌화와 정보화의 시대를 맞이한 오늘날에는 정부의 직접적 통제 하에 놓이지 않은 국내외 활동들이 늘어나고 있다. 정책을 입안하여 추진하는 데 있어서도 국내외 문제의 경계도 허물어지고 있으며, 이들 정책은 다른 나라와의 상호작용과 협력 및 공조의 관계 속에서 추진되어야 한다. 이러한 과정에서 영토주권의 경계는 점차로 구멍이 뚫리고 글로벌화의 흐름에 의해서 종종 초월된다. 국가 대 국가의 관계, 또는 국가 대 비국가 행위자의 관계에서 어느 국가의 정부가 행사하는 통제력은 약해졌다. 예를 들어, 자본의 흐름에 대한 통제가 약해지거나 기술경제적 교환이 초국경적으로 이루어지는 현상 등이 대표적 사례들이다. 특히 주로 기술의 발달에 의해서 가능해진 다양한 현상들, 즉 경제적 상호의존의 증대, 다국적 기업의 영향력 증대, 국제기구의 증대된 역할, 급증하는 세계적 차원의 커뮤니케이션, 핵확산과 테러의 위협 등은 국가의 정책주권을 침식하는 주된 원인들이다.

둘째, '국가의 법정치적 권위'로서 주권의 개념에 입각해서 볼 때, 근대 국민국가가 누려왔던 법정치적 권위는 침식되고 있다. 이는 크래스너가 말하는 세 가지 주권 개념, 즉 웨스트팔리아 주권, 대내적 주권, 국제법적 주권의 조합인데, 내정불간섭으로 대변되는 국가의 독립적인 지위를 뒷받침하는 법률상(*de jure*) 또는 제도적 차원에서 파악된 주권 개념의 변화이다. 이러한 법정치적 권위는 누가 정당한 행위자로 인정받는지, 그리고 그 인정의 근거가 무엇인지를 묻는 문제이다. 좁은 의미에서 주권의 개념을 이해한다면, 법정치적 권위로서의 주권 개념이 주로 해당된다. 이러한 잣대로 볼 때, 전통적으로 알려져 있는 대내적으로 지고하고 대외적으로 독립적인 좁은 의미의 주권은 변하고 있다(김상배 2014).

이러한 변화는 주로 국가가 행사하는 영토주권의 침식으로 나타난다. 예를 들어, 정치적 차원에서 글로벌 인권과 인도주의적 개입의 관념은 국가의 국내법적 권위를 인정하는 내정불간섭의 원칙에 도전하고 있다. 경제적 차원에서 지적재산권이나 탄소배출권 등의 문제를 처리하는 국제규범의 형성도 유사한 사례이다. 또한 국내외의 경계를 넘나들며 발생하는 테러리즘, 범죄행위, 시민분쟁 등은 국가가 정당하게 폭력을 행사하는 유일한 행위자라는 막스 베버(Max Weber)의 전제를 몰아냈다. 오늘날 세계정치에서 모든 국가폭력이 정당한 것으로 간주되지 않을 뿐만 아니라 어떤 비국가 행위자들은 특정한 종류의 폭력을 행사할 권위를 주장하기도 한다. 마치 중세에서 근대로의 이행기에 교회의 권위가 침식되었던 것처럼 오늘날 국가주권은 권위의 위기를 맞고 있다.

끝으로, '네이션 차원에서 공유된 집합적 정체성'으로서 주권의 개념에 입각해서 볼 때, 주권을 행사하는 정치적 단위체에 대한 공유된 관념으로서 주권 개념은 변환을 겪고 있다. 이는 크래스너가 상대적으로 경시한 것인데, 사람들의 심층적 일체감의 표현이자 세계질서의 구성원리를 반영하는 주권 관념의 변화이다. 이는 구성주의 시각과 통하는데, 상상의 공동체로서 네이션을 중심으로 하여 간주관적으로 구성되는 정체성으로서 주권 개념의 변화이다. 다시 말해, 앞서 언급한, 두 가지 주권 개념, 즉 정부(government)가 행사하는 통제의 능력과 국가(statehood) 차원의 법정치적 권위를 뒷받침하는 집합적 정체성으로서 네이션(nation)의 변화를 통해서 주권 개념의 변화를 이해하는 것이다(김상배 2014).

오늘날 네이션을 중심으로 간주관적으로 형성된 집합정체성으로 주권의 관념과 이에 기반을 둔 세계질서의 이미지는 다소 퇴색하고 있다. 이는 국가 중심의 집합 이미지에 도전하는 탈국가 중심의 집합 이미지와 구성원리가 등장함을 의미한다. 다시 말해 국가주권으로 대변되는 집합적 정체성은 더 이상 사람들 간의 어떤 심층적 일체감을 절대적으로 대변하지 못한다. 특히 글로벌화와 정보화의 시대를 맞이하여 네이션만이 지배적 정체성과 충성심의 원천이 아니다. 새롭게 활성화되고 있는 초국적 정체(polity)들이 자신들을 증진해 줄 새로운 초국적 정체성을 찾고 있다. 이러한 초국적 정체성의 사례가 늘어나면 사람들의 심층적 일체감의 표현으로서 국가주권은 변화를 겪을 것이 당연하다. 예를 들어 탈냉전 이후 등장한 종족적, 인종적, 종교적, 급진적 정체성의 발현은 이러한 정체성 변화의 사례이다. 공유된 관념이라는 차원에서 글로벌화와 정보화의 진전은 새로운 정체성을 제공한다. 이러한 새로운 정체성에 대한 논의는, 이른바 탈(脫)노드 정체성 또는 네트워크 정체성의 문제로 통한다.

2. 국가주권 변환의 프레임 경쟁

이상에서 언급한 주권의 세 가지 측면, 또는 이러한 세 가지 측면을 복합해서 상정해 보는 '정부-국가-네이션의 복합체'라는 관점에서 볼 때, 오늘날에는 국가주권을 특권화하거나 그 통제력을 과대평가함으로써 여타 행위자들의 점증하는 영향력과 권위를 간과할 수 없게 되었다. 국가의 통제능력이라는 점에서 그러한 특권화는 가능하지도 않고 또한 바람직하지도 않다. 또한 네이션이라는 집합적 이미지 안에 새로이 생동하는 정체성을 가두어 놓을 수도 없게 되었다. 그런데 여기서 우리가 한 가지 놓치지 말아야 할 중요한 문제가 있다. 다름 아니라 아무리 초국적을 활동하는 비국가 행위자들의 도전이 거세어지더라도 이상의 세 차원에서 살펴본 국가주권이 완전히 무력하게 사라져버리는 것은 아니라는 사실이다(김상배 2014).

첫째, 통제의 능력이라는 차원에서도 국가는, 예전처럼 절대적이

진 않더라도, 여전히 다른 행위자들에 비해서 가장 많은 능력을 가진 행위자이다. 군사안보 영역에서 국가는 여전히 가장 힘이 센 행위자이다. 해커들의 분야로 인식되었던 사이버 공격 분야에도 국가의 그림자가 점점 더 드리워지고 있다. 초국적 맥락에서 발생한 무역과 금융 문제를 해결할 열쇠도 국가 간 협의체가 쥐고 있다. 문화 분야의 초국적 흐름도 국가가 궁극적으로 방향을 틀어 놓을 수 있다. 인터넷 거버넌스 분야도 초창기에는 국가가 제 역할을 찾지 못하다가 최근에는 본격적으로 목소리를 높이고 있다.

둘째, 법정치적 권위라는 차원에서도 여전히 국가가 주장하는 권위는 있다. 다양한 민간 행위자들의 이해관계를 조율하는 과정에서 그러한 권위가 빛을 발한다. 어떠한 민간 행위자도 기존에 국가가 담당했던 공익(公益, public interests)의 역할을 대신하는 것은 아니기 때문이다. 이러한 국가의 역할은 다양한 행위자들의 이해관계를 조정하고 협력을 이끌어냄으로써 중심성(centrality)을 제공하는 일종의 중개자이자 조정자의 역할을 의미한다. 이러한 국가의 중개자 역할은 기능적인 차원에서 행정조직들의 관할권의 경계를 넘어서 또는 공공영역과 사적영역의 구분을 넘어서 이루어진다.

끝으로 공유된 관념이라는 차원에서도 네이션 단위의 집합정체성은 여전히 국가의 통제력과 법정치적 권위로서의 주권을 뒷받침하는 기반이다. 사실 모든 사람들은 여러 개의 정체성을 가지고 있다. 개인의 차원에서 글로벌 차원에 이르기까지 사회적 압력, 사회화 과정, 정치문화, 습관적 유대 등을 통해서 이러한 정체성이 형성된다. 그러나 이러한 정체성의 보유는 순전히 개인적 선택을 통해서만 이루어지지 않는다. 자발적으로 기꺼이 참여하거나 또는 심리적·물질적 보상을 받고서 수용한 것도 있지만, 경우에 따라서는 외부에서 부과되어 충성심을 요구하는 정체성도 있다. 글로벌화와 정보화의 시대를 맞이하여 이러한 여러 가지 종류의 정체성들이 발흥하고 있지만 이들을 관통하여 중심을 잡는 것은 여전히 국민정체성이다.

이러한 맥락에서 볼 때, 주권 변환에 대한 논의에서 시급하게 필요한 것은, 새로운 주권의 개념에서 변하고 있는 부분과 변하지 않는 부분들을 어떻게 포괄할 수 있느냐의 문제이다. 다시 말해, 21세기 주권론의 관건은, 사라지지 않고 있는 기존의 국가주권과 새로이 부상하고 있는 탈국가 주권의 요소들을 하나의 분석개념 안에 엮어서 보는 이론의 개발에 있다. 이렇게 발상을 바꾸어 보면, 21세기 세계정치에서 주권 개념은 기본적으로 국가주권과 탈국가주권이 섞이는 '복합주권'으로 이해할 수 있다(Grande and Pauly eds. 2005). 복합주권은, 앞서 소개한 분석틀을 원용하면, 통제의 능력과 법정치적 권위, 그리고 공유된 관념의 세 차원에서 전통적인 국가주권이 비국가 행위자들과의 관계를 새롭게 설정하는 면모를 잡아내려는 개념이다. 좀 더 구체적으로 말하면, 복합주권은 국가 행위자의 개별주권의 개념을 넘어서 국가 및 비국가 행위자들의 능력과 권위와 관념이 네트워킹되는 와중에 부상하는 네트워크 국가의 주권, 즉 '네트워크 주권'이라고 할 수 있다(김상배 2014).

네트워크 주권의 논의는 마이클 하트와 안토니오 네그리의 제국론에서 말하는 '제국주권(imperial sovereignty)'의 형태로 소개되었다. 그들에 의하면, 21세기 제국은 새로운 정치질서의 구성 또는 새로운 형태의 주권 개념의 출현을 기반으로 한다. 이러한 제국주권의 논의는 제국이 행사하는 새로운 권력의 메커니즘에 대한 논의로 통한다. 제국주권을 네트워크 주권으로 이해할 수 있다는 것은 바로 이러한 의미이다. 이러한 제국주권을 행사하고 있는 대표적 사례는 글로벌화와 정보화를 주도하고 있는 미국이다(Hardt and Negri 2000; 2004). 그런데 이 글에서 논하는 네트워크 주권의 개념은, 하트와 네그리의 논의처럼 강대국의 국가주권이 대외적으로 팽창하는 과정에서 변환하는 제국주권만을 논하는 것은 아니다. 이 글의 주권 개념은 탈국가주권의 맥락에서 제기되는 주권의 분산에 대한 논의를 포괄한다. 하트와 네그리가 팽창적 네트워크 주권을 논한다면, 이 글은 분산적 네트워크 주권의 개념에도 주목한다. 요컨대, 21세기 국가주권의 변환 문제는 국가 및 비국가 행위자들 간에 발생하는, 능력의 공유와 권위의 중첩, 그리고 정체성의 복합이라는 맥락에서 이해해야 한다.

이 글이 착안하는 바는 오늘날 복합주권 또는 네트워크 주권이 그리고 있는 국가주권 변환의 현실에 대응하는 미국과 중국 및 EU의 프레임 경쟁이다. 기틀린과 레이코프의 이론적 논의에서 원용한 프레임의 시각을 적용해서 보면, 현재 거론되고 있는 국가주권 개념은 현실의 변화를 객관적으로 잡아내고 있다기보다는, 그 기저에 상이한 프레임을 깔고 있으며, 궁극적으로는 그러한 프레임에 의거하여 현실을 재구성하려는 의도를 담고 있다. 궁극적으로 이러한 상이한 프레임들은 초국적 데이터 유통과 관련하여 각기 상이한 정책과 제도 및 글로벌 질서의 상을 상정한다. 이러한 점에서 볼 때, 초국적 데이터 유통에 대응하는 국가주권의 위상과 변환을 논하는 미국, 중국, EU의 프레임의 기저에는 각기 다른 이익을 구현하기 위해서 벌이는 담론의 경쟁, 즉 '프레임 경쟁'이 있다. 초국적 데이터 유통과 정보주권에 대한 논의는 단순히 중립적인 것이 아니라 이를 통해서 미래 현실을 자신에게 유리한 방향으로 재구성하려는 담론의 권력정치이다(김상배 2017).

III. 빅데이터 패권과 미국의 제국주권론

1. 자유로운 유통규범의 모색

초국적 데이터 유통을 바탕으로 한 빅데이터 비즈니스 분야는 초창기부터 미국의 기업들이 장악하고 있다. 정보혁명의 초기부터 미국은 반도체, 컴퓨터, 소프트웨어, 인터넷 등과 같은 IT산물을 최초로 개발하여 지구적으로 전파하고, 이러한 지식력과 인프라를 활용하여 IT산업을 일으키고 디지털 경제의 붐을 일으켰으며, 이러한 능력을 전자정부와 전자민주주의, 군사혁신 등의 분야에 선도적으로 적용한 나라이다. 특히 미국의 다국적 IT기업들은 해당 분야의 기술혁신과 비즈니스를 주도하고 있다. 정보화 시대를 선도해온 IBM, 마이크로소프트, 시스코, 구글, 애플, 아마존 등은 모두 미국의 기업들이다. 대표적인 SNS(social network service)인 트위터, 페이스북, 유튜브 등도 모두 미국에 기반을 둔 서비스인데, 미국이외의 대부분의 나라에서 시장을 주도하고 있다. 그야말로 미국은 기술·정보·지식력의 잣대로 본 글로벌 지식구조에서 패권을 장악하고 있다.

　이러한 미국 기업들 중에서도 빅데이터와 관련하여 가장 먼저 주목할 필요가 있는 기업은 인터넷 검색업체 구글이다. 뛰어난 검색기술과 지구적으로 깔린 분산 네트워크를 바탕으로 구글은 인터넷 검색시장을 지배하고 있다. 구글은 사이버 공간에서 이루어지는 엄청난 양의 정보의 생산과 유통과 소비의 과정을 좌지우지하는 존재가 되었다. '구글 제국'이나 '구글이 지배하는 질서'라는 의미의 '구글아키(Googlearchy)'라는 말이 무색하지 않을 정도이다. 흥미로운 것은 위로부터의 지배를 의미하는 구글아키의 성공은 웹2.0으로 대변되는 분산 네트워크를 기반으로 하고 있다는 점이다. 사실 구글은 인터넷과 사이버 공간에서 발생하는 웹2.0 현상을 가장 잘 파악하고 비즈니스에 활용한 기업이다. 이러한 구글은 자사 서비스가 세계 모든 나라에서 동일한 형태로 구현되도록 기술과 비즈니스를 조율할 뿐만 아니라 진출하는 국가의 법과 규제에도 부합하는 서비스를 제공한다. 경우에 따라서는 개별 국가의 정부가 구글의 원활한 서비스 제공을 위해 규제정책을 조정해야 하는 일마저도 발생한다(김상배 2010).

빅데이터 분야 국제규범 형성의 필요성은 빅데이터의 수집과 사용이 기본적으로 국경을 넘어서 이루어지기 때문에 발생한다. 빅데이터는 클라우드 환경을 배경으로 글로벌 차원에서 수집되는 관계로 특정 지리적 영역에 구속받지 않고 국경을 초월하여 유통된다. 실제로 빅데이터를 상업적으로 활용하는 업체들은 대부분이 초국적 인터넷 서비스 기업들이다. 이들 기업들은 상이한 국가 간 규제체제 및 데이터의 유통을 막는 다양한 유무형의 제도들이 글로벌 서비스 구현을 방해하는 요인이며 궁극적으로 데이터의 상업적 활용을 저해한다고 주장한다. 특정 국가에서 규제가 심하면 빅데이터 관련 서비스를 제공하는 초국적 기업은 다른 나라로 옮겨갈 수밖에 없다는 것이다. 이들에게 빅데이터의 자유로운 이동과 이를 보장하는 국제협력이 중요한 관심사일 수밖에 없는 이유이다.

빅데이터 권력의 글로벌한 확산과 이를 위한 우호적인 환경조성을 위해서 미국 정부도 지원의 노력을 아끼지 않고 있다. 다시 말해 구글아키의 지구적 구축은 개별 기업으로서 구글의 관심사만은 아니다. 미국 정부의 입장에서도 구글과 같은 미국 기업을 지원하기 위해서 정보의 자유로운 초국적 흐름을 보장하는 국제규범의 확립은 중요하다. 사실 인터넷 초창기부터 미국은 인터넷 서비스 분야에서 시장의 자율규제에 맡기는 정책을 견지하였다. 이러한 정책 기조를 국제적으로도 투영하는 노력을 벌였는데 그 이면에는 미국의 국가이익에 대한 계산이 깔려 있었다. 이러한 움직임은 규제를 최소화하고 이에 맞는 세계 질서를 만들고 싶은 글로벌 패권국으로서 미국의 의도를 반영한다. 아주 민감한 분야를 제외하고는 국경 간 이동을 자유롭게 하자는 것이 빅데이터 국제규범과 관련된 미국의 주장이다. 최근 초국적 데이터 유통의 문제를 해결하기 위한 다양한 국제협력이 진전을 보고 있다(이원태 외 2015; Mishra 2017).

미국 정부의 국제규범화 노력은 다자무역의 장인 WTO 협상과정에서 발견된다. 최근 미국이 진행하고 있는 다자간서비스협정(Trade in Services Agreement, 이하 TISA) 협상에서 자유로운 인터넷 서비스 교역의 원칙이 적극적으로 도입되고 있다(강하연 2013). TISA는 미국, EU, 호주, 캐나다, 일본, 뉴질랜드 등 선진국들과 이스라엘, 대만, 한국, 페루, 콜롬비아 등 개도국 그룹의 국가 등 총 22개 국가가 참여하고 있는 서비스무역 관련 지역무역협정이다. TISA는 WTO 분야의 서비스 논의가 부진하다 보니까 이를 구체화하기 위해서 진행하는 성격이 강하다. TISA에서 논의되는 '정보의 국경 간 이동 보장' 조항이 관철될 경우, 빅데이터 분석에 필요한 다량의 정보의 수집, 축적, 관리 및 유통을 제한하는 정부의 조치는 불허된다. 또한 정보의 수집과 축적을 위해 필요한 데이터센터를 자국 내에 둘 것을 요구하거나 정보의 이전과 관련하여 통상 차원에서 정당화할 수 없는 요건을 부여할 수 없게 된다(강하연 2015).

이러한 일련의 협상과정에서 선진국들은 데이터의 자유로운 이동을 보장하는 개방 네트워크와 규제 없는 환경을 선호하고 있는 반면, 개도국들은 인터넷에 대한 국가 차원의 관할권을 고수하려는 입장의 차이를 보이고 있다. 그러나 아직 빅데이터 관련 정보의 초국적 이동과 관련된 국제규범이 확립되기 위해서는 갈 길이 멀다. 개인정보보호정책 등은 아직도 국가단위의 규제체계를 취하고 있으며, 국가 간 규제조율 논의는 이제 초보단계이다. 빅데이터 관련 기술 및 시장이 빠르게 변화하는 상황에서 제도나 규범이 따라가기가 역부족이다. 이런 상황에서 사실상 메커니즘을 따라서 자생적으로 생겨나는 관행이 굳어지면서 제도화될 가능성이 높은데, 그렇다면 그러한 제도는 실질적으로 비즈니스를 벌이고 있는 선진국 기업과 정부의 이익을 반영하는 방향으로 형성되어 굳어질 가능성이 크다(강하연 2015). 이러한 와중에 미국 트럼프 행정부 출범 이후 TPP(Trans-Pacific Partnership Agreement) 탈퇴를 선언하면서 미국이 주도하던 디지털 경제규범 협상이 소강상태를 맞고 있다(박노형 2016; 곽동철·안덕근 2016; Mishra 2017; Foster 2016).

2. 빅데이터 패권과 빅데이터 주권

이상에서 살펴본 움직임들은 개도국들의 입장에서는 그리 반갑지 않은 문제이다. 개도국의 정책결정자들은 빅데이터의 자유로운 유통보다는 오히려 선진국 기업들의 침투에 의한 '빅데이터 주권'의 잠식을 우려하고 있다. 개도국의 입장에서 볼 때 빅데이터 국제규범의 논의는 선진국들이 자신의 권력을 강화하기 위해 새로운 제도적 장치를 만들어 기존의 권력구도를 공고화하려는 시도로 해석될 여지가 많기 때문이다(강하연 2013). 특히 빅데이터 주권의 문제가 논란이 되는 것은, 빅데이터 기술역량과 분석능력을 보유하고 있는 선진국들이 이를 부당하게 활용하여 권력을 행사할 가능성이 있기 때문이다. 사실 빅데이터

는 단순히 정보의 초국적 흐름이나 프라이버시 침해의 문제를 넘어서
빅데이터의 사실상 패권과 국가주권의 갈등 문제가 될 가능성을 내포
하고 있다. 이러한 가능성이 최근에 여실히 드러난 분야가 바로 2013
년 6월의 '에드워드 스노든 사건'과 그 뒤에서 작동하는 미국의 글로
벌 감시권력 문제이다.

　개인정보를 포함한 빅데이터를 수집하여 상업적으로 활용하는 업
체들은 대부분이 구글, 페이스북, 애플같이 글로벌하게 활동하는 미국
의 인터넷 기업들이다. 그런데 이러한 기업들이 수집하는 개인정보의
국적과 그 개인정보를 저장한 기업의 국적 사이에서 갈등이 발생할 소
지가 있다. 예를 들어, 구글이나 페이스북 내에서 한국인이 생성하는
개인정보가 국외의 서버로 가면서 개인정보 피해문제와 관할권 문제
가 발생한다. 그런데 한국인들의 개인정보가 담긴 구글이나 페이스북
의 서버에는 이들 업체와 미국 정부만이 접근할 수 있다는 데 갈등의
소지가 증폭된다. 미국은 도·감청과 데이터 수집이 테러 방지를 위한
것이라고 주장하지만 이를 어떻게 믿을 것인가라는 문제가 발생한다.
빅데이터를 둘러싼 신흥권력 경쟁이 벌어지는 시대에 결국 경쟁력의
핵심인 빅데이터를 미국 업체들에게 통째로 넘겨준다는 우려가 제기
된다. 이러한 논란의 기저에는 '빅데이터 주권'에 대한 문제의식이 존
재한다.

　빅데이터 관련 개인정보보호 레짐이 각국마다 다르다는 사실도
빅데이터 국제규범 담론과 빅데이터 주권 담론이 충돌하는 원인이 된
다. 실제로 이데올로기, 안보 및 상업적 이해, 개인정보보호 등의 차이
로 각국은 빅데이터 규제에 대해 입장을 달리 한다. 미국과 유럽의 개
인정보보호정책은 철학적·제도적 차이를 바탕에 깔고 있다. 중국은
좀 더 큰 차이를 보이는데, 국가안보를 이유로 정부의 '동의 없는' 개

인정보 수집 및 감청이 정당화된다. 각국마다 개인정보 주체의 동의권 행사방식에 대한 법해석과 제도운영도 다르다. 좀 더 근본적으로는 빅데이터의 중요성에 대한 각국의 인식과 제도, 언론의 자유와 개인정보의 우선순위 등에도 큰 차이가 있다. 미국이 언론의 자유를 더 중요시하는 반면, 유럽에서는 오히려 개인정보가 더 중요하다. 빅데이터 국제규범에 대한 논의가 진행되면서 빅데이터 관련 규제정책의 도입과 정책 및 관행의 표준화 필요성이 제기되는 것과 동시에 각국의 제도와 문화에 내재한 이러한 차이들이 수면 위로 떠오르고 있다.

IV. 인터넷 검열체제와 중국의 국가주권론

1. 미국 인터넷 기업과 중국 정부의 갈등

빅데이터 환경의 출현에 대한 중국의 대응은 개인정보보호나 반독점 규제의 차원을 넘어서는 양상을 보여준다. 중국 정부는 정책과 제도의 국가별 차이나 정치사회 체제의 발전 정도라는 인식을 넘어서, 미국의 글로벌 스탠더드에 대항하는 '중국형 정보화 모델'을 추구하였다. 중국 정부는 사이버 주권의 담론을 원용하고 있는데, 국내외적으로 유통되는 인터넷상의 불건전하고 유해한 정보를 차단하고 검열하는 것은 주권 국가의 정부가 취할 수 있는 정당한 권한이라고 주장한다. 게다가 이러한 규제와 검열은 미국과 서구 국가들이 사이버 공간을 통해 자신들의 정치모델과 가치관 및 생활양식을 중국에 쏟아 붓는 데 대한 정당한 대응이라고 반박한다. 세계적 차원에서 인터넷 자유의 논리를 내세워 중국의 정책과 제도를 비판하는 것은 주권국가에 대한 내정간섭이라는 것이다(정의철 2008).

이러한 맥락에서 중국 정부는 중국 내의 인터넷 서비스 제공자들이 자체 검열을 수행하도록 요구했으며 이러한 방침은 외국 기업들에게도 예외가 아니었다. 예를 들어, 시스코, 야후, 마이크로소프트 등과 같은 미국의 인터넷 기업들은 중국 정부가 시장접근을 위한 조건으로서 제시한 자체검열의 정책을 수용하고 나서야 중국 시장에 진출할 수 있었다. 구글도 2006년에 중국 시장에 진출할 당시 여타 미국 인터넷 기업들과 마찬가지로 정치적으로 민감한 용어들을 자체 검열하라는 중국 정부의 요구를 수용하였다. 그만큼 미국 인터넷 기업들에게 거대한 규모의 중국 시장은 더할 나위 없이 매력적인 카드였는데, 중국의 인터넷 사용자라는 규모의 힘에 대해 순응적으로 포섭되었다. 그럼에도 중국 시장에 진출한 이후 구글이 받아든 성적표는 세계시장에서 차지하는 비중에 비해서 그리 인상적이지 않았다.

이렇듯 구글은 중국 정부의 인터넷 검열 방침을 수용한다는 비판에도 불구하고, 중국 정부가 제시한 표준 내에 잔류하면서 검색 서비스를 제공하였다. 그러던 것이 2010년 1월 12일에 이르러 구글은 중국 시장에서 철수할 수도 있다고 발표하였다. 그 이유는 크게 두 가지였다. 그 하나는 2009년 12월 중국 해커들에 의해 구글 기반의 이메일 서비스를 사용하는 인권 운동가들의 계정이 해킹당했다는 것이었고, 다른 하나는 구글의 지적재산권에 대한 심각한 침해가 있었다는 것이었다. 이러한 이유로 구글은 중국어판 검색의 결과를 내부검열하지 않기로 결정했다고 밝혔다. 마침내 2010년 4월에는 중국 본토의 사이트를 폐쇄하고 홍콩에 사이트를 개설하여 이를 통해 검색서비스를 우회적으로 제공하게 되었다. 중국 정부가 구글의 홍콩 우회 서비스를 완전 차단하지는 않았지만, 구글의 철수 결정은 중국과 미국뿐만 아니라 세계사회에서 많은 논란을 불러 일으켰다(김상배 2014).

양국의 정부까지 가세한 6개월여간의 논란 끝에 결국 2010년 6월 말 구글은 중국 시장에서의 인터넷영업면허(ICP)의 만료를 앞두고 홍콩을 통해서 제공하던 우회서비스를 중단하고 중국 본토로 복귀하는 결정을 내리게 되었다. 이러한 구글의 결정은 중국 내 검색 사업의 발판을 유지하기 위한 결정으로 중국 당국을 의식한 유화 제스처로 해석되었다. 구글이 결정을 번복한 이유는 아마도 커져만 가는 거대한 중국 시장의 매력을 떨쳐버릴 수 없었을 것이기 때문일 것이다. 이에 대해 중국 정부는 7월 20일 구글이 제출한 인터넷영업면허의 갱신을 허용했다고 발표했다. 지메일 해킹 사건으로 촉발된 구글과 중국 정부 사이의 갈등에서 결국 구글이 자존심을 접고 중국 정부에 '준법서약'을 하는 모양새가 되었다.

이렇듯 표면적으로는 구글이 다시 중국의 방침을 수용하고 굽히고 들어간 것으로 보이지만, 구글 사건의 승자가 누구인지를 판단하기는 쉽지 않다. 단순히 눈에 보이는 현상에만 주목하여 판단할 수는 없다. 현재 전개되고 있는 인터넷 시대의 강자는 단연코 구글이다. 앞으로 벌어질 경쟁에서 구글은 다른 어느 행위자들보다도 IT분야의 향배를 좌지우지할 영향력을 가지고 있다. 구글은 인터넷의 표준과 규범을 정의할 수 있는 몇 안 되는 행위자 중의 하나임에 불명하다. 사실 승패 여부를 판단하는 것을 떠나서 14억 인구에 달하는 중국을 상대로 일개 다국적 기업이 대결을 벌여서 6개월여간 세계의 이목을 집중시켰다는 사실은 그냥 가볍게 볼 일이 아니다(김상배 2014).

2. 인터넷 자유 담론과 사이버 주권 담론

게다가 2010년 구글 사건이 주는 의미는, 단순히 미국의 인터넷 기업과 중국 정부의 갈등이라는 차원을 넘어서, 양국의 정치경제 모델의 차이와도 관련된다. 이 사건에서 나타난 구글의 행보가 미국 실리콘밸리에 기원을 두는 기업-정부 관계를 바탕에 깔고 있다면, 이를 견제한 중국 정부의 태도는 중국의 정치경제 모델에 기반을 둔다. 미국 내에서 인터넷 기업들이 상대적으로 정부의 간섭을 받지 않고 사실상 표준을 장악하기 위한 경쟁을 벌인다면, 중국에서는 아무리 잘나가는 기업이라도 정부가 정하는 법률상 표준을 따르지 않을 수 없는 상황이었다. 이러한 점에서 구글 사건은 이른바 워싱턴 컨센서스와 베이징 컨센서스로 알려져 있는 미국과 중국의 정치경제 모델의 경쟁 또는 제도표준의 경쟁 성격을 바탕에 깔고 있었다.

　　좀 더 포괄적인 의미에서 볼 때, 구글 사건은 자유롭고 개방된 인터넷의 담론과 통제되고 폐쇄된 인터넷의 담론 사이에 벌어진 표준경쟁으로서 이해된다. 구글로 대변되는 미국 인터넷 기업들(그리고 미국 정부)이 중국 정부(또는 중국의 네티즌)를 상대로 해서 반론을 제기한 핵심 문제는 인터넷 자유주의라는 보편적 이념의 전파를 거스르는 중국 정치사회체제의 특성이었다. 이러한 점에서 구글 사건은 '이념의 표준경쟁'의 일면을 지니고 있었다. 이러한 이념의 표준경쟁은 앞서 살펴본 제도의 표준경쟁과 밀접히 연관되어 있다. 그럼에도 미국과 중국이 벌이고 있는 표준경쟁을 온전히 이해하기 위해서는 양자를 나누어 이해하는 것이 유용하다. 특히 양국 간의 이념의 차이가 발생하는 것은, 일차적으로는 양국 국내체제의 제도와 정책, 그리고 역사문화적 전통과 연관되겠지만, 미국과 중국이 세계체제에서 각각 패권국과 개도국으로서 차지하고 있는 국가적 위상과 밀접히 관련이 있기 때문이다.

이러한 관점에서 볼 때, 미국은 인터넷 자유주의의 확산과 그 지원체계 구축을 위한 노력을 기울여 왔다. 특히 미국의 인권 단체, 정부관리, 각계 전문가 등을 중심으로 중국에 대해서 인터넷 검열기술을 제공하는 것을 금지하고 더 나아가 인터넷 자유주의 확산을 위한 법적·제도적 지원을 펼치는 것이 필요하다는 문제제기가 지속적으로 이루어졌다. 이러한 취지에서 중국과 같이 권위주의 국가의 영토 내에는 서버를 설치하거나 또는 이메일 서비스를 제공하고 검열기술을 판매하는 것을 제한해야 한다는 주장도 제기되었다. 이러한 문제제기를 반영하여 미국은 2000년대 초반부터 중국에서 인터넷 자유주의를 부추기는 차원에서 디지털 공공외교를 다각도로 펼쳤다. 특히 2010년 상반기의 구글 사건은 인터넷 자유의 확산에 대한 미국 정부의 관심을 제고시켰다.

이에 비해 중국은 민족주의의 독자표준을 추구하고 있는 것으로 판단된다. 사실 초국적으로 작동하는 인터넷이 만들어내는 공간에서 국가 단위에 기반을 둔 민족주의의 이념이 득세한다는 것은 다소 역설적일 수 있다. 그러나 IT와 인터넷의 공간이 단순한 기술의 공간이 아니라 사회적으로 구성되는 공간이라는 점을 상기하면 그리 이상할 것도 없다. 실제로 중국에서 인터넷의 공간은 민족주의의 공간으로 구성되고 있는데, 이러한 현상은 인터넷에 대한 중국 정부의 권위주의적 통제나 개도국으로서 중국이 세계체제에서 차지하고 있는 위상 등의 변수와 미묘하게 연결되어 있다. 다시 말해 중국 지도부가 그들의 정통성을 강화하고 대외적 압력에 대항하려는 의도나 급속한 경제적 성장과 함께 형성된 중국인들의 국민적 자부심 등이 인터넷상에서의 민족주의와 결합하였다. 이렇게 중국의 특수성을 내세우는 구상은 인터넷에 대한 보편주의를 내세우는 미국의 그것과 충돌할 수밖에 없었다.

　　미국패권에 도전하는 중국의 빅데이터 역량에 대해서는 알려진 바가 많지 않다. 그러나 빅데이터의 권력적 함의가 커지면서 향후 미중경쟁에서 빅데이터가 중요한 대상이 될 가능성이 매우 크다. 아직까지는 이 분야는 미국이 주도하고 있는 상황이지만, 급성장하고 있는 중국이 빅데이터 분야에서 '양질전화(量質轉化)'의 도약을 할 가능성은 항상 있다. 이른바 BAT, 즉 바이두(B), 알리바바(A), 텐센트(T) 등과 같은 중국의 빅데이터 기업들의 역량이 만만치 않은 기세로 성장하고 있다(김성옥 2014). 이들이 벌이는 경쟁은 단순한 기술혁신경쟁이 아니라 초국적 데이터 유통을 전제로 한 인터넷 플랫폼 경쟁이다. 이 중에서 알리바바는 전자상거래 분야를 기반으로 성장한 엄청난 빅데이터 기업인데, 최근 해외 서버 설치와 관련하여 중국 정부와 알리바바가 내보인 입장 차이로 미루어 보건대, 이 분야 중국 기업들의 성장은 향후 초국적 데이터 유통을 대하는 중국의 정책과 주권 관념에 변화를 야기할 가능성이 있다.

V. 개인정보보호와 EU의 시민주권론

1. 미국-EU 세이프하버 협정

초국적 데이터 유통이 증가하면서 유럽 내에서 개인정보보호를 위한 제도와 규범의 마련에 대한 논의가 1980년대부터 진행되어 왔다. 1980년 OECD 주관으로 프라이버시 보호 지침이 제정되었으며, 1981년에는 유럽평의회에서 개인정보보호를 위한 협약이 제정되기도 했다. 이들은 모두 법적 구속력이 없는 권고안이었지만 그 이후 EU 및 개별국가 차원의 개인정보보호 제도의 발전에 큰 영향을 미쳤다. 그 후 15년간의 논란을 거쳐 1995년에 제정된 EU 개인정보보호 지침은 EU의 포괄적 구제제도의 틀에 가장 큰 영향을 미친 것으로 평가되는데, 유럽 지역에서 개별국가들의 프라이버시 보호 정책을 조화시켜서 역내 자유로운 데이터 유통을 위한 환경을 조성했다. 높은 수준의 보호 규정을 담은 EU 개인정보보호 지침은 기본법 형태를 취했다. 또한 이 지침은 공공 및 민간 영역의 개인정보를 모두 관할하였으며, 국내 입법을 통해 규제당국의 집행력과 감독권한을 강화하도록 규정했다(조현석 2016, 107).

EU 개인정보보호 지침의 제정이 갖는 의미는, 그 준비과정에서 EU 역내 개별국가의 개인정보보호 규제당국이 초정부적 차원에서 네트워크를 형성하여 유럽의회 등과 함께 포괄적 규제제도의 마련에 나섰다는 데 있다. EU 개인정보보호 지침은 역내 국가들이 모두 포괄적 규제제도를 입법해야 하고 국가별로 권한을 보유한 규제제도를 설립하도록 규정했다. 그러나 역내 국가들의 사정이 각기 다른 상황에서 EU집행위원회, 프랑스와 영국과 같은 주요 국가들, 유럽사법재판소, 그리고 유럽 산업계는 이러한 포괄적 개인정보보호 제도의 도입에 반대했다(조현석 2016, 106). EU 개인정보보호 지침의 한계를 보완하고 좀 더 강제력을 갖는 국제규범 형태의 입법을 추진한 EU의 노력은 2017년 전면 시행된 GDPR(General Data Protection Regulation)의 성립으로 귀결되었다. 1980년대 초부터 진행되어 온 EU의 포괄적 개인정보보호 제도의 결정판이라고 할 수 있는 GDPR은 EU 시민들의 개인정보 자기결정권을 보장하기 위해 개별국가들이 별도의 국내법으로 규정할 필요 없이 모든 회원국가들에게 적용되는 공통규범으로서 성격을 지닌다.

이렇게 형성 및 성립된 EU차원의 개인정보 보호 규정은 그 이면에 깔린 인식과 정책 및 제도라는 점에서 미국의 경우와는 매우 다르게 접근하고 있다. 무엇보다도 개인정보에 대한 인식이 다른데, 미국이 개인으로 '식별된(identified)' 정보에 주목한다면, EU는 개인정보를 훨씬 넓게 정의하여 '식별할 수 있는(identifiable)' 정보를 개인정보로 본다. 또한 권리로서의 프라이버시에 대한 인식도 크게 다른데, 미국이 소비자 권리라는 측면에서 프라이버시에 접근한다면, EU는 프라이버시를 시민기본권의 하나로서 보고 있다. 정책의 차원에서도 미국이 시장자율규제를 채택하고 있다면 EU는 정부규제를 옹호한다. 또한 제도적인 측면에서도 미국은 여러 기관에 개인정보 보호에 대한 감독권이 분산되어 있다면, EU는 EU 및 개별국가 수준에서 모두 개인정보보호 전담기관을 운영하고 있다. 이러한 개인정보 보호에 대한 양측의 차이는 EU의 포괄적 규제체제와 미국의 제한된 규제체제로 대별된다고 할 수 있다(조현석·이은미 2017, 192; Holt and Malčić, 2015).

이러한 차이로 미루어보건대 2000년 7월 체결된 미국과 EU 간의 세이프 하버(Safe Harbor) 협정은, 상황 변화에 따라 수정될 여지를 다분히 안고 있는, 잠정적인 정치적 타협의 산물이었다. 세이프 하버 협정은, 관련 기업들이 EU의 개인정보보호 지침을 준수하는 것이 아니라 세이프 하버 원칙을 자발적으로 준수하겠다고 미국 상무부에 신고할 경우, 유럽이 요구하는 적절성의 조건을 충족시킨 것으로 간주한다는 내용을 골자로 하였다. 다시 말해, 세이프 하버 원칙은 사업자들이 협의를 거쳐 개인정보보호 지침을 자발적으로 공표하고 미 상무부에 그 방침을 신고한 인증서를 발급받는 방식으로서 일종의 자율규제와 정부규제를 혼합한 메커니즘이라고 할 수 있었다. 세이프 하버 원칙은 미국 기업들의 개인정보보호 방침을 우려하는 EU의 의견을 수용하면서도 민간 사업자들의 자율규제를 주장하는 미국 업계의 의견을 반영하려는 미국 정부의 타협책이었던 것이다. 따라서 세이프 하버 협정은 국가간 조약이나 협약이 아닌 미국과 EU 간 합의안의 형태를 취함으로써 안정적인 제도적 기반을 갖추지 못했던 것이었다(Farrell 2003; 조화순 2006).

2. 세이프 하버 협정 무효화와 프라이버시 실드

2000년대 세이프 하버 체제하에서도 데이터 감시와 개인정보 보호를 놓고 미국과 EU 간에는 갈등이 지속되어 왔다(유석진·장우영 2005). 그 중 대표적 사례는 2006년 테러집단의 금융거래 정보를 추적하는 미국 재무부의 TFTP(Terrorist Financing Tracking Program)의 시행을 둘러싸고 미국과 EU 간에 불거진 갈등이다. 미국과 EU 간에는 테러 예방을 위한 금융정보 공유가 어느 정도 양해되었으나, 국가안보 목적을 위한 미국의 데이터 감시활동이 EU의 엄격한 개인정보 보호 제도와 충돌하는 것을 피할 수 없었다. SWITF(Society for Worldwide Interbank Financial Telecommunication)의 개인정보 처리에 관한 EU의 조사에 의하면, 미국 정부가 TFTP를 운영하면서 EU 개인정보보호 지침을 위반했다는 것이다. EU 내의 반대로 인해서 테러활동을 탐지하기 위한 금융정보의 공유가 미국과 EU 간에 제도화되지 않은 상황에서 미국 재무부가 SWIFT의 금융정보에 접근하여 활용하는 일을 계속했다는 것이 화근이었다(조현석·이은미 2017. 192-193).

이러한 와중에 2013년 6월에 터진 에드워드 스노든의 폭로 사건은 미국의 데이터 감시에 대한 EU 내 비판의 목소리를 고조시켰다. 이러한 상황에서 오스트리아 프라이버시 옹호 활동가인 마크 슈렘스 (Mark Shrems)가, 페이스북이 자신이 제공한 개인정보를 적절하게 보호하지 못하고 자신의 정보도 미국 정부의 데이터 감시의 대상이 되었다고 주장하면서 ,아일랜드의 개인정보보호 기관에 제소하는 사건이 발생했다. 이렇게 제기된 소송의 결과 유럽사법재판소는 2015년 10월 최종적으로 세이프 하버 협정의 무효화를 선언하였다. 이 판결에서 유럽사법재판소는 세이프 하버 협정에 명시된 개인정보보호 수준이 1995년 EU 개인정보보호 지침의 보호 수준을 충분히 고려하지 않고 있다고 주장했다. 또한 미국 정부의 강제력 없이 미국 기업의 자율적인 약속만으로 개인정보를 보호한다는 것은 불가능하다고 보았으며, 더 나아가 미국 정부기관이 미국의 국가안보를 근거로 제약없이 EU 시민의 개인정보에 접근해서는 안 된다고 명시하였다(심영섭 2015).

세이프 하버 협정의 무효화는 미국과 EU 간에 개인정보 보호와 관련된 가치가 충돌하고 있음을 보여주는 사례이다. 이는 앞서 언급한 바와 같이 포괄적 규제와 제한적 규제를 쟁점으로 하는 데이터 보호 제도의 충돌이며, 기본적 인권과 소비자 권리로 달리 인식하는 프라이버시 관념의 충돌이라고 할 수 있다. 최근에는 테러예방을 위한 국가 안보 수호와 디지털 경제의 주도권을 놓고 벌이는 충돌의 성격이 전면에 드러났다(Farrell and Newman 2016). 이러한 구도에서 미국과 EU의 안보 당국이 데이터 안보 문제 자체에는 크게 이견을 보이지 않는데 비해, 경제적 이익갈등이 상대적으로 두드러진다. 미국이 EU의 엄격한 프라이버시 보호 제도를 디지털 보호주의라고 비난한다면, EU는 미국 다국적 기업의 데이터 지배를 크게 우려한다(Mishra 2017). 이러한 미-EU 갈등을 이 글에서 제시한 국가주권의 변환론에서 본다면,

미국이 테러활동 방지와 경제활동의 효율성 보장을 목적으로 국가주
권의 약화와 제국주권의 확대를 주장하는 데 비해 EU는 경제적 지역
주권과 시민적 관념주권을 옹호하는 상황을 보인다.

세이프 하버 협정의 무효화는 2013년 스노든의 폭로 이후 유럽의
반대 분위기가 커져서 어느 정도 예견된 일이었으므로 막스 슈렘스의
소송이 진행되는 중에도 미국과 EU는 후속 협정에 대한 논의가 진행
되었다. 그 결과 세이프 하버 협정이 무효화된 이후 곧 2016년 1월에
프라이버시 실드(Privacy Shield)가 체결되었다. 프라이버시 실드에서
는 세이프 하버 협정보다 데이터 보호를 위한 규정과 절차가 더 보완
되었는데, 미국과 EU기업들은 대체로 안도하는 분위기였다. 미국 기
업들에 대한 미국 정부의 감독 의무가 커지고 EU 시민들의 이의제기
절차가 더 간편해졌다. 유럽 시민이 이의를 제기할 경우 미국 기업은
45일 이내에 대응해야 하며 미해결 이의제기에 대해서는 EU 회원국
가의 정보보호 당국이 미국 상무부, 연방거래위원회(FTC)와 함께 조
사할 권한을 가지게 된다. 이를 이 글에서 제기한 국가주권 변환론의
시각에서 해석하자면, 빅데이터 패권과 법정치적 주권의 타협이라고
할 수 있다(조현석·이은미 2017, 194-195).

그러나 시민주권의 시각에서 보자면 프라이버시 실드는 여전히
한계를 가지고 있을 수밖에 없었다. 부분적인 개선이 이루어졌으나 대
량감시(mass surveillance) 문제를 해결하지 못했다는 점이 쟁점이었
다. 스노든에 의해 폭로된 대량감시가 세이프 하버 무효화의 이유였지
만, 미국의 국내법인 FISA(Foreign Intelligence Surveillance Act)하에
서 미국 법집행기관들(FBI 등)은 합법적으로 비미국 시민들을 감시할
수 있다. 프라이버시 실드에서는 대량감시 대신 표적감시를 요구하나
이것도 보다 엄격한 EU의 법을 충족하지 못한다. 또한 미국 내에서도

프라이버시 보호나 감시법의 개혁이 요구되고 있는 상황에서 미국과 EU 간에는 프라이버시 실드만으로도 당분간은 충분하다는 생각도 안이하다는 비판을 면할 수 없었다. 그러나 2016년 10월 초 야후가 미국 국가안보국(NSA)의 요청을 받아 미국 국내외 시민 수억 명의 이메일을 실시간으로 대량 감시했다는 보도가 나오면서 프라이버시 실드에 대한 비판은 더욱 거세졌다(조현석·이은미 2017, 195).

VI. 맺음말

최근 빅데이터 현상을 단순히 비즈니스의 문제가 아닌 국제정치적 시각에서 보려는 경향이 등장하고 있다. 특히 수집되는 개인정보의 국적과 그 개인정보를 수집과 저장 및 사용하는 주체의 국적이 다를 경우, 국가주권을 내세워 국경을 넘어서는 개인정보의 유출을 규제하려는 문제가 발생한다. 그런데 이러한 데이터의 초국적 유통을 개별국가의 '정보주권'이라는 시각에서 규제하는 것이 어렵다는 사실이다. 사실 최근 벌어지고 있는 초국적 데이터 흐름의 양상을 보면, 국가가 나서서 정보주권을 확립하겠다는 시도 자체를 무색케 할 정도로 거세다. 어쩌면 흔들리고 있는 국가주권을 새로이 확립하겠다는 발상 자체를 다시 검토해야 할 수도 있다. 글로벌화와 정보화의 시대를 맞이하여 근대적인 의미의 국가주권 전반의 약화가 관찰된다. 그렇다고 국가의 입장에서 국경을 넘나들며 유통되는 데이터가 발생하는 문제들을 모른 척하고 있을 수도 없다. 요컨대, 초국적 데이터 유통 현상과 관련하여 기존의 국가주권은 현실과 관념에서 모두 변환을 겪고 있다.

이 글은 이렇게 변화하는 국가주권의 현실과 관념을 이론적 시각에서 이해하기 위해서 국제정치이론에서 다루어온 주권의 개념에 대한 논의에서 원용하였다. 국가주권의 개념과 그 변환에 대한 학계의 논의는 크게 정책주권, 법정치적 주권, 관념적 주권의 세 가지 차원으로 요약된다. 첫째, 정책주권은 영토국가의 경계를 넘어서 발생하는 활동을 통제하는 정부 차원의 능력이다. 둘째, 법정치적 주권은 누가 정당한 행위자인지 그리고 그 인정의 근거가 무엇인지를 묻는 국가(statehood) 차원의 권위이다. 끝으로, 관념적 주권은 주권을 행사하는 정치적 단위체에 대한 공유된 관념이며 네이션 차원에서 공유된 집합적 정체성이다. 현재 초국적 데이터 흐름에 대한 국가적 대응과 관련하여 미국, 중국, EU는 이러한 세 가지 차원의 주권 개념이 선택적으로 원용하며 자신에게 유리한 프레임을 제시하고, 더 나아가 그러한 프레임에 의거하여 현실을 재구성하려는 경쟁을 벌이고 있다. 이런 점에서 초국적 데이터 유통과 정보주권에 대한 논의는 단순히 중립적인 것이 아니라 이를 통해서 미래 현실을 자신에게 유리한 방향으로 재구성하려는 프레임 경쟁의 세계정치라고 할 수 있다

이 글이 착안하는 바는 오늘날 국가주권의 현실적·개념적 변환의 내용을 놓고 벌이는 미국과 중국 및 EU의 프레임 경쟁이다. 빅데이터 패권을 장악하고 있는 미국은 데이터의 자유로운 흐름을 옹호하며 미국 다국적 기업들의 이해관계를 반영하는 국제규범과 레짐을 구축하기 위한 노력을 경주한다. 이러한 행보는 초국적 데이터 유통을 통제하는 국가주권의 사실상 약화론을 바탕에 깔고 있다. 중국은 미국의 빅데이터 패권에 대응하기 위해서 사이버 공간에까지 국가주권의 관할권을 확장하는 프레임을 구사한다. 중국의 사이버 주권론은 법정치적 권위로서의 국가주권의 개념을 바탕에 깔고 있지만, 자국 정치사회 체제의 고유성을 강조하는 방어적 정치슬로건의 성격도 지니고 있다.

EU가 초국적 데이터 유통에 대응하여 주장하는 국가주권의 개념은 비즈니스 시각에서 본 국가 통제력의 약화나 방어적 차원에서 동원되는 법정치적 국가주권이라기보다는 소비자의 권리와 개인정보의 보호를 주장하는 시민주권론의 성격을 띤다. 이는 네이션 차원에서 형성되는 집합적 정체성을 기반으로 하여 그 구성원으로서 국민 또는 시민들에 대한 자기결정권의 관념이라고 할 수 있다. 이러한 점에서 미국, 중국, EU은 초국적 데이터 유통 현상에 대응하는 과정에서 각기 상이한 국가주권 변환의 프레임을 제시하여 현실에 관철시키려는 경쟁을 벌이고 있다.

이 글에서 살펴본 초국적 데이터 흐름과 국가주권 변환에 대한 이론적·경험적 논의에서 도출할 수 있는 구체적인 정책적 함의는 무엇이 있을까? 이 글에서 살펴본 구도에서 최근 국제정치경제질서의 변동에 대응하는 한국이 취할 외교전략은 어떠한 방향으로 추진되어야 할까? 미국이 주도하는 초국적 데이터 흐름에 한국 외교는 어떤 입장으로 대응해야 할까? 쉽게 말해 중국처럼 대응할 것인가, 아니면 유럽처럼 대응할 것인가? 이는 단순히 국제규범 협상과정에 참여하는 문제를 넘어서 새로이 출현할 국제규범과 호환성을 갖는 국내규범을 어떻게 마련할 것이냐의 문제로 연결된다. 예를 들어 개인정보의 공개나 공유 및 보호와 관련된 국내적 합의를 어떻게 가져갈 것인가? 예상컨대, 여타 글로벌 거버넌스 분야에서 한국의 중견국 외교가 겪고 있는 고민이 초국적 데이터 유통에 대한 대응과정에서도 나타날 가능성이 크다(김성해 2014). 그런데 최근의 미국과 중국 사이에서 일종의 외교적 딜레마를 겪고 있는 한국외교의 처지를 돌아보면, 초국적 데이터 유통 분야에서 한국이 당면한 과제도 쉽지만은 않을 것이다.

참고문헌

강하연. 2013. "ICT교역의 글로벌 거버넌스." 서울대학교 국제문제연구소 편. 『커뮤니케이션 세계정치』 기획특집 〈세계정치〉 33(2). 사회평론, pp.73-109.

_____. 2015. "빅데이터 시대의 권력과 질서." 빅데이터와 중장기 외교전략 세미나 발표문. 서울대학교. 3월 20일.

곽동철·안덕근. 2016. "아날로그 체제 하의 디지털무역: 디지털무역 자유화와 무역협정의 역할." 『통상법률』 131, pp.51-90.

김상배. 2010. 『정보혁명과 권력변환: 네트워크 정치학의 시각』. 한울.

_____. 2014. 『아라크네의 국제정치학: 네트워크 세계정치이론의 도전』. 한울.

_____. 2015. "빅데이터의 국가전략: 21세기 신흥권력 경쟁의 개념적 성찰." 『국가전략』 21(3), pp.5-35.

_____. 2017. "사이버 안보 국제규범의 세계정치: 글로벌 질서변환의 프레임 경쟁." 『국가전략』 23(3), pp.153-180.

김성옥. 2014. "중국 인터넷서비스산업의 발전과 시사점." 『KISDI Premium Report』. 정보통신정책연구원, 14-07.

김성해. 2014. "미국 패권의 후퇴, 국제정보질서 그리고 국가이익: 중견국 한국의 정보주권 실현을 위한 이론적 탐색." 『언론과 사회』 22(4), pp.54-94.

레이코프, 조지. 2007. 『프레임 전쟁: 보수에 맞서는 진보의 성공전략』. 창비.

박노형. 2016. "데이터무역 국제규범의 출범: TPP의 중요한 의의." 『안암법학』 50, pp.53-87.

심영섭. 2015. "유럽사법재판소의 '세이프 하버' 무효화 판결 의미: 유럽-미국 간 경제 이해득실에 관심 집중." 『신문과 방송』 11, pp.77-81.

유석진·장우영. 2005. "국가간 개인정보 유통과 국제규범의 동학: EU형과 미국형의 갈등을 중심으로." 『국제지역연구』 9(3), pp.79-117.

이원태 외. 2015. 『개인정보보호 이슈의 지형변화와 국제규범의 형성 연구』. 방송통신융합합구 KCC-2015-22 (2015.11) 방송통신위원회.

전재성. 2011. 『동아시아 국제정치: 역사에서 이론으로』. 동아시아연구원.

정의철. 2008. "인터넷 규제와 정치공론장: 구글의 중국 진출 케이스를 중심으로." 『정치커뮤니케이션 연구』 9, pp.209-245.

조화순. 2006. "사이버 공간의 글로벌 거버넌스: 개인정보 국외이전과 관련한 미국-EU의 갈등." 『국제정치논총』 46(1), pp.165-181.

조현석. 2016. "빅데이터 시대 미국-EU간 개인정보보호 분쟁과 정보주권에 대한 함의." 『21세기정치학회보』 26(2), pp.99-120.

조현석·이은미. 2017. "제4차 산업혁명에서 디지털 보호주의와 정책 대응." 『평화학연구』 18(1), pp.181-200.

Farrell, Henry and Abraham Newman. 2016. "The Transatlantic Data War: Europe

Fights Back Against the NSA." *Foreign Affairs*. Jan./Feb. 검색일: https://www.
    foreignaffairs.com/articles/united-states/2015-12-14/transatlantic-data-war.

Farrell, Henry. 2003. "Constructing the International Foundations of E-Commerce in the
    EU-U.S. Safe Harbor Arrangement." *International Organization*, 57, pp.277-306.

Foster, Jim. 2016. "TPP and The Future of The Digital Economy in The Asia Pacific
    Region." ICACSIS.

Gitlin, Todd. 1980. *The Whole World Is Watching: Mass Media in the Making and
    Unmaking of the New Left*. Berkeley: University of California Press.

Grande, Edgar and Louis W. Pauly, eds. 2005. *Complex Sovereignty: Reconstituting
    Political Authority in the Twenty-first Century*. Toronto: University of Toronto
    Press.

Hardt, Michael and Antonio Negri. 2000. *Empire*. Cambridge MA: Harvard University
    Press.

Hardt, Michael and Antonio Negri. 2004. *Multitude: War and Democracy in the Age of
    Empire*. New York: Penguin Press.

Holt, Jennifer and Steven Malčić. 2015. "The Privacy Ecosystem: Regulating Digital
    Identity in the United States and European Union." *Journal of Information Policy*, 5,
    pp.155-178

Krasner, Stephen D. 1999. *Sovereignty: Organized Hypocrisy*. Princeton, NJ: Princeton
    University Press.

Krasner, Stephen D. 2009. *Power, the State, and Sovereignty: Essays on International
    Relations*. New York: Routledge.

Mishra, Meha. 2017. *International Trade, Internet Governance and the Shaping of the
    Digital Economy*. ARTNeT Working Paper Series, No.168, June, Bangkok, UN
    ESCAP.

Mishra, Neha. 2017. "The Role of the Trans-Pacific Partnership Agreement In the Internet
    Ecosystem: Uneasy Liaison or Synergistic Alliance?" *Journal of International
    Economic Law*, 20, pp.31 - 60.

제2장

디지털 경제와 무역규범
- 새로운 통상거버넌스의 부상 -

강하연

I. 머리말

1995년을 전후로 하여 보편화된 인터넷 및 관련 디지털 기술은 세계 경제의 질적 변화를 야기하고 있다. 디지털 기술 기반 무역이 중요해지면서 이를 규율할 새로운 무역 규칙에 대한 논의가 진행 중이다. 그런데 흥미로운 것은 디지털 경제 관련 통상규범 논의가 기존 WTO무역체제가 아닌 미국이 주도하는 지역무역 협정 차원에서 이루어지고 있다는 것이다. 본 논문은 소위 '전자상거래 신규규범'으로 불리는 이 새로운 통상규범의 형성 과정을 추적하고, 규범형성 과정에서의 국제정치를 분석하고자 한다. WTO가 아닌 다른 포럼에서 디지털 경제 거버넌스가 논의되는 이유는 무엇이며 이 새로운 통상규범은 기존 다자무역체제와 어떻게 다른가? 새로운 통상규범을 주장하는 미국의 이해는 무엇이며, 주요 국가들은 어떠한 입장을 갖고 있는 것인지? 궁극적으로 신규 통상규범의 확산이 초래하는 정치경제학적 함의는 무엇이며, 글로벌 경제질서 형성에 어떠한 영향을 줄 것인가? 디지털경제를 규율하는 새로운 통상규범 논의의 배경, 규범형성 과정 및 관련 이해관계자에 대한 분석을 통해 부상하는 디지털 경제 질서를 이해하고자 한다.

II. 디지털 경제의 부상과 국제정치경제

인터넷과 디지털기술의 발전 이전 시대의 국제무역은 주로 상품 위주로 이루어졌다. 그런데 90년대부터 이전에는 무역의 대상이 될 수 없었던 소위 비교역재인 서비스분야의 무역이 가능해졌다. 이는 전적으로 인터넷과 디지털 기술의 발달 때문이다. 'ICT 기술 기반으로 제공되는 서비스(ICT-related services)' 또는 '전자적으로 이루어지는 서비스(digitally enabled services)'가 등장하면서 서비스무역의 범위가 더욱 확장되고 있다. 교육서비스, 보험서비스, 금융서비스, 무선통신·컴퓨터·정보처리서비스, R&D서비스, 전문직·관리상담서비스 등 이전에는 국가 간 무역이 불가능했던 분야들이 인터넷의 발달로 인해 자국 내 뿐만 아니라 국경 넘어서도 서비스의 제공이 가능해진 것이다.

디지털 기술이 탑재 또는 적용되어 기존과 다른 새로운 형태의 무역이 생기기도 하였는데, 그 예로 이전에는 CD, 영화 DVD, 영화필름, 서적, 소프트웨어 등 물리적 매체에 체화되어 오프라인 상태로만 무역이 가능하던 제품들이 디지털화되어 온라인상에서 거래되는 경우를 들 수 있다. 전자적으로 이루어지는 서비스의 중요성은 통계자료에서도 확인되는데, 미국 경제분석국(US Bureau of Economic Analysis)이 2014년 발표한 서비스무역 통계에 따르면 1999년부터 2014년 동안 미국의 전통적인 형태의 서비스 수출이 연간 5% 성장한 데 반해 ICT 기술 기반 서비스 수출은 연간 8.4% 성장하여 미국 경제의 성장을 이끌었을 정도로 디지털기술로 제공되는 서비스의 범주와 규모가 커졌다.

인터넷 기술로 인해 국가 간 물리적 거래 없이 무역행위가 이루어지고, ICT기술 때문에 이전에는 서로 무관한 분야가 결합되어 무역의 대상이 되는 등, 국제무역의 질적 변화가 진행 중이다. 특히 ICT요소(software 등)가 상품과 결합하여 교역되고 있어 서비스와 상품무역 간 경계가 허물어지고 있는 점이 주목된다.[1] 그렇지만 가장 주목받는

1   미국 무역위원회(USITC)보고서 Digital Trade in the US and Global Economics에 의하면, 디지털무역은 인터넷을 통해 전달되는 상품과 서비스의 거래라고 정의된다. 더 구

분야는 온라인서비스무역이다. 미국의 아마존과 이베이, 중국의 알리바바와 텐센츠의 세계적 성장이 이를 입증한다. 그런데 서비스 분야는 상품무역과 달리 국가의 사회문화적 환경 및 국내규제의 영향을 크게 받는다.

국가마다 자국의 사회문화적 가치, 관행 및 역사적 맥락에서 국내규제가 수립되기 때문에 동일한 사안에 대한 정책과 제도는 서로 다를 수 있다. 예를 들어 유럽과 미국에서는 독일나찌를 연상시키는 디자인이나 단어가 탑재된 서비스는 불법이지만, 세계대전의 경험이 없는 아시아국가권에서는 그러한 규제가 없다. 서비스의 규제와 관련하여 주권국가 고유의 규제정책과 다자무역규범 간 충돌이 발생하거나 국가 간 규제정책관할권을 둘러싼 갈등이 발생할 수 있다. 그러다보니 인터넷으로 국가 간 경제가 연결될수록, 국가마다 상이한 규제체계의 통합(harmonization)이 요구된다. 국가마다 서로 다른 규제체계에서는 디지털 기술 기반 무역의 장점들이 극대화되기 어렵기 때문이다. 예를 들어 구글 서비스를 전 세계 이용자가 사용하고 있는데 특정국가에서 지도서비스와 같은 일부서비스 사용을 금지하거나, 구글 플랫폼에 탑재되는 기능을 제한하거나 한다면 서비스의 활용 또는 확산에 상당한 제약이 따를 것이다. 구글, 아마존, 페이스북, 등 글로벌 IT기업들은 국가 간 규제의 차이가 최소화되길 희망하는 것이 당연하다.

그렇다면 디지털경제에서 요구되는 새로운 규범은 어떤 것들인가? 석유가 20세기 경제의 핵심 동력이었다면, 21세기 디지털 경제는

체적으로 살펴보면, 1) 디지털 혹은 인터넷으로 전달되는 콘텐츠(음악, 영상, 비디오, 등) 2) 소셜미디어, 3) 검색엔진, 4)디지털 또는 인터넷 기반 서비스(클라우드 혹은 인터넷으로 전달되는 소프트웨어, 모바일서비스, 데이터 처리 및 저장을 포함한 데이터서비스, 컴퓨팅 플랫폼 서비스 등)으로 구분할 수 있다. USITC(2013), Part 1, pp.2-1,~26.

데이터에 의해 움직이는 경제이다. 데이터의 수집, 생산, 가공, 유통 능력은 기업의 핵심 경쟁력으로 자리 잡았다. 제조업 현장에서 데이터는 생산성 효율에 기여하고 있으며, 기업의 비즈니스 전략은 이제 데이터 분석 없이 수립할 수 없다. 20세기 미국의 대표 제조업체였던 General Electric은 이제 스스로를 데이터사업자로 정의할 정도로 데이터의 중요성이 커지고 있다. 데이터는 다양한 산업현장 및 소비매체를 통해 수집되고 클라우드 기술 덕택에 저장·관리되며, 수집된 데이터는 전문적 분석 및 가공 단계를 거쳐 기업, 정부 등에서 유용하게 사용된다. 특히 최근 데이터를 2차 가공하여 다른 기업에게 판매하는 B2B 데이터 시장이 부상하고 있다. 이러한 디지털 경제에서 기업은 데이터를 상업적으로 자유롭게 이용할 수 있는 환경이 절대적으로 필요하다. 전 세계에 흩어진 고객들의 개인정보를 수집·저장·가공하여 상업적 이익을 추구하는 구글이나 페이스북 등 글로벌 IT 기업, 시티은행과 같은 금융기업 등은 국가들이 국경 간 데이터의 자유로운 이동을 보장해 줄 것을 줄기차게 요구하고 있다.

또한 데이터를 처리하는 컴퓨팅설비나 시스템에 대한 정부규제의 최소화 또는 철폐가 중요한 의제가 되었다. 상당수의 국가들은 자국민 정보를 보안이나 국가안보를 이유로 국내에만 저장, 사용하도록 요구하는, 소위 현지화(localization)조치를 추구하고 있다. 비판자들은 개인정보보호를 이유로 데이터센터를 서비스 제공 국가 내에 설치하도록 요구하거나 데이터의 국외 이전을 제한하는것은 자원의 효율적 사용을 저해할 뿐만 아니라 클라우드를 기반으로 하는 비즈니스 모델에 상당한 제약을 가한다고 지적한다. 디지털경제하의 기업들은 인터넷을 기반으로 정보의 수집·가공을 통해 상품 및 서비스를 제공하는 만큼, 언급한 현지화조치들은 글로벌 무역의 최대 걸림돌이라고 주장한

다.[2]

전 세계에서 가장 많은 IT기업을 보유하고 있고 금융 등 서비스 분야 경쟁우위를 보유하고 있는 미국은 디지털경제 관련 새로운 무역 규칙 수립에 가장 적극적이다. 이러한 조건을 갖추지 못한 다른 국가 들은 아무래도 소극적일 수밖에 없다. 디지털 경제 무역규범이 미국이 주도하는 지역무역협정에서 다루어지고 있는 이유가 여기에 있다.

III. WTO체제의 한계

기존의 다자무역체제(WTO)는 국가 간 상품 및 서비스 무역에 대한 일련의 약속(의무)를 다루고 있다. 그리고 상품분야 (GATT)와 서비스 분야(GATS)를 개별적으로 규율하고 있다. 특히, WTO체제하의 모든 규범은 특정상품 또는 서비스의 '국가 간' 거래에 초점을 두고 있다. 그러다보니 WTO체제는 인터넷 및 ICT 기술로 인해 경제 전체에 발 생하는 범산업적 변화를 다루기 쉽지 않다. 일반적으로 디지털기술은 특정산업이나 서비스에만 적용되거나 발현되는 것이 아니라 모든 산 업, 모든 분야에 '수평적으로' 적용되기 때문에 디지털기술 기반 경제 적 행위를 특정해서 규율하는 것이 어렵다. 국가의 법제도는 보통 규 범적용의 대상과 범주가 명확하게 확정되어 있다(예: 통신산업을 규제 하기 위하여 전기통신기본법이 있다).

글로벌 무역을 규율하는 다자무역체제, 즉 세계무역기구(WTO) 는 전통적으로 거래되는 상품 및 서비스무역을 규율하는 '아날로그'적

---

2   Information Technology and Innovation Foundation(ITIF), Localization Barriers to Trade: Treat to the Global Innovation Economy(2013).

방식을 채택하고 있다. 그러나 디지털기술 기반 무역은 앞서 기술하였
듯이 일개 국가 차원의 노력으로 해결되기 어렵기 때문에 국가 간 협
력 또는 조율이 요구되며, 디지털 경제 거버넌스 구축이 실패한다면
국제법적 공백이 발생할 수밖에 없다(곽동철·안덕근. 2016).

　　WTO 최초의 전자상거래 규범에 대한 논의는 미국의 제안하에
이루어졌는데, 1998년 5월 제2차 각료회의에서 '글로벌 전자상거래
선언(Declaration on Global Electronic Commerce)'이 채택되고, 동
선언을 통해 전자상거래관련 모든 무역쟁점을 검토하는 전자상거래
작업반(WTO Work Program on E-Commerce)이 WTO 일반이사회
내에 설치되었다. 일반이사회 내 다양한 분야(상품, 서비스, 지재권 등)
내 논의 활동을 통해 전자상거래에 대한 개념 수립 및 규범화 논의가
진행되었으며 전자상거래의 개념은 다음과 같이 정립되었다. 전자상
거래를 "전자적 수단을 통한 상품과 서비스의 생산, 유통, 마케팅, 판
매 또는 배송(production, distribution, marketing, sale or delivery of
goods and services by electronic means)"이라고 정의하였다.[3]

　　여기서 주목해야 할 점은 전자상거래 규범 정립에 대한 당시
WTO 차원의 시도는 다자주의에 기반한 접근방식이었다는 점이다.
WTO 일반이사회 내 다양한 분야 작업반을 통해서 동 사안을 해결하
려 한 것은 당시 지적재산권(TRIPS)이나 서비스무역(GATS) 관련 규
범을 별개의 무역협정을 통해 만들려고 했던 시도와 다른 접근법이였
다. 인터넷의 부상과 함께 발생하는 새로운 경제행위들에 대하여 새로
운 무역규범이 필요하다고 보지 않고 기존의 다자무역체제 내에서 규
율될 수 있다는 입장이 존재했을 것으로 추정된다. 적어도 90년대까지

---

3   Work Program on E-Commerce WT/L/274, 30 September 1998.

는 디지털무역과 관련된 신규 통상규범 논의는 다자주의체제 하에 진행되었다고 평가할 수 있다.

　그런데 다자체제하의 논의는 여러 해 동안 진전되지 못하였다. 결국 2001년 작업반 차원의 노력은 종료되고 WTO 회원국 간 '전자적 전송(electronic transmission)에 대한 한시적 무관세선언'을 표명하는 것으로 그쳤다. 이후 이 무관세 선언의 한시적 연장만 이어지고 있는 상황이다. 가장 최근 개채된 WTO 나이로비 각료회의(2015)에서도 전자적 전송에 대한 무관세 선언의 한시적 연장만 이루어졌을 뿐이다.

　WTO 차원에서의 노력이 실패한 주요 원인 중 하나가 인터넷을 기반으로 하는 무역행위의 핵심이라 할 수 있는 '전자적 전송(electronic transmission)' 개념을 둘러싼 혼선에 있다. 전자적 전송은 통신서비스나 정보처리서비스처럼 전자상거래를 지원하는 전자적 서비스를 의미할 수도 있고 인터넷을 통해 전자적으로 전달되는 전송물 자체, 즉 콘텐츠를 의미할 수도 있으며 법률서비스나 회계서비스 등 전자적으로 공급되는 국경 간 서비스를 의미할 수도 있다. 또한 무관세 선언은 오프라인에서 무관세의 혜택을 받은 제품이 온라인상에서 관세 부과의 대상이 될 수 없다는 것으로 해석될 수도 있다. 전자적 전송에 대해 다양한 해석이 존재하는 이유는 WTO 작업계획 및 각료선언문 어디에서도 전자적 전송에 대한 정의를 내리고 있지 않기 때문이다. 전자적 전송에 대한 명확한 정의와 범위가 확립되지 않은 상태에서 전자적 전송의 무관세 선언만 이어지는 현실은 회원국들에게 동 개념이 아무런 법적 효력이 없다는 것을 의미한다. 즉, WTO 차원에서 새로운 통상규범의 성립이 실패하였다고 평가할 수밖에 없다.

　WTO 차원의 전자상거래 규범 성립이 실패한 이유는 다양하다. 일단 전자적 방식의 상거래가 무엇인지에 대한 국제적 합의를 이룰 수 없었던 현실[4]과 기존 WTO 통상법리상의 문제점에서 찾아볼 수 있겠으나,[5] 그보다 더 근본적 이유는 새로운 통상질서의 수립이 다자주의적 접근방식으로 이루어지기 어려운 국제사회의 현실 때문이었다. 일단 개도국들은 전자상거래 규범 논의에 적극적이지 않았다. 아직 농업 등 1차 산업에 집중되어 있어 디지털경제가 가져올 새로운 경제기회가 가깝게 느껴지지 않았을 것이다. 그리고 디지털경제의 혜택을 선진국들만 향유하는 것에 대하여 반대할 수 있었을 것이다. 다수의 개도국은 디지털 경제에 부합하는 내부역량이 부족한 상황에서 자국 법제도에 추가적 압박을 가할 새로운 국제규범의 도입을 내켜하지 않았고, 전자상거래 작업반에의 참여에 소극적이었다.

선진국들도 전자적 방식의 상행위를 규율하는 방식에 대하여 일치된 입장을 갖지 못하였다. 특히 EU와 미국은 전자적 전송물이 GATT의 적용대상인지 GATS의 적용대상인지 첨예하게 대립하였다. 미국은 전자적 전송방식을 사용하여 유형재화의 무역이 이루어질 경우 GATT가 적용되나 그 외의 경우—즉 전자적 방식으로 제공되는 무형재화 무역의 경우—는 GATS가 적용되어야 함을 주장였으나, EU는 전자적 전송물은 그 내용의 유무와 상관없이 GATS, 즉 서비스무역규범의 적용대상이라는 입장으로 대립하였다.[6]

EU가 전자적 전송물에 대하여 GATT적용을 반대하고 GATS의 적용을 선호한 이유는 디지털콘텐츠를 시청각서비스물로 분류하여 EU

---

4   OECD, APEC 등 다양한 국제포라(fora)에서 개념정립 시도가 이루어졌으나 아직까지 합의된 개념은 없다.
5   강하연(2015)은 인터넷 기반 신규서비스들이 기존의 WTO서비스 분류체계 내에서 해석되기 어려운 점을 지적하였다. 곽동철은 WTO 전자적 전송물 개념과 관련된 통상법리상의 문제점 등을 지적하였다.
6   WT/GC/W/497.

의 시청각물규제체계(AVMSD) 내로 편입하고 시장개방으로부터 유보하고자 하는 의도가 있기 때문이었다. 반면 소프트웨어사업자협회 등 산업계의 강력한 문제제기가 있는 배경에서 미국은 전자적 전송물을 서비스로 취급할 경우 정보통신 상품의 무관세화를 이루어낸 정보기술협정(ITA)의 혜택을 주장할 수 없을 것을 우려하여 GATS 규범적용에 반대하였다(Wunsch-Vincent 2003. 54-57). 참고로, 미국은 GATT의 상품분류체계의 편의성 및 ITA와의 호환성을 이유로 GATS보다 GATT를 선호하였지만 사실 상품무역의 분류체계인 HS체계는 소프트웨어 등 디지털방식으로 제공되는 재화의 분류가 기술적으로 명확하지 않고 ITA 차원에서도 전자적 전송물 이슈가 말끔하게 해결된 것은 아니었기 때문에 미국의 주장이 WTO 차원에서 설득력을 얻기 어려웠던 것으로 보인다.

이러한 배경에서 미국은 2000년도부터 체결한 FTA 차원에서 별도의 전자상거래 챕터를 채택, 전자적 전송물의 상품/서비스 분류의 문제를 피하면서 전자적 전송물 자유화를 추진하는 정책을 추구한다.

IV. WTO 다자주의의 폐기, 그리고 새로운 시도들

미국은 2000년도 들어서면서 WTO체제 내의 디지털경제관련 신규규범 도입 노력을 실질적으로 포기하고, 대안으로 양자무역협정, 즉 FTA 차원에서 이를 적극적으로 추진하기 시작하였다. 미국이 체결한 모든 FTA에는 전자상거래 규범을 따로 취급한 독립된 챕터가 존재한다. 흥미로운것은 2007년 체결한 한미 FTA를 제외하고 그전에 체결한 FTA에는 모두 선언적 성격의 조항, 즉 의무이행이 없는 조항만 포함하고 있다.

따라서 2007년 체결된 한미 FTA 전자상거래 챕터는 미국이 추구하는 디지털 경제 통상규범의 일종의 원형을 제공한다고 볼 수 있는데, 특히 '디지털재화의 영구 무관세' 및 '디지털재화의 비차별대우 의무'를 강행의무로 확립한 것이 주목된다.

먼저 디지털재화의 영구무관세 의무를 살펴보면, WTO 각료선언이 언급해 온 '전자적 전송에 대한 한시적 무관세'와 달리 한·미 FTA 제15.3조(디지털재화)는 '디지털재화'에 대한 영구 무관세 대상(객체)과 기간을 구체적이고 포괄적으로 규정하였다. 풀어 설명하면, 무관세는 '전자적 전송(electronic transmission)'이 아닌 '디지털재화(digital products)'라는 명시적 객체를 대상으로 하고 있으며, 적용기간이 특정되어 있지 않는 점에서 그 효력을 영구적으로 하였다. 참고로, 디지털재화를 상품으로 분류할지 또는 서비스로 분류할지는 당사국의 고유권한으로 인정하여 한미 양국의 재량에 맡겼다.[7] 이는 기존의 WTO 체제에서 전자적 전송물에 대한 개념이 모호하여 적용법리(GATT vs. GATS) 에 대한 논란이 존재하였다면, 이제 한미 FTA에서 한미 당사국은 각자의 해당 재화에 대한 분류와 무관하게 '디지털재화'에 대하여 영구적으로 과세를 부과하지 않을 것을 약속한 것이다.

한·미 FTA 제15.3조(디지털재화)는 디지털재화에 대한 비차별대우 의무도 규정하고 있다. 앞서 설명하였듯이 WTO 전자상거래 작업계획에서는 전자적 전송물에 대한 한시적 무관세 외에는 전자적 전송물을 GATT 또는 GATS의 적용을 받게 할지 결론이 나지 않은 배경에서 동 조항은 국가들의 규범적용 관련 전략적 포럼선택(forum shop-

---

7   한·미 FTA 전자상거래 장(chapter) 제15.9조(용어정의)의 각주 4 참고.

ping) 가능성을 불식시키기에 위해 다음의 내용을 담고 있다. 제15.3
조의 2항 및 3항에 따르면, 일방 당사국은 다른 당사국의 디지털재화
(소프트웨어 포함) 및 그 공급자에 대해 그 배송방식(물리적 전달매체
또는 전자적 전송)과 무관하게[8] 공히 내국민대우(national treatment)
및 최혜국대우(MFN treatment) 의무 등 소위 비차별대우(nondiscrim-
ination)를 부여하도록 규정하고 있다. 예컨대, 우리 정부가 미국산 소
프트웨어 및 소프트웨어공급자에게 우리나라의 동종 소프트웨어 및
소프트웨어공급자는 물론이고 제3국의 동종 소프트웨어 및 소프트웨
어공급자와 비교하여 못지않은 상응한 대우를 부여해야 한다는 의미
이다.[9]

한미 FTA 전자상거래 챕터 제15.3조 디지털제품

1. 어떠한 당사국도 다음의 수입 또는 수출에 대하여 또는 이와 관
련하여, 관세, 수수료 또는 그 밖의 부과금[1]을 부과할 수 없다.
  가. 전달매체에 고정된 디지털제품이 원산지 상품인 경우, 그 전
    달매체에 고정된 디지털제품, 또는
  나. 전자적으로 전송된 디지털제품[2]

2. 어떠한 당사국도 일부 디지털제품[3]에 대하여 다른 동종의 디지
털제품에 부여하는 것보다 불리한 대우를 다음의 경우 부여할 수

---

8   결과적으로 이는 상품·서비스 분류 또는 상품·서비스 협정관할에 대한 선택을 통해 협
    정 당사국 간 시장자유화에 대한 전략적 이해 충돌의 가능성을 불식시키는 문언에 해당
    된다.
9   물론 동 의무에 대한 예외가 존재하는데, 한·미 FTA의 투자챕터 및 서비스챕터상의
    NCM, 즉 유보조치(reservation measures) 목록에 기재되는 제한조치, 정부보조금 및
    무상교부금(subsidies or grants) 및 공공서비스, 방송(broadcasting) 분야는 적용대상
    에서 배제된다. 한·미 FTA 제15.3조 4항 및 5항.

없다.

가. 다음을 근거로 하는 경우

1) 불리한 대우를 받는 디지털제품이 다른 쪽 당사국의 영역에서 창작·제작·발행·저장·전송·계약·발주 또는 상업적 조건으로 최초로 이용가능하게 된 것, 또는

2) 그러한 디지털제품의 저작자·실연자·제작자·개발자·배포자 또는 소유자가 다른 쪽 당사국의 인인 것, 또는

나. 자국 영역에서 창작·제작·발행·저장·전송·계약·발주 또는는 상업적 조건으로 최초로 이용가능하게 된 다른 동종의 디지털제품을 달리 보호하기 위한 목적인 경우

3. 어떠한 당사국도

가. 비당사국의 영역에서 창작·제작·발행·계약·발주 또는 상업적 조건으로 최초로 이용 가능하게 된 동종의 디지털제품에 부여하는 것보다 다른 쪽 당사국의 영역에서 창작·제작·발행·계약·발주 또는 상업적 조건으로 최초로 이용가능하게 된 디지털 제품에 불리한 대우를 부여할 수 없다. 또는

나. 저작자·실연자·제작자·개발자·배포자 또는 소유자가 비당사국의 인인 동종의 디지털제품에 부여하는 것보다 저작자·실연자·제작자·개발자·배포자 또는 소유자가 다른 쪽 당사국의 인인 디지털제품에 불리한 대우를 부여할 수 없다.

4. 제2항 및 제3항은 제11.12조(비합치 조치), 제12.6조(비합치 조치), 또는 제13.9조(비합치 조치)에 따라 채택되거나 유지되는 조치에는 적용되지 아니한다.

5. 제2항은 다음에 적용되지 아니한다.

가. 정부지원 융자·보증 및 보험을 포함하여 당사국이 서비스 또
　　는 서비스 공급자에게 제공하는 보조금 또는 무상교부, 또는
나. 제12.1조(적용범위) 제6항에 정의된 정부권한의 행사로 공급
　　되는 서비스

6. 이 조는 청각적 및/또는 시각적 수신을 위하여 콘텐츠 제공자에
의하여 편성되고 콘텐츠 소비자가 그 편성에 대하여 선택권을 갖
고 있지 아니한 일련의 문자열·동영상·이미지·녹음물 및 그 밖의
제품의 전자적 전송에 영향을 미치는 조치에는 적용되지 아니한다.

1) 보다 명확히 하기 위하여, 제1항은 내국세 또는 그 밖의 국내 부과금이 이 협정
　과 합치하는 방식으로 부과되는 한, 당사국이 디지털제품에 대하여 그 조세 또
　는 부과금을 부과하는 것을 배제하는 것은 아니다.
2) 제2.14조(상품무역위원회)제4항에 합치되게, 상품무역위원회는 제1항의 적용
　과 관련한 분류 사안에 관하여 양 당사국 간 발생할 수 있는 모든 의견 차이에
　대하여 협의하고 이를 해소하기 위하여 노력한다.
3) 양국 간 무역을 촉진하고자 하는 양 당사국의 목표를 인정하여, 제2항의 "일부
　디지털제품"은 다른 쪽 당사국의 영역에서 창작·제작·발행·계약 또는 발주되
　는 그러한 디지털제품 또는 그 저작자·실연자·제작자·개발자 또는 소유자가
　다른 쪽 당사국의 인인 디지털제품만을 지칭한다.

　　한미 FTA의 초기 성과 이후 미국은 FTA보다 더 체결하기 용이한
양자 MOU 형태로 디지털무역 규범원칙의 글로벌 확산을 추구하였
다. 바로 일본, 모리셔스, EU 등과 체결한 ICT 서비스 교역원칙(Trade
Principles for Information and Communication Technology Services,
이하 ICT서비스 교역원칙)인데, 2011년 4월, EU-미국 ICT 서비스 교
역원칙을 체결하였고, 2012년 1월에 일본과, 2012년 6월에 모리셔스
와 체결하였다.[10]

EU-미국 ICT 서비스 교역원칙을 자세히 보면, 미국과 EU가 경제통합을 촉진하기 위해 설립한 범대서양 경제위원회(Transatlantic Economic Council) 차원에서 채택하였으며 총 10개 조항으로 구성되어 있다. 동 원칙을 살펴보면 인터넷 기반 서비스 사업자들의 자유로운 활동을 보장하는 내용으로, 전자상거래, 클라우드 기반 B2B 및 응용서비스, 인터넷 플랫폼 기반 콘텐츠 서비스의 세계적 확산을 뒷받침하는 제도적 환경 구축을 의도하고 있음을 알 수 있다. 이 중 개방된 망 및 망접근을 보장하고, 서비스의 국경 간 공급 제공 보장, 국경 간 정보의 흐름 보장 및 타국의 정보에 대한 합법적 접근을 보장하는 내용(2조, 3조, 4조)들이 눈에 띄는데, 구글 등 기존 ICT 기업을 포함하여 훌루, 넷플릭스 등 인터넷 미디어 기업의 글로벌 진출 전략을 뒷받침하는 국제규범의 원형으로 봐야 한다. 참고로 일본[11]과 모리셔스와 체결한 ICT 서비스교역 원칙도 내용적으로 대동소이하다.

미국은 2000년도 초반 EU 및 일본과 체결한 ICT 교역원칙을 확립한 후 이를 더 공고히 하는 전략을 펼친다. 가장 주목할 전략은 TPP 협정에서 찾을 수 있다. 원래 뉴질랜드, 브루나이, 싱가포르, 칠레 4국이 참여하는 지역무역협정이었는데, 2015년경 미국이 적극적으로 참여하면서 TPP협정 참여국이 12개 국가[12]로 늘어나 2015년 10월 5일

10   참고로 한미 FTA 등 미국이 체결한 모든 FTA에는 ICT교역원칙과 유사한 내용이 담긴 통신서비스 협정문(챕터)이 포함되어 있다. 통신서비스 협정문은 공중통신사업자에 대한 일련의 의무를 다루고 있어 ICT 서비스 교역원칙과 무관할것으로 생각할 수 있겠으나 통신사업자들이 인터넷 기반 서비스교역의 핵심 요소인 망(network)을 보유하고 있고, 대부분의 경우 클라우드 서비스와 같은 융합서비스를 통신사업자들이 제공한다는 점에서 이 두 규범문서의 상호연관성을 무시할 수 없다.

11   미국-일본 ICT 서비스 교역원칙에서 추가된 조항은 1) 망요소 세분화와 2) 디지털 제품의 취급 원칙에 대한 것으로, 이 두 조항은 미국이 체결한 FTA에서 발견되는 내용이다. 일본과 미국 양국 간 FTA가 체결되지 않은 상황에서 미국의 요구를 반영한 조항으로 추정된다.

EU-미국 ICT 서비스 교역원칙 (2011)

① 투명성

정부는 ICT 교역 및 ICT에 영향을 주는 모든 정부 법, 규정, 절차, 행정조치를 공중에 제공하고 대중 공개 및 의견수렴 절차를 보장한다.

② 개방된 망, 망접근 및 사용

정부는 소비자가 정보의 접근 및 유통에 있어 선호하는 어플리케이션 및 서비스를 사용하도록 보장하고, 서비스제공자가 인터넷 서비스를 제공하는데 있어 서비스의 국경 간 공급 제공을 제한하지 아니하며, 기술중립적으로 서비스를 제공하도록, 그리고 서비스 및 기술 상호호환성을 증진해야 한다.

③ 국경 간 정보 흐름

정부는 타국의 서비스 제공자 및 그 이용자가 국경 내 혹은 국경 간 정보를 전자적으로 전송하고, 공개적으로 가능한 정보에 접근하거나, 타국에 저장되어 있는 제공자 및 이용자의 정보에 접속하는 것을 제한하지 않는다.

④ 현지 인프라

정부는 ICT서비스 공급의 조건으로 현지 인프라 사용 혹은 현지법인설립 요건을 부여하지 않는다. 또한 현지 인프라, 자국 주파수 혹은 위성자원 사용에 있어서 자국사업자에게 특혜를 부여하지 않는다.

⑤ 외국인소유

정부는 법인설립 또는 기타 방법을 통해 ICT서비스 분야의 외국인 참여를 완전히 허용한다.

⑥ 주파수 사용

정부는 적용 가능한 ITU-R 권고 등에 따라 효과적이고 효율적으로 주파수가 관리되도록 보장함으로써 주파수의 이용가능성 및 이용을 극대화해야 한다. 상업적 목적의 주파수 할당은 경쟁 및 혁신을 목적으로 객관적이고, 시의적절하며, 투명하고, 비차별적인 방식으로 이루어져야 한다. 정부는 규제자가 상업적 지상파 주파수 분배를 위해 경매를 포함한 공평하고, 시장중심적 방법을 이용하도록 독려해야 한다.

⑦ 규제당국

정부는 ICT분야를 감독하는 규제 당국이 모든 서비스 공급자와 법적으로 분리되고 기능적으로 독립되도록 보장하고, 기능을 효과적으로 수행할 수 있도록 충분한 법적 권한과 자원을 보유하도록 보장한다. 규제적 결정과 절차들은 모든 시장참여자에게 공정해야 한다. ICT서비스와 관련된 규제적 결정과 이러한 결정과 관련된 상소절차의 결과는 공개적으로 이용 가능하도록 한다.

⑧ 승인 및 허가

정부는 가능한 한 서비스 제공자의 단순한 신고를 통해서만 통신서비스의 제공이 승인되도록 하며, 서비스 제공의 조건으로 법적설립을 요구하지 않아야 한다. 주파수 분배 등 특정 제한적 규제 이슈와 관련해서만 허가제도를 유지하도록 한다.

⑨ 상호접속

GATS 통신부속서의 접속 및 이용 조항과 일치하게 정부는 공중통신서비스 제공자가 공중에 이용가능한 통신망 및 서비스에 접속하기 위해 다른 제공자와 상업적 조건으로 상호접속을 협상하고 상호접속할 수 있는 권리와 의무를 보장한다. 또한 기본통신에 대한 GATS 참조문서에 따라, 국가들은 공중통신서비스 제공자가 지배적 사업자와 가격지향적, 비차별적, 투명적인 요율로 협상 및 상호접속하도록 보장한다.

⑩ 국제협력

세계의 디지털 활용률을 높이고 디지털 격차를 줄이기 위해 정부간 협력하여야 한다.

에 타결되었다. 2016년 11월 미 대선 결과로 트럼프 행정부가 집권하

---

12   언급한 4개 국가에 더하여 미국, 호주, 캐나다, 일본, 베트남, 말레이시아, 멕시코, 페루가 협정협상에 참여하였다. 이후 일본은 2016년 11월 4일 가결하였으며 미국은 2017년 1월 23일 트럼프대통령이 TPP 참여를 철회하는 행정명령을 행사하였다. 이후 나머지 국

면서 미국은 이듬해 1월 TPP협정에서 탈퇴하였으나, TPP에서 성안된 전자상거래 규범을 양자적 방식으로 확산하고자 하는 의지는 여전하다. 현재 미국, 캐나다, 멕시코 간 북미자유무역협정(NAFTA)재협상이 진행 중인데, 본문에서 언급되는 전자상거래 신규 규범이 논의되는 것으로 알려져 있다.

TPP서 논의되는 전자상거래 신규 규범은 한미 FTA, ICT교역원칙에서 그 원형을 찾아볼 수 있으며, 이를 강행규범화한 것으로 봐야 한다. 주목할 규범은 ICT교역원칙의 '국경 간 정보흐름'(3조)의 내용을 TPP 전자상거래 챕터에서 "전자적 수단에 의한 국경 간 정보의 이전"(TPP 제14.11조)이라는 강행의무로 발전시킨 조항으로, TPP 전자상거래 협정문에서 가장 크게 부각되는 조항이다. 국경 간 정보의 자유로운 이전에 대한 논의는 이미 한미 FTA에서 이루어졌지만 당시에는 국경 간 정보가 자유롭게 이전될 수 있도록 노력한다는 협력조항(노력조항) 수준으로 이루어졌다. 이에 반해 TPP는 "개인정보를 포함하여 전자적수단에 의한 국경 간 정보의 이전을 허용해야 한다(shall)"고 명시하여 국경 간 정보의 이전을 의무화하고 있다. 합법적인 공공정책 목표를 달성하기 위한 예외도 명시적으로 인정하지만,[13] 정부의 정책자율권을 상당한 부분 침해하는 의무로 볼 수 있다. TPP 참여국들은 아주 제한적 조건하에서만 자국 내에서 생성된 정보의 국외 이전에 합법적으로 개입 또는 제약을 부과할 수 있다.

가들은 미국 없이 TPP발효를 위한 내부 비준 절차를 밟고 있는 것으로 알려져 있다.

13   국경 간 정보의 이전을 제한하기 위해서는 의무에 일치하지 않는 조치가 i) 합법적인 공공정책 목표를 달성하기 위한 것이어야 하며, ii) 자의적이거나 정당화될 수 없는 차별의 수단을 구성하지 않아야 하며, iii) 무역에 대한 위장된 제한 수단으로 적용되지 않아야 하고, iv) 필요성 요건을 충족해야 한다.

TPP 전자상거래 챕터 조항 1

> **TPP 전자상거래 챕터 제14.11조: 전자적 수단에 의한 정보의 국경 간 이전**
>
> 1. 당사국은 각 당사국이 전자적 수단에 의한 정보 전송에 대해 자체적 규제 요건을 보유하고 있음을 인식한다.
>
> 2. 각 당사국은 그 활동이 보호되는 사람의 사업 수행을 위한 것일 경우, 개인 정보를 포함하여, 전자적 수단에 의한 정보의 국경 간 이전을 허용해야 한다.
>
> 3. 본 조는 당사국이 정당한 공공정책 목표를 달성하기 위해 상기 제2항과 부합하지 않는 조치를 채택하거나 유지하는 것을 금지하지 않는다. 단, 그 조치는:
>
> > (가) 자의적이거나 정당하지 않는 차별의 수단을 구성하거나, 무역에 위장된 제한을 구성하는 방법으로 적용될 수 없으며
> >
> > (나) 목적 달성을 위해 요구되는 것보다 더 많은 정보의 이전에 대한 제약을 부과할 수 없다.

주: 저자 번역

　　TPP 제14.13조에 규정되어 있는 컴퓨팅설비 현지화 금지 조항은 GATT/WTO에서는 물론 기존 지역무역협정에서도 찾아볼 수 없었던 새로운 통상규범이다.[14] 각 체결당사국은 "통신의 보안과 비밀을 보장하기 위한 요건을 포함하여 컴퓨팅설비 사용에 대해 규제적인 요건을 보유"할 수 있지만 "자신의 영토 내에서 사업을 수행하기 위한 조건으로 대상인에게 그 영토 내의 컴퓨팅설비를 이용하거나 컴퓨팅설비를 그 영토 내에 수립"하도록 요구할 수 없다. 앞서 언급한 국경 간 정보의 이전 의무화에 대한 예외가 인정되는 요건과 동일한 요건으로 컴퓨

14　미-EU ICT교역원칙 제4조의 내용과 많은 유사점을 갖고 있음을 주목해야 한다.

TPP 전자상거래 챕터 조항 2

> **TPP 전자상거래 챕터 제14.13조: 컴퓨팅 설비의 위치**
>
> 1. 당사국은 각 당사국이 커뮤니케이션 보안 및 기밀성의 보장을 추구하는 요건을 포함하여, 컴퓨팅 설비의 이용에 관한 자체적 규제 요건을 보유할 수 있음을 인식한다.
>
> 2. 어떠한 당사국도 보호되는 사람에게 당사국 영역에서 사업을 수행하기 위한 조건으로, 해당 당사국의 영역 내 컴퓨팅 설비를 이용하거나 위치하도록 요구할 수 없다.
>
> 3. 본 조는 당사국이 <u>정당한 공공정책 목표를 달성하기 위해 상기 제2항과 부합하지 않는 조치를 채택하거나 유지하는 것을 금지하지 않는다.</u> 단, 그 조치는:
>
> > (가) 자의적이거나 정당하지 않는 차별의 수단을 구성하거나, 무역에 위장된 제한을 구성하는 방법으로 적용될 수 없으며
> >
> > (나) 목적 달성을 위해 요구되는 것보다 더 많은 설비의 이용 및 위치에 대한 제약을 부과할 수 없다.

주: 저자 번역

팅설비 현지화 금지에 대한 예외도 인정된다.

　　TPP 전자상거래 챕터에는 기업의 소프트웨어의 소스코드를 보호하는 조항도 존재한다. 제14.17조 소스코드 조항은 자국 내 소프트웨어 수입, 유통, 판매 및 이용의 조건으로 TPP 타방국 기업이 보유하고 있는 소프트웨어의 소스코드의 공개(이전 및 접근) 요구를 금지하는 조항이다. 동 조항은 기업의 상업적 서비스 제공에 있어 사용되는 소프트웨어의 소스코드 공개요구 금지를 명시하는 것이며, 국가안보나 공공정책목표로 사용되는 필수설비에 있는 소프트웨어는 해당되지 않는다. 이 조항은 앞서 언급한 2개 조항보다 더 엄격한 조항이라고 평

가할 수 있는데 당사국의 규제권한이 어느 정도 인정되는 예외문구가 존재하지 않는다. 소스코드 조항 또한 기존 WTO/FTA 차원에서 한 번도 논의되지 않은 새로운 통상규범이다.

TPP 전자상거래 챕터 조항 3

> **TPP 전자상거래 챕터 제14.17조: 소스 코드**
>
> 1. 어떠한 당사국도 자국의 영토에서, 다른 당사국의 사람이 소유한 소프트웨어 또는 그 소프트웨어를 포함하는 제품을 수입, 배포, 판매 또는 이용하는 조건으로, 그 소프트웨어 소스 코드의 이전 또는 접근을 요구할 수 없다.
>
> 2. 본 조의 목적상, 상기 제1항에 의해 제한되는 소프트웨어는 대량으로 시장에 시판되는 소프트웨어 또는 그 소프트웨어를 포함한 제품에 한정되며, 중요 기반에 사용되는 소프트웨어는 포함되지 않는다.
>
> 3. 본 조는 다음을 금지할 수 없다.
>   (가) 상용 목적으로 협상된 계약에서 소스 코드의 제공에 관한 조항 및 조건을 포함하거나 이를 이행하는 것, 또는
>   (나) 당사국이 소프트웨어가 본 협정과 부합하지 않는 법규정을 준수할 수 있도록 해당 소프트웨어의 소스 코드의 변경을 요구하는 것
>
> 4. 본 조는 당사국의 법률 또는 관행에 따라 무단 공개에 대한 보호조치에 의해 제한되며, 특허 분쟁과 관련하여 사법당국이 내린 명령을 포함하여, 특허신청 또는 특허인가에 관한 요건에 영향을 미치는 것으로 해석될 수 없다.

본문에 소개되는 TPP의 전자상거래 신규규범은 언뜻 보면 인터넷 기반 경제에서 기본적으로 확보되어야할 제도적 기반으로 이해될 수 있다. 클라우드와 빅데이터 기술의 활용이 전제되는 디지털 무역

체제에서 컴퓨팅설비를 국내에만 설치하도록 하는 규정, 데이터의 국
외반출을 금지하는 규정, 기업의 자산으로 여기는 소스코드의 공개 등
소위 "현지화규범"은 디지털 무역의 원활한 발전을 가로막는 장애물
로 여겨질 수 있다.

다만, 기업들이 데이터를 자유롭게 사용할 수 있는 환경이란 다시
생각해보면 개인의 사생활 또는 프라이버시가 보장되지 않는 환경을
의미한다. 기업이 상업적으로 활용하는 데이터의 상당 부분은 개인의
행태정보에 기반한다. 예를 들어 구글서비스를 사용하는 소비자의 모
든 정보가 구글에 의해 상업적으로 활용되며 구글플랫폼에 탑재된 다
양한 서비스 사업자들 또한 개인정보를 수집하여 활용한다. 구글은 수
집한 개인정보를 재가공하여 다른 기업에게 판매까지 한다. 이렇게 데
이터기반 경제가 활성화될수록, 개인정보의 보호 또는 프라이버시의
문제가 대두될 수밖에 없다.

물론, 모든 기업들은 개인정보보호 정책을 준수하고 있다. 개인
의 이름, 주소와 같은 식별정보의 비식별화 및 암호화를 통해 개인정
보의 익명처리가 이루어진다. 그러나 모든 기업들이 개인정보의 익명
처리를 엄격하게 하는 것 같지는 않다. 설사 엄격하게 관리하고 있다
고 해도 해킹 또는 관리부실로 인해 개인정보침해 사례가 종종 발생한
다. 디지털경제에서는 개인의 데이터주권과 기업의 경제적 활동 보장
이라는 두 개의 가치가 대립하고 있다. 데이터주권을 데이터활용 만큼
중요한 가치로 표방하는 EU는 기업의 데이터 관리의 책임을 엄격하게
묻고 있으며 EU시민정보의 역외 반출을 엄격하게 규제하고 있다. 중
국, 러시아, 브라질 등 상당수 국가들도 데이터주권 및 자국 산업보호
를 이유로 자국시민 정보의 국외반출을 엄격하게 규제하고 있다. 우리
나라 또한 개인정보의 국외반출 사전동의제를 운영하고 있으며 일부

분야의 개인정보 국외반출을 금지하고 있는 실정이다.

V. 결어

TPP는 미국과 태평양인접지역국과 맺은 자유무역협정이며, 미국 못지않게 디지털경제 거버넌스의 향방을 자국에게 유리하게 이끌고자 하는 EU, 중국, 인도, 브라질 등 국가들은 참여하고 있지 않다. EU의 경우, 미-EU ICT 교역원칙 이외에도 미국과 EU 간 TTIP (Transatlatic Trade and Investment Partnership) 협상을 추진한 국가이다. 그러나 EU는 앞서 언급하였듯이 전자적 전송물의 취급 등 신규 무역규범에 대한 입장이 미국과 다르다. 특히 데이터의 상업적 활용과 관련, 데이터주권을 데이터의 상업적 가치만큼 중요하게 여긴다. EU경제권은 세계무역 규모로 따질 때 미국, 중국에 이어 가장 중요한 지역인 만큼, EU의 28개 국가의 참여가 없는 TPP 전자상거래 규범은 디지털 경제 무역원칙 수립에 중요한 기초를 제공하나 새로운 글로벌 거버넌스를 확립하기엔 미흡하다. 더군다나 미국이 TPP를 탈퇴한 현 시점에서 새로운 디지털 무역 거버넌스의 확립은 아직 시간이 걸릴 것으로 보인다. 그러나 미국은 NAFTA 재협상에서 디지털 무역 원칙을 주장하고 있는 것으로 알려져 있는바, 미국은 지역 또는 다자무역협정보다 협상이 수월한 양자무역협정 차원서 추진하는 전략을 표방하고 있다. 비록 최근 종료된 한미 FTA 개정협상에서는 예상과 달리 전자상거래 신규규범이 다루어지지 않았으나 미국은 기체결한 한미 FTA를 통해 신규규범의 도입을 추진할 가능성은 열려 있다. 우리의 경험상 미국이 주장하는 새로운 무역규범에 대한 방어적 입장을 견지하기 쉽지 않을 것이다. 디지털 무역 환경에 적응하기에도 벅찬 빈약한 국내산업적 배경에서 우리나라가 미국 주도 디지털 무역질서 확립의 테스트베드가 될 확률이 높은 것이다.

참고문헌

강하연 외. 2015. 『ICT글로벌패러다임변화에 따른 대응방안. KISDI 기본연구』 15(04).
곽동철·안덕근. 2016. "아날로그체제하의 국제무역–디지털무역과 자유무역협정의 역할"
    『통상법률』 131, pp.51–91.
이창범. 2012. "비교법적 관점에서 본 개인정보 보호법의 문제점과 개정방향: 한국 EU 일본을
    중심으로". Internet and Information Security 3(2). pp.65–95.

Cowhey, Peter et al. 2009. Transforming Global Information and Communication
    Markets. Cambridge: MIT Press.
European Commission. 1995. Protection of Individuals with regard to the Processing of
    Personal Data and on the Free Movement of Such Data (95/46/EC).
_____. 2015a. Communication from the Commission to the European Parliament, the
    Council, the European Economic and Social Committee and the Committee of the
    Regions: A Digital Single Market Strategy for Europe.
_____. 2015b. A Digital Single Market Strategy for Europe– Analysis and Evidence.
    Commission Staff Working Document.
Lenoir, Noelle. 2016. "Data Protection: Europe vs. the United States." Politique
    Internationale.
Newman, Abraham. 2008. Protectors of Privacy: Regulating Data in the Global Economy.
    Ithaca: Cornell University Press.
OECD. 2007. Broadband and the Economy: Ministerial Background Report. OECD
    document DSTI/ICCP/IE(2007)3/FINAL.
United States International Trade Commission(USITC). 2014. Digital Trade in the US and
    Global Economies, part 2.
Wunsch-Vincent, Sacha. 2003. "The Digital Trade Agenda of the US: Parallel Tracks of
    Bilateral, Regional and Multilateral Liberalization." Aussenwirtschaft, vol 58, Heft I,
    pp.7–46.
_____. 2006. The WTO, E-Commerce and Information Technologies-From the UR Round
    through the Doha Development Agenda. New York: UN ICT Task Force.
WTO, The Geneva Ministerial. Declaration on Global Electronic Commerce. WT/
    MIN(98)/DEC/2 (20 May 1998).
WTO, General Council. Work Programme on Electronic Commerce : Adopted by
    General Council on 25 September 1998. WT/L/274 (30 September 1998).

제3장

디지털 보호무역주의의 (국제)정치경제
– 온라인 게임 산업 정책과 라이드셰어링 플랫폼 규제 사례를 중심으로 –

유인태

* 본 연구는 『동서연구』 제30권 2호(2018)에 게재된 "디지털 보호무역주의의 (국제)정치경제: 온라인 게임 산업 정책과 라이드셰어링 플랫폼, 위치정보 반출 사례를 중심으로" 논문을 수정 보완함.

I. 서론

본 장의 목적은 디지털 보호무역주의의 양상을 국내 온라인 게임 산업과 라이드 셰어링 플랫폼 서비스를 통해 고찰하는 것에 있다. 두 사례, 온라인 게임 산업과 라이드 셰어링 플랫폼 서비스가 무엇인가에 대한 범위 설정에 대해서는 사례 분석 부분에서 자세히 서술된다. 간략히 중요한 점을 짚어보면 두 산업은 인터넷 연결을 필수로 하며, 인터넷의 발달에 따라 성장한 산업이기에 향후 큰 경제적 이익이 파생될 수 있다는 것이다. 따라서 이들 산업에 대한 규제가 어떠한 형태로든 규제가 생성/심화될 것이 분명하며, 그러한 규제는 인터넷 생태계의 양상과 매우 밀접한 연관이 있다. 즉, 이들 산업과 인터넷 거버넌스의 접점은 이들에 대한 정책이 인터넷 거버넌스에 영향을 미칠 수도 있으며, 반대로 인터넷 거버넌스가 이 산업들의 양태에 영향을 미칠 수 있음을 시사한다. 따라서 본 장에서 이들 산업을 고찰하는 것은 넓은 범위에서 인터넷 거버넌스를 시야에 넣고 있음을 언급해 둔다.

본 장의 또 다른 목적은 통상정책의 (국제)정치경제 이론에 대한 새로운 기여를 모색함에 있다. 구체적으로 본 장에서는 한국의 온라인 게임 산업 사례와 라이드 셰어링 플랫폼 서비스 사례에서의 정치경제를 고찰한다. 이러한 사례 분석을 통해, 새로운 행위자 그리고 인과 메커니즘의 가능성을 살펴본다. 본고는 특별히 디지털 보호무역주의라는 관점에서 어떠한 형태로 보호주의 규제가 출현할 수 있는가를 서술하고자 한다.

디지털 보호무역주의라는 용어는 아직 학술적으로 정립된 개념은 아니다. 따라서 이에 대한 학문적 논의는 이후 다른 연구에서 다루어질 것으로 기대하고, 대신 본 장에서는 온라인 게임 산업과 라이드 셰어링 플랫폼 서비스에서의 양태가 디지털 보호무역주의의 한 가능성으로 존재함을 보이고자 한다. 이들 사례들을 고찰함으로써 향후 디지털 보호무역주의가 무엇이고, 어떻게 그리고 누구에 의해 전개되고 있는가를 논의하는 데 기여할 수 있을 것으로 본다.

　요약하자면, 구체적으로 다음 두 사항의 학문적 기여를 목표로 한다. 첫째, 아직 정형화되어 있지 않은 디지털 보호무역주의의 개념화에 기여할 것과, 둘째, 디지털 보호무역주의에서 보이는 정치경제적 동태가 기존 (국제)정치경제에서의 통상 정책에 관한 정치경제 이론과 어떻게 다른가를 고찰하고, 기존의 정치경제학에 어떤 이론적 발전을 기여할 수 있는가를 고민해 볼 수 있는 사례 제시이다.

　이를 위해 본 장은 사례 분석을 위한 최소한의 분석틀(analytical framework)을 간략히 논의한다. 엄밀한 이론적 논의와 선행연구는 본고에서는 생략하고, 대신 사례 소개와 분석에 집중하고자 한다. 이하 두 사례에서는 먼저 참여 행위자들을 규명한다. 그리고 정책 혹은 규제 형성에 영향을 미치는, 혹은 이해관계를 가지는 핵심 행위자들과 그들의 이익, 그리고 그에 부합하는 정책 선호가 어떻게 되는지 논의한다. 이를 통해 그들의 정책 선호도, 다양한 의사결정과정을 거쳐 형성된 제도적 결과물과 그 변화를 보이고자 한다. 각 사례들은 탐색적인(exploratory) 목적을 가지고 선정되었으며, 체계적인 사례 선정을 통한 이론 검증과 같은 목적으로 설계되지 않았음을 미리 밝힌다.

　마지막으로 본고는 디지털 보호무역주의라는 용어를, 국내와 국외 디지털 데이터를 활용한 서비스 산업 간의 차별 정책이라는 폭넓은 의미로 차용하였음을 미리 언급하여 둔다. 엄밀한 디지털 보호무역주의의 개념정의 그리고 디지털 서비스 산업 간의 성격 차이는 후속 연구에서 더 논의가 진행되기를 기대하며 본문에서는 사례 분석에 집중

한다. 결론에서는 제시된 사례들에 대한 잠정적인 이론적 그리고 정책적 함의들을 위주로 논의한다.

II. 사례 분석

1. 온라인 게임 산업 사례

본 소절의 사례 분석 대상은 온라인 게임 산업에서의 규제 정책이다. 이하에서는 온라인 게임 산업의 규모 현황을 간략히 조망하고, 그 후에 한국의 온라인 게임 산업에서 나타난 규제를 통해, 디지털 보호무역주의의 (국제)정치경제를 논하고자 한다.

온라인 게임은 소위 말하는 패키지 게임(package game)과는 다르다. 온라인 게임은 폭넓게 정의되었을 때, 인터넷을 통해 플레이 될 수 있는 게임을 총칭한다.[1] 온라인 게임은 또한 네트워크 게임이라고도 알려져 있는데, 이는 온라인 게임이 인터넷에 연결된 PC(Personal Computer)에서 기원하기 때문이다. 기술이 발달함에 따라 게임을 플레이할 수 있는 디바이스(device)가 다양화되면서 온라인 게임은 다양한 부류로 구분되었다. 이러한 부류로는 PC & 게임 콘솔(console), 스마트 폰(smart phone) & 태블릿(tablet), 피쳐폰(feature phone)이 있다.

온라인 게임 산업 현황은 어떠한가. 온라인 게임 산업은 경제에 있어 더 이상 무시할 수 없는 산업 규모로 성장하였으며, 발생되는 경

---

1   Japan Online Game Association (n.d.) https://japanonlinegame.org/ (2018/01/30 검색).

제적 수익은 국가 경제에 있어 상당한 비중을 차지하게 되었다.[2] 세계 지역별로 보았을 때, 2017년도 기준으로 아시아 태평양 지역에서의 수익이 전 세계의 거의 절반인 47%를 차지하는 것은 주목할 만하다. 이는 북미 지역이 25%, 남미가 4%, 유럽과 중동 그리고 아프리카를 합하여 24%를 차지하는 것에 비해 아시아 태평양 지역이 상당한 규모의 온라인 게임 산업을 발달 시켜왔음을 볼 수 있으며(그림 3.1),[3] 그 산업의 중요성이 다른 지역에 비해 더 크다는 것을 시사한다.

동아시아 특히 한국, 중국, 일본의 온라인 게임 산업이 특히 주목받을 이유는 게임 수입의 규모가 보여준다. 2017년 기준 게임 수입 상위 20개국 중에 1위가 중국, 3위가 일본 그리고 한국이 6위를 차지한다. 그 중간에는 2위에 미국, 4위에 독일, 5위에 영국이 있다.[4] 즉, 상위 12개국의 온라인 게임 시장 규모의 합이 전 세계의 80%를 차지한다. 이를 보더라도 동아시아 지역, 그 안에서도 한국, 중국, 일본의 게임 산업을 보는 것은 게임 수입 상위의 국가들이 어떻게 온라인 게임 산업을 운영하는지를 보는 것과 같게 된다.

비록 본 연구에서는 한국 사례에 집중하지만, 차후 연구주제로서 한국, 중국, 일본의 온라인 게임 산업 정책 비교가 주목받을 만하다. 한 이유로, 일본과 한국이 인터넷 보급률이 비교적 높은 상태에 있는 것에 비해, 중국은 아직 인터넷에 접속이 없는 잠재적인 시장이 넓은 국가이기 때문이다. 미국, 영국, 프랑스, 독일과 같은 나라들은 온라인 게

---

2   経済産業省 商務情報政策局 情報経済化. 2017. 平成28年度　我が国におけるデータ駆動型社会に係る基盤整備(電子商取引に関する市場調査)報告書.

3   https://newzoo.com/insights/articles/the-global-games-market-will-reach-108-9-billion-in-2017-with-mobile-taking-42/ 참고. (검색일: 2018.1.24)

4   https://newzoo.com/insights/rankings/top-100-countries-by-game-revenues/ (검색일: 2018.1.24)

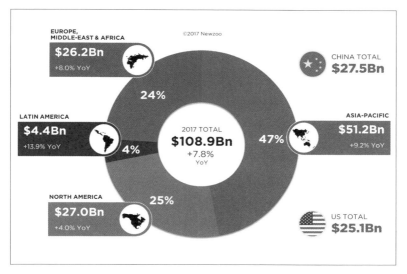

그림 3.1. 2017 Global Games Market: Per region with year-on-year growth rates
출처: https://newzoo.com/insights/articles/the-global-games-market-will-reach-108-9-billion-in-2017-with-mobile-taking-42/

임 산업에서도 수입이 높은 나라들이며 동시에 한국과 일본과 같이 인터넷 보급률이 높은 나라이기도 하다.[5] 그에 비해, 중국은 인도네시아, 태국, 인도, 러시아와 같이 온라인 게임 산업의 수입이 차지하는 비율이 빠르게 성장함과 동시에 인터넷 보급률이 아직 낮기 때문에, 온라인 게임 산업의 잠재적 수익 규모는 상당하다고 볼 수 있다. 만일 한국과 일본이 선진국이면서 인터넷 보급률이 높은 나라들을 대표할 수 있고, 중국이 발전도상국이면서 인터넷 보급률이 향상되고 있는 국가들을 대표할 수 있다면, 한국, 일본 그리고 중국의 온라인 게임 산업 양상을 비교한다는 것은 그 안의 변화(variation)를 볼 수 있는 흥미로운 사례 집단이 될 것이다.

5   https://www.internetworldstats.com/top25.htm (검색일: 2018.1.25)

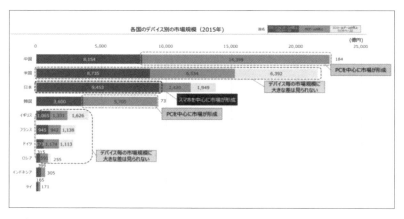

그림 3.2. Market sizes of selected countries by device

출처: 平成28年度コンテンツ産業強化対策支援事業(オンラインゲームの海外展開強化等に向けた調査事業)報告書(NTTデ
ータ経営研究所, 2017).

온라인 게임 산업과 관련하여 또 다른 각국마다의 세부적인 차이
가 있다면, 온라인 게임에 사용되는 주 디바이스 비율의 차이일 것이
다(그림 3.2). 미국과 같은 경우, 2015년 기준으로 스마트 폰, PC, 콘솔
게임 간에 시장 규모 비율의 차이가 거의 없다. 한편, 중국과 한국의
경우는 PC를 중심으로 시장이 형성되어 있다. 반면, 일본은 스마트 폰
을 중심으로 한 시장이 형성되어져 있다. 이러한 온라인 게임에 사용
되는 주 디바이스의 시장 규모 차이는 전반적인 인터넷 규제 정책 그
자체에는 큰 영향을 미치지 않겠지만, 규제가 있을 경우 각국의 시장
성격에 따라 구체적인 규제 대상에 있어서 차이를 낳을 것이다.

위에서 온라인 게임 시장 규모를 살펴보았다면, 이하에서는 국내
의 온라인 게임 산업에 관련한 규제들을 살펴보고, 그러한 규제들이
어떻게 디지털 보호무역주의의 양상을 띠게 될 수 있는가를 논하고자
한다. 특히 2013년 개정된 '게임 산업법' 그리고 '청소년 보호법'을 중
심으로, 관련 행위자들이 어떻게 이 규제들을 세우고 또는 이에 반응

했는지를 살펴보고자 한다.

국내에서는 2013년에 게임 산업법이 개정되었다. 이로 인해 국내에 서비스되는 모든 게임은 '게임물관리위원회(GRAC: Game Rating and Adminstration Committee)'라는 심의기구의 등급 분류를 받아야 되는 것으로 의무화되었다. 즉, 이 개정으로 인해 한국에서는 등급분류를 받은 게임만 서비스 제공이 가능하게 되었다. 그렇지 못한 게임은 서비스 중단을 피하지 못했는데, 예를 들어, 페이스북(Facebook)에서 서비스되는 게임 '캔디 크러쉬 사가(Candy Crush Saga)'와 같은 온라인 게임 서비스가 대표적인 경우이다. 이 온라인 게임과 같은 경우는 그 서비스를 제공하는 '킹(King)'이라는 게임 회사가 게임물 유통에 따르는 등급분류를 받지 않았기 때문에 2014년 9월부터 서비스를 중단할 수밖에 없게 되었다. 마찬가지로, 개정된 법령에 따라 등급분류를 받지 않은 다른 회사들도 결과적으로 서비스 제공에 지장이 생겨 막대한 손실을 피할 수 없게 되었다.

그렇다면 국내에 서비스되는 모든 게임에 심의 등급을 부여하는 GRAC는 어떤 기구인가. GRAC는 문화체육관광부 산하 기타공공기관이며, 한국에서 제작 및 배급되는 비디오 게임의 내용을 사전 심의하고, 소비자가 올바르게 선택할 수 있도록 등급을 부여하는 역할을 한다. 또한 등급이 분류된 게임물을 관리하고 불법 게임물 감시단을 운영하며 불법 게임물 영업을 단속한다. 게임물 심의는 한때 영상물을 심의하는 영상물등급위원회에서 함께 맡아 왔으나, 2006년 10월 게임산업 진흥법에 따라 게임물만을 관리하기 위한 GRAC가 출범하면서 게임물 심의는 이 기관으로 이전되었다. 주목할 점은, 이에 따라 과거에 심의를 받은 게임도 다시 이 위원회로부터 재심의를 받게 된 것이다. 위원회위원은 문화예술·문화산업·청소년·법률·교육·언론·정보통신 분야와 비영리민간단체지원법에 의한 비영리민간단체 등의 추천과 문화체육관광부 장관의 위촉으로 임명되어 9명으로 구성된다.

이러한 GRAC의 조직이나 게임 산업법과 같은 규제의 이면에는 한국의 특수한 사회문화적 관점이 존재한다. 특히 한국의 도박에 대한 입장이 이러한 온라인 게임 산업 규제에 영향을 미치고 있는 점은 흥미롭다. 사실 '캔디 크러쉬 사가(Candy Crush Saga)'가 국내에서 서비스 제공을 중단하고 철수하게 된 맥락에는 이런 도박에 관한 사회문화적 관점이 작동했다. GRAC는 고스톱, 포커와 같은 웹보드게임에 대한 웹보드게임 규제안 시행 이후 소셜 카지노 게임 단속에 들어갔다. 이러한 연유로 페이스북의 소셜 카지노 게임 단속이 시작되었고, 이와 함께 그동안 문제시 된 등급분류 없이 서비스되는 해외 게임으로까지 확산된 것으로 보인다(Grubb 2014).

문제는 이러한 규제의 확산이 해외 온라인 게임 서비스 업체들의 국내 시장에 대한 진입장벽이 될 수 있으며, 디지털 보호무역주의의 일환으로 여겨질 수 있다는 것이다. 새로운 규제로 인해 등급심사 과정에 드는 시간, 서비스 이용자를 늘리기 위한 별도의 게임개발비용 등은 게임 개발사 전반에 대한 부담으로 작용하며, 해외 서비스 제공자로 하여금 국내 서비스를 중단하게 할 수 있다. 이러한 규제는 실제로 외국 플랫폼, 예를 들어, 페이스북 게임의 이용 범위가 상당히 줄어드는 결과를 낳기도 했다(김승현 2014).

다른 한편으로는 이러한 규제의 문제점에 대한 인식도 확산되어 규제를 개정 혹은 폐지하기 위한 움직임도 생겨났다. 문재인 정부가 들어서면서 소통과 공감을 강조한다는 취지로 2017년 8월 발족한 '민관 합동 게임제도 개선 협의체'가 대표적인 예시이다. 문화체육관광부가 발족하는 이 협의체는 정부의 일방적 규제 정책에서 벗어나 게임 산업 생태계의 다양한 구성원과의 소통을 통한 정책을 추진하고자 설립되었다. 이 협의체는 게임업계 대표, 학계·전문가, 게임이용자 대표 등 12명의 민간 위원과 3명의 정부·공공기관 대표 등 총 15명의 위원으로 구성되었으며 의장은 민간 위원 가운데 선출하기로 하였다(석진영 2017). 후에 한양대학교 법학대 교수가 협의체 의장으로 선출되었으며, 한국콘텐츠진흥원과 한국게임산업협회가 간사를 맡게 된다. 이는 협의체가 민·관 어느 한 곳으로 치우치지 않게 하기 위한 뜻을 반영하기도 한다. 흥미로운 점은 이 협의체가, 최근 인터넷 거버넌스에서 지배적인 조직 구성 및 의사결정과정에서 정당성 있게 받아들여지고 있는 '다중이해당사자주의 모델'이라는 용어를 직접적으로 사용하고 있지 않지만, 이에 의거하여 회의체가 구성되고, 게임 규제의 현안들을 논의하며 제정되는 규제에 대한 폭넓은 정당성을 확보하려는 모습을 띠고 있다는 점이다. 지금까지 특히 게임물 자체 등급 분류제, PC·온라인게임 결제 한도, 확률형 아이템 규제, 청소년 게임이용 시간제한(셧다운제도) 등 게임 산업 현장에서 제기해온 법적·제도적 애로 사항들을 해결하기 위한 방안이 논의되었다. 게다가 새로운 기술 환경 변화에 따른 사회적 제도 갈등을 다중이해당사자주의 모델을 통해 해소하려는 이러한 경향은, 후에 논의될 라이드 셰어링 플랫폼의 사례에서도 유사하게 관찰된다. 이에 대해서는 뒤에서 더 자세히 논한다.

2013년의 '게임 산업법'뿐 아니라, 2011년의 '청소년 보호법' 역시 온라인 게임 산업 양태에 영향을 미쳤다. 청소년 보호법은 2011년 5월 19일 개정되었는데, 주요 개정 내용은, 첫째, '인터넷게임 셧다운제' 도입, 둘째, 인터넷게임 중독 등의 피해 청소년지원이다. 그 이후로도 2011년 7월 28일 그리고 9월 15일에 계속해서 개정되며 추가적인 내용들이 추가되었는데, 온라인 게임 산업 규제의 국제정치경제적 함의와 관련해서 주목할 것은 '인터넷게임 셧다운제 도입'이다.

　'인터넷게임 셧다운제'란 인터넷게임 제공자가 16세 미만의 청소년에게 오전 0시부터 6시까지 6시간 동안 인터넷게임을 제공하지 않도록 하는 제도를 말한다. 이는 한 청소년이 오전 0시 이전에 접속을 했을 경우 게임 제공자는 오전 0시가 되면 게임 제공을 중단하여야 하고, 오전 0시 이후에는 신규 접속을 차단해야 하는 것을 의미한다. 이 제도는 2011년 11월 20일에 시행되었으며, 이 제도에 의해 적용대상이 되는 게임물은 '게임산업진흥법'상 게임물로서 영리를 목적으로 정보통신망을 통하여 실시간으로 제공되는 인터넷 게임물이다(동법 제23조의 3 제1항). 위 셧다운제의 예외를 정하는 사항으로는, 동법 부칙 제1조에, 위 인터넷게임 중 심각한 인터넷게임 중독 우려가 없는 경우에는 이를 대통령령으로 정하여 시행을 2년간 유예하도록 정하고 있다.

　여기서 논점은, 게임 셧다운제로 인해 해외 게임 서비스 기업들의 한국 내 서비스가 중단되거나 차별적 손해를 입었다는 것이다. 대표적인 예로, 소니와 마이크로소프트(MS)의 사례를 들 수 있다. 이 두 회사는 가정용 게임기인 '플레이스테이션(PS)3' 그리고 '엑스박스'를 통해 인터넷 게임 서비스를 제공하는 대표적인 회사이며, 세계 콘솔 게임시장을 양분하는 정도로 규모가 큰 회사이다. 이런 두 회사가, 셧다운제 시행을 앞두고 대책을 찾지 못해 한국에서의 서비스를 부분 중단하기로 고려했던 적이 있다.[6] 소니는 아예 만 16세 미만 청소년들의 온라인 게임서비스인 플레이스테이션네트워크(PSN)에로의 신규 가입을 받지 않기로 했으며, 기존 가입 청소년들도 이용을 중지하기로 당시 발표하기도 하였다. PSN은 전 세계에서 동시 제공하는 온라인 서비스이

6　http://news.joins.com/article/11391834 (2018/01/30 검색)

기 때문에 특정 시간대에 특정 국가의 특정 이용자들만 차단하기 힘들기 때문이다. 즉, 한국의 규제에 맞는 시스템을 구축한다는 것은 상당한 정도의 추가적인 시간과 비용이 들기 때문에 한국의 청소년들을 전면 제외시키게 될 수 있다고 하였다.[7] MS 같은 경우도 극단적 방법을 생각하지 않을 수 없었다. 자회사의 온라인 게임 서비스인 '엑스박스라이브' 접속 서비스를 모든 한국 이용자에 대해 차단하는 것이다. 소니의 PSN의 경우는 가입 시 개인정보를 받지만, MS의 엑스박스라이브의 경우 개인정보를 수집해도 실명인증 기능은 적용하지 않아 청소년에게만 서비스를 제한하는 것에는 한계가 있기 때문이다. 이 때문에 MS가 청소년과 성인을 가리지 않고 심야시간 접속을 전면 차단하는 가능성도 제기되었다.[8] 한국 MS관계자는 한국이 전 세계에서 유일한 경우여서 해결 방법 마련이 힘들다는 어려움을 호소했었다.[9]

사실 이러한 강제적인 셧다운제와 같은 규제는 많은 가치가 충돌하는 제도이며, 정치권에서도 같은 당내에서 상반된 법안이 발의되는 논쟁적인 법이다. 이러한 양상은 2014년 당시 여당인 새누리당 내에서 상반된 법안이 발의되는 과정에서 보이기도 하였다. 새누리당 김상민 의원은 2014년 7월 7일 강제적 셧다운제 폐지를 위한 청소년보호법 일부 개정안을 대표 발의했는데, 이 발의안은 만 16세 미만 청소년의 심야 시간대 온라인 게임 접속을 강제 차단하는 기존 법 대신 이용자나 부모 등 보호자가 원하는 경우에 한해 게임 이용 시간을 제한하

7　http://www.yonhapnews.co.kr/bulletin/2011/11/16/0200000000AKR20111116040300017.HTML참고. (검색일: 2018.1.26)

8　http://www.yonhapnews.co.kr/bulletin/2011/11/16/0200000000AKR20111116040300017.HTML참고. (검색일: 2018.1.26)

9　이러한 반발 때문에, 태국이 2003년에 비슷한 제도를 시행했지만 실효성이 없어 2년 만에 곧 폐지한 전례가 있다.

는 선택적 게임셧다운제로 전환하도록 하는 것이었다. 김 의원은 "현재 여성가족부에서 실시하는 강제적 게임셧다운제는 청소년들이 성인 아이디를 도용하거나 해외 서버로 우회 접속해 실효성이 낮다"며 "청소년의 자기결정권과 주체성을 침해해 폐지해야 한다"고 주장했다. 또한 '인터넷 게임 중독'이라는 용어는 적절치 않으며, '인터넷 게임 과몰입'으로 대체할 것을 피력했다(최연진 2014). 한편 같은 당 소속의 손인춘 의원과 신의진 의원은 게임셧다운제를 강화하는 법을 발의했다. 손 의원은 불과 며칠 전에 국회에서 인터넷 게임 중독 토론회를 열고 "게임 중독으로 부모와 학생이 폐인이 된다"며 "게임업체들의 매출 일부를 거둬 중독 치료에 쓰도록 한 게임중독법안을 관철시키겠다"고 밝혔다. 신 의원도 게임을 알코올, 마약, 도박과 함께 4대 중독 물질로 규정하고 '중독·예방 관리 및 치료를 위한 법률안'을 대표 발의했다.

이렇게 2014년에 재점화된 정치권의 게임규제 강화 움직임은, 비록 국가 간 주요 국제통상 문제로까지 비화되지 않았을지언정, 그러한 여지가 존재한다. 미국 게임산업협회(ESA: Entertainment Software Association)를 비롯해 영국, 스페인, 호주, 캐나다 등의 유럽과 북미지역 게임관련협회들은 국내의 법무법인을 통해 국회의원 전원에게 게임 규제 반대 성명서를 서신으로 전달한 적도 있다.[10] 이를 통해, 한국의 게임규제제도에 통상 마찰 소지가 있다는 점을 드러냈다. 실제로, 강제적 셧다운제 때문에, MS, 소니, 유럽 게임개발업체들은 수개월에서 1년간 온라인 게임 서비스를 제공하지 못했다.

정리하자면, 위의 게임 셧다운제 사례에서 흥미로운 점은 온라인 게임에 대한 사회적 관점이 온라인 게임의 성격을 규정하고, 그 규정

---

10   http://www.hankookilbo.com/v_print.aspx?id=d3339dcc3ab04bf0948cc787bac9188b 참고. (2018/1/25 검색)

된 성격이 규제의 근거가 되었다는 것이다. 셧다운제에 투영된 온라인 게임에 대한 이미지는 온라인 게임은 해를 끼치는 중독물질인 도박과 같은 것이고, 이러한 사회 문화적 인식이, 정치권에서 토의되고 발의되는 것에서 보이듯이, 법제도의 근저에 자리 잡고 있다. 이러한 인식이 법률의 근거가 될 수 있다는 것은, 법안 발의 대표자들뿐 아니라, 그 정치인들을 지지하는 사회 구성 집단이 존재하기 때문이다.

더욱 흥미로운 것은 이런 사회 집단이 반드시 온라인 게임 산업 공급 관련한 당사자들이 아니라, 불특정 다수로 보이는 온라인 게임 산업과는 직접적으로 관련이 적은 학부모들이라는 것이다. 자녀들의 교육에 관심 있는 학부모들이 정치인들에게 로비하고, 정치인들은 온라인 게임 산업 규제를 형성한다는 것은 전형적인 다원주의 사회의 이익집단의 정치적 행위 경로와 비슷하다. 그러나 인터넷 접근 권리와 정보의 자유로운 이동을 훼방하는 디지털 보호무역주의에서는 정책결정과정 가운데 참여자의 폭이 더 넓어지고 다양해지고 있다는 점에 주목해야 한다. 온라인 게임 서비스 관련 규제의 예에서도 보였듯이, 학부모와 같은 통상정책 결정과정에서 드러나지 않았던 이익집단의 등장은, 디지털 무역시대에 기존에 없었던 새로운 이익집단들의 등장을 보여준다. 그뿐 아니라, 위의 사례는, 기존 통상의 (국제)정치경제에서 집중해 온 경제적 이익뿐 아니라 사회·문화·교육적 관점도 무역정책 (혹은 장벽)의 중요한 요인이 될 수 있다는 것을 제시한다. 즉, 디지털 보호무역주의에서의 새로운 역학은 보다 폭넓은 행위자들이 등장하고, 보다 다양한 사회적 가치가 정책결정 과정 가운데 영향을 미칠 수 있다는 것이다.

2. 라이드 셰어링 플랫폼 서비스 사례

본 소절에서는 현재까지 한국에서의 모빌리티(mobility) 서비스 규제 논란을 일으켰던 두 대표적인 사건들을 다룬다. 하나는 2013년에 론칭하여 시작한 지 1년 반 조금 넘은 2015년 3월에 라이드 셰어링 모델인 '우버 엑스' 서비스를 중단하기에 이른 우버(UBER)와 관련한 논란이며, 또 다른 사건은 2017년에 불거진 또 하나의 라이드 셰어링 모델인 '풀러스(POOLUS)' 관련 논란이다.

　　두 사례 다 공통적으로 모빌리티 서비스를 제공하며, 핵심 쟁점이 카풀 앱 기능 기반의 라이드 셰어링과 관련이 있다. 또 다른 공통점은, 여객자동차운수사업법(또는 여객법)이 두 서비스 제공자의 합법성 여부를 판단함에 있어서의 시금석과 같은 법적 규제로서 존재하고 있다는 것이다. 게다가 모빌리티 서비스 규제 논란에 관여한 핵심 행위자들도 두 사건에서 유사하게 존재한다. 두 사건 모두, 모빌리티 서비스 업계, 택시업계, 국토부, 그리고 서울시가 포함되며 이들 사이의 정치경제적 이권을 둘러싼 공방이 펼쳐진다. 두 사례 간에 차이점이 있다면, 우버는 다국적 기업이지만, 풀러스는 국내 스타트업계에 속한다는 것이다. 그러나 이 차이는 현재까지의 상황을 보았을 때 크게 중요해 보이지 않는다. 한국에서의 모빌리티 서비스 규제로 인한 디지털 보호무역주의, 더 넓게는 사이버 국제정치경제에 대한 함의는 결론에서 다른 사례와 함께 종합적으로 논하도록 한다.

　　이하 본 소절에서는 다음과 같이 논의를 전개한다. 우선 우버 엑스 사례를 소개한 후 이 사례에서 문제가 된 법제도와 이를 둘러싼 이해당사자간의 공방을 논한다. 그 후에는 최근 라이드 셰어링 모델 문제가 다시 불거진 계기를 제공한 '풀러스' 관련 논란을 소개한다. 사례 소개의 중간에는 이러한 라이드 셰어링 모델 사례들의 (국제)정치경제 학적 함의를 논의한다.

글로벌 모빌리티 기업인 우버는 2013년 6월 서울에서 베타 테스트를 기점으로 7월 31일 론칭 쇼케이스를 개최하며 정식 서비스를 시작하였다. 우버는 사실 이미 2010년 6월 미국 샌프란시스코에서 서비스를 시작해 2013년 서울 진출 당시에는 이미 14개국 35개 도시로 사업을 확장한 글로벌 모빌리티 플랫폼 서비스 기업이다. 이러한 국제적 기업인 우버는 2013년 8월초에는 서울 삼성동 코엑스에 열린 '스마트 클라우드 콘퍼런스'에 우수 사례로 소개되기도 했었다. 이 자리에는 미래창조과학부 장관뿐 아니라, 후에 논쟁의 한 축을 이루는 서울 시장도 참석했다.

우버는 사용자의 편의성을 최대한 고려하여 서비스를 제공하고 있으며, 사용하기 용이하여 국제적으로 성공한 서비스 모델이다. 우버를 사용하기 위해서는 우버 앱을 내려받아야 하고, 한글화가 되어 있으며, 처음 앱을 실행하면 회원가입과 로그인을 거쳐 이용할 수 있게 되어 있다. 앱은 이용자들의 편의성을 도모하기 위해 간편한 회원 가입과 이용 방법을 추구하였다. 회원가입에는 기본적으로 이메일, 휴대폰, 비밀번호의 세 항목만 입력하게 되어 있다. 물론 서비스 이용에는 결제정보의 입력을 요한다.

이런 편리한 우버 서비스이지만, 국내에서는 출시되자마자 여러 난관에 봉착하게 된다. 특히 2013년 7월 말에 서비스를 개시한 후 국내 법 제도적 장치의 난관에 봉착하게 되는데. 그 중에서도 핵심이 된 것은 여객자동차 운수사업법 위반 여부이다. 우버 서비스는 사업자 등록을 하지 않는 등의 여객자동차 운수사업법을 무시해 '불법택시'로 불렸다(박영준 외 2013). 여객자동차 운수사업법에 따르면, 자동차를 사용해 돈을 받고 고객을 실어 나를 경우, 국토교통부(이하, 국토부)의 인허가를 받아야 한다. 우버 서비스 차량 운전자 또한 관련 면허 소지가 요구된다. 그럼에도 우버 서비스는 인허가를 받지 않고 있었으며, 서비스 제공 차량 운전자 또한 관련 면허 없이 차량을 운행하고 있었다. 또한 '미터기 의무사용' 방침에 의하면 미터기를 설치하고 요금을 부과함을 원칙으로 하고 있으나, 우버 차량 서비스와 같은 경우 미터기 없이 위성항법장치(GPS)를 통해 요금을 부과하고 있어 '미터기 의무사용' 방침에 저촉되었다. 더욱이 이 GPS 이용은 또 다른 차원의 문제도 야기했는데, 이는 GPS를 통해 서비스 이용자의 위치정보를 수집하고, 우버 서비스 이용을 위한 회원 가입 때 신용카드 번호 등을 입력하도록 하기 때문에 개인정보 유출 우려도 있었다.

　또 다른 난관은 기존 이익 단체의 반대 움직임이다. 택시 업계는 해당 운송 업계에서 신규 운송 업계 진출 사업들의 가장 큰 반대 집단이다. 택시조합원들은 여러 집단행동 양식을 통해 자신들의 이익을 표출해 왔다. 그 중 하나는 결의대회이다. 2014년 11월 18일 택시조합 3,000여 명은 우버 퇴출을 위한 '서울택시 생존권 사수 결의대회'를 서울시청 앞 광장에서 개최하기도 하였다. 또한 그들은 여러 보도 자료와 성명을 내기도 한다. 서울 택시 4개 단체는 "우버는 불법 유상운송, 택시 유사영업"이며 "당국이 방관할 경우 생존권 수호를 위해 강력하게 투쟁해나갈 것"이라고 우버 서비스 시행에 대해 강력히 반발했다. 같은 맥락에서, 서울시 택시 운송 사업조합 김충식 부이사장은 "지금 우버가 한국 시장에 들어와 렌터카를 이용한 유사운송행위를 해서 택시시장을 흐려놓고 있다. 그래서 이렇게 많은 택시 종사자들이 나와서 서울시청 앞 광장을 메우게 됐다"고 언급했다(이대영 2014). 법인택시연합회 이용복 기획차장에 의하면, 택시 기사는 면허를 받아서 운행하지만, 우버 드라이버는 누구나 면허 없이 택시 영업을 할 수 있게 되기 때문에 택시 업계는 상대적으로 불리한 입장에 놓일 수밖에 없다(뗏목지기 2013).

이러한 동종 업계의 기존 이익단체의 반발과 같은 입장에 서울시도 서 있었다. 서울시가 지적한 문제점은 다음과 같다.[11] 첫째, 운전기사의 신분을 확인할 수 없다. 등록된 택시 기사는 범죄 경력을 조회하고 음주운전이나 성범죄자들을 걸러낼 수 있겠지만 우버는 확인할 수 있는 방법이 없다. 둘째, 보험 가입 범위가 확실하지 않아 시민들의 안전을 확보할 수 없게 된다. 사업용 차량으로 등록된 택시는 당연히 승객까지 보험 처리가 되지만 우버의 경우, 해당 차량이 사업용으로 등록되어 있지 않다면 보험사가 보험 처리를 거부할 가능성도 있다. 셋째, 요금제이다. 우버는 손님이 많으면 할증 요금을 적용한다. 비 또는 눈이 오거나 교통 체증이 심하거나 거리가 멀어 기사들이 가기 싫어하는 지역일 경우에도 할증 요금이 적용된다. 수요와 공급 원칙에 따라 할증 요금이 적용되는 조건에 더 많은 운전자를 공급하기 위한 방안이지만 수십 배까지 요금이 늘어나기 때문에 소비자들의 피해가 우려된다는 게 서울시의 주장이었다. 넷째, 이용 약관도 문제시 되었다. "운송 서비스에 대한 현재 요금에 대해서는 귀하가 알고 있어야 할 책임이 있다"거나 "모든 결제는 환불되지 않는다"는 등의 상식적으로 이해하기 어려운 부분이 많았다. "우버는 운송사업자가 아니며 운송 제공자가 제공한 운송 서비스에 대한 불만은 운송 제공자에게 제출해야 한다"는 대목 역시 상식 밖이었다. 서울시는 또한 "앱 이용에 따라 발생될 수 있는 우버 측의 법적 책임(liabilities)을 인정하지 않고 있다"고

11   이하 http://www.mediax.kr/?p=590 에서 참조. (검색일: 2018.1.26)

지적했다.

마지막으로 서울시가 강조하지 않은 것 중에 프라이버시(Fredric Paul 2014), 데이터 전송, 그리고 세금(MediaX 2017) 문제도 있다. 우버는 네덜란드에 본사를 두고 있다. 우버는 운임의 20%를 수수료로 떼고 기사에게 지급하는데 운행 데이터를 공개하지 않는다. 한국에서 영업을 하고 한국 신용카드로 결제를 하지만 해외 서비스로 잡히기 때문에 한국 정부에는 전혀 세금을 내지 않는다. 한국 국세청은 우버가 어느 정도 매출을 올리는지조차 파악하지 못하고 있다.

그러나 이러한 우려 혹은 반대에 대한 우버 측의 주장은 다르다. 우선 우버는 다음과 같은 성명을 내놓으며, 자신들의 기업이 범법자를 양산하는 기업이기보다는 혁신적인 경제행태로 새로운 경제 이익을 창출하는 기업으로 선전한다. 예를 들어, "LA, 뉴욕, 런던, 상하이와 같은 글로벌 도시들은 우버와 같은 진보적인 기술력을 포용하고 있으며, 서울이 예외여서는 안 된다", "우버의 공유경제 모델인 우버엑스(UberX)는 경제적 기회 향상, 교통 효율성 증대, 도시의 오염 감소, 그리고 승객과 운전기사의 안전성 확대 등 서울이 지향하는 목표와 그 뜻을 같이 하고 있다"고 주장한다(이대영 2014). 우버가 낸 이러한 성명문은 우버뿐 아니라 다른 라이드 셰어링 서비스 회사들의 기본 입장과 유사하다.

우버는 법 규제 차원에서도 서울시의 주장에 반박한다. 우버 측은 자신들의 기업이 "강남구에 지점 등기가 되어 있고, 운수사업자가 아닌 기술기업"이며, "수년간 리무진 서비스를 제공해온 기존 정식 등록업체와 파트너를 맺고 소비자를 연결해주는 중개인 역할"이라 해명한 바 있다.[12] 따라서 우버는 기존에 차량과 기사를 제공해 온 서비스 업계와 소비자를 그 사이에서 연결해주는 중개인 역할을 해 온 것이고,

자가용 유상 운송으로 볼 수 없다는 것이다.

그리고 우버는 운전자 알선이 불법이란 것에 대해 다음과 같이 반박한다. 여객자동차 운수사업법의 관련 규정은 '자동차대여 사업자의 운전자 알선 행위'에 대한 규제이다. 즉, 자동차대여 사업자는, 특별한 경우를 제외하고 자동차는 대여할 수 있으나 운전자는 알선할 수 없다는 것이다. 하지만 우버 코리아는 자신이 자동차 대여 사업자가 아니기 때문에 동 규정을 적용받을 수 있는지 의문이 생긴다고 주장한다. 더욱이 이용자와 기존 리무진 업체를 중개하는 행위 자체에 대한 정의는 법령에 없는 상태이며, 이 법의 틈새에 있는 서비스가 우버이다.

우버는 검찰에 의해 재판에 넘겨지게 되었는데, 이에는 서울시의 방침과 정책도 작용했다. 서울시는 우버 택시 영업이 불법이라는 이유로 2015년 1월부터 우버 택시 영업을 신고한 사람에게 최고 100만 원의 포상금을 주는 정책을 시행했다. 서울시는 이미 2013년 9월과 2014년 2월에 두 차례에 걸쳐 우버 코리아를 고발한 적이 있으며 서울 택시운송사업조합 역시 2014년 11월 우버 택시 운전사 1명을 고발했다. 이에 결국 검찰은 우버 코리아를 여객자동차 운수사업법 위반으로 보고 재판에 넘겼다. 한편, 우버 테크놀로지 본사 대표 트래비스 칼라닉(Travis Kalanick)에 대한 재판은 그가 법정에 출석하지 않아 연기되었고, 미국 법무부에 사법 공조를 추진했으나 미국 측은 우버가 자국에서 불법이 아니라는 이유로 요청을 거부한 것으로 알려졌다(조성호 2017).

최종적으로 우버 논란은 우버의 한국법인이 유죄로 선고되며 일단락되었다. 2017년 4월 26일 서울중앙지법에서 우버 코리아 테크놀

---

12   http://slownews.kr/13477 참조. (검색일: 2018.1.26.)

로지 법인은 벌금 1000만 원을 선고 받았다(조성호 2017). 사업용 자동차가 아닌 자동차가 운송용 영업을 해선 안 된다는 여객자동차 운수사업법 위법이 핵심 이유이다. 우버는 미국에서 차량을 매입하지 않고 기존 차량을 이용해서 기존 제품의 부가가치를 높이며 사업을 영위하고자하는 '공유경제'모델의 대명사로 이름을 떨쳤다. 하지만 한국에서도 성공한 공유경제 혁신모델로서 설 것인가 아니면 불법택시 운영 업체가 될 것인가의 기로에서 결국 후자로 판단이 내려지게 된 것이다.

이러한 우버의 최종적 결과와 관련하여 흥미로운 것은 '카카오택시'의 급성장이다. 우버의 2013년도 라이드 셰어링 사업이 좌초하는 한편, 유사한 O2O(online-to-offline) 연결 서비스인 '카카오택시'는 국내 시장에서 괄목할 성장을 해 왔다. 우버는 차량을 가진 운전자와 차량이 필요한 승객을 서로 연결해주는 서비스로 시작하면서 택시업계, 국토부, 그리고 여객자동차 운수사업법에 저항을 받으며 결국 실패하였다. 그러나 카카오 택시는 일반차량 소유자가 아니라 '택시기사 자격면허가 있는 사람'만 영업활동에 참여할 수 있게 하였다. 즉, 카카오택시를 기존 콜택시 서비스에 모바일 편의성을 더하는 것으로 하여, 기존에 승객을 찾아 돌아다니던 기사들을 택시 앱으로 끌어들인 것에 주안점을 두었다. 당연히 택시 업계의 저항은 적을 수밖에 없다.

반면 우버는 택시기사들의 경제적 수입에 악영향을 미칠 수밖에 없는 사업전략으로 한국시장에 자리 잡기 어려워졌고 결국 퇴출된 모양새가 되었다. 현재 우버가 카카오택시와 유사서비스인 우버택시 서비스를 운영 중이지만 카카오의 압도적 점유율에 밀려 있다. 서울시 또한 우버가 택시기사를 검증하지 않고 사고 시 보험사의 보험료 지급이 불투명한 부분 등을 지적하며 우버를 반대했으나 카카오택시에는 협력적이다.[13]

상기한 바와 같이 우버는 2013년 한국 진출을 한 바 있으며 불법 논란 끝에 2017년 4월 1심서 벌금 1000만 원을 부과 받아 '일반 차량 호출 서비스(우버엑스)'를 중단했었다. 이후 우버는 다양한 합법적 사업모델로 한국 내에서 새로운 돌파구를 찾아 왔다. 합법적으로 운영 가능한 프리미엄 콜택시 서비스인 '우버블랙'과 현실과 타협한 '우버택시'(유사 콜택시 서비스)로 명맥을 이어오다, 같은 해 9월 21일 출퇴근 카풀 서비스 '우버쉐어(uberSHARE)'를 선보였다. 특히 전 세계에서 어느 곳보다도 서울에 처음으로 출시할 것을 발표한 바 있다.

비록 우버가 한국 제도와 사회에 적응하여 여러 서비스업을 제공하면서 명맥을 이어나가고 있지만, 2017년 9월에 들어서 '우버쉐어' 서비스를 론칭한 것은 혁신적인 서비스를 선점하는 우버에게는 그리 달가운 행보가 되지 않았다. 왜냐하면 우버쉐어는, 이미 국내에는 성업 중인 카풀앱들, 예를 들어 풀러스, 티티카카, 럭시가 존재하는 상황에서 이와 유사한 또 다른 서비스가 제공되는 것에 그치기 때문이고, 더욱이 후발 주자가 되기 때문이다.

이상 세계적인 차량 공유 서비스 회사가 한국에서 국내 법규와 이익집단 정치로 인해 후발주자로 전락하게 된 경위를 살펴보았다. 우버의 서비스 중단 사례에서 보이는 흥미로운 점은 기술 진보에 의한 새로운 서비스 양태가 기존 서비스 업계에 해당되는 제도의 틀에서 판단되고 구속된다는 점이고, 따라서 기존의 정치경제의 분석틀이 대동소이하게 적용될 수 있다는 점이다. 즉, 위의 사태들을 보게 되면, 모빌리티 서비스의 위법 여부 검토가 국토부나 서울시에 의해 먼저 제기된 것이 아니라 언론에 의해 먼저 제기되고, 그 언론은 이익집단, 특

---

13 http://www.mediatoday.co.kr/?mod=news&act=articleView&idxno=125645 참조.
   (검색일: 2018.1.26.)

히 택시업계단체에 의해 사건을 주목하게 되며, 나중에 관계 당국이 뒤늦게 진상 파악에 나선 것으로 보인다. 물론 이익단체의 압력은 언론뿐 아니라 정부에 대해서도 존재했다. 실제 택시 업계는 온라인, 오프라인 할 것 없이 자신들의 이익을 표출하고, 정치인들과 관료들에게 영향력을 행사해 왔다. 이러한 일련의 사건의 발생을 보면 전형적인 국제통상정책에서의 정치경제적 도식이 보인다. 이익집단의 압력과 언론의 보도 그리고 관계 정부의 대응 그리고 제도/정책 변화라는 도식이다.

카풀 서비스를 제공하는 스타트업 '풀러스'도 우버와 마찬가지로 공유경제에 기여하는 서비스 제공 업체가 될 것인가 혹은 불법택시를 운영하는 기업으로 전락할 것인가라는 기로에 서 있다(2018년 2월 원고 작성일 기준). 2017년 11월 7일 서울시는 풀러스를 여객법 위반을 이유로 경찰에 고발한 것이다. 풀러스가 기존에 카풀앱을 운영하던 시간은 출근시간인 오전 5시부터 11시까지, 퇴근시간인 오후 5시부터 다음날 오전 2시까지였다. 하지만 이 시간에만 한정적으로 제공하던 서비스를 24시간으로 확대하자 서울시가 풀러스를 경찰에 수사의뢰하였다. 이런 서울시의 행동의 이면에는 국토교통부의 형사 고발이라는 서울시에 대한 권고도 있었다.

서울시가 풀러스를 고발하자 한국인터넷기업협회, 코리아스타트업포럼, 대한변호사협회는 공동성명을 통해 "서울시 조치는 혁신성장과 네거티브 규제기조에 반한다"며 서울시를 일제히 비판했다(배용진 2018). 형사고발의 결과는 아직 미정이다. 국토교통부가 대통령 직속 '4차 산업혁명위원회'[14]와 공동으로 공론의 장을 마련해보겠다며 유보

---

14   4차 산업혁명위원회는 2017년 10월에 출범하였으며, 국토부는 처음에는 제외되었으나 산업통상자원부에 이어 뒤늦게 합류하게 된다(김철현 2018).

적인 태도를 취했기 때문이다.

풀러스가 2013년 한국에서 서비스를 개시했다가 중단하게 된 우버와 달리, 이 사업에 나설 수 있었던 것은 현행 여객법이 출퇴근 길 카풀에 한해서 '유상 카풀'을 허용하기 때문이다. 여객법 81조는 기본적으로 사업용이 아닌 자가용 자동차를 유상으로 제공·임대·알선하는 것을 금지하지만, 출퇴근 카풀은 예외적으로 허용한다. 그러나 출퇴근 시간이 언제인지 명시되어 있지 않기 때문에 애매한 법의 회색지대가 존재한다. 그러나 풀러스가 2017년 11월 6일 '출·퇴근 시간 선택제' 시범서비스를 도입하면서 불법 논란에 다시 불이 지펴졌다. 이 서비스는 출퇴근시간 4시간, 하루 총 8시간씩을 주 5일간 카풀 운행을 선택할 수 있게 한 것이고, 이는 사실상 365일 24시간 언제든 카풀 서비스를 이용할 수 있는 유연성이 부여된 것이었다. 이에 곧 서울시가 풀러스를 여객법 위반으로 경찰에 고발한 것이 11월 7일 언론보도에 나온다. 풀러스 측은 11월 8일 반박 성명에서, 기존 서비스 시간대에 대해선 별말 없다가, 운전자 스스로 출퇴근 시간대를 선택으로 하자 갑자기 불법으로 고발하는 것은 불합리하다고 주장했다.[15]

국내 120개 스타트업이 가입된 코리아스타트업포럼은 풀러스 측에 선다. 2017년 11월 8일 공식 입장문에서 "4차 산업혁명위원회와 중소벤처기업부가 출범하고 정부가 '혁신 창업 생태계 조성방안'을 발표하는 상황에서 정책 방향에 정면으로 역행하는 서울시 및 국토부의 처사는 철회돼야 한다"고 밝힌다.[16] 또 다른 스타트업 협의체인 스마트 모빌리티 포럼도 같은 해 11월 10일 "경찰 고발이라는 대립적 대응이 아니라 이용자, 스타트업, 정부 기관 등 다양한 이해관계자의 의견을

---

15 http://shindonga.donga.com/3/home/13/1157736/2 (검색일: 2018.2.13)
16 http://kstartupforum.org/20171108_a/ (검색일: 2018.2.13)

적극 청취하는 협의의 장을 마련해 합리적인 규제 환경을 조성해 달라"고 촉구했다.[17] 풀러스는 양 포럼에 가입되어 있다. 대한변호사협회도 풀러스 편에서 11월 13일 "정부는 스타트업 기업을 규제하는 포지티브 시스템의 법령을 개선하라"고 요구한 바 있다.[18] 11월 7일 대한변호사협회는 코리아스타트업포럼과 협력 체계를 구축하는 업무협약 양해각서를 체결하였다.

사회적 합의를 위한 공론장의 필요성에도 불구하고 라이드 셰어링 관련 사회적 공론화는 계속해서 어려운 상황이다. 2017년 11월 20일과 22일, 국회와 서울시에서 열리기로 예정된 카풀(차량 동승) 관련 토론회 두 개가 연속으로 무산됐다. 하나는 김수민 국민의당 의원실에서 열기로 한 '스타트업 발전을 위한 규제 개선 정책토론회'였고, 다른 하나는 서울시가 주최해 열기로 한 '카풀 서비스 범사회적 토론회'였다. 하지만, 토론회는 행사가 열리기로 한 시간 전부터 의원실을 점거한 택시기사들의 반발로 무산됐고, 다음날 서울시도 11월 22일 개최하기로 한 토론회를 잠정 연기했다(배용진 2018). 오히려 하루 뒤인 11월 23일 황주홍 국민의당 의원은 여객자동차운수사업법 일부개정안을 대표 발의했다. 개정안은 현재 출·퇴근시간에 한해 허용된 카풀을 전면 금지하는 내용을 담고 있다.

그뿐 아니라, 대통령 직속의 4차 산업혁명위원회의 주도로 4차 산업혁명에서 성공하기 위해 민간(기업·학계·시민단체)과 정부가 머리를 맞대는 '규제·제도 혁신 해커톤(끝장토론)'이 2017년 12월 21일에 시작되었지만, 원래의 의제 안건 예정과는 달리, 택시업계의 요구로

---

17   http://www.etnews.com/20171110000227 (검색일: 2018.2.13)
18   https://www.koreanbar.or.kr/pages/news/view.asp?teamcode=&category=&page
      =1&seq=8230&types=3&searchtype=&searchstr= (검색일: 2018.2.14)

라이드쉐어링(차량공유 관련 여객자동차운수사업법)은 포함되지 않게 되었다(김현아 2017). 그후 이는 해커톤 2차 의제로 예정되었다가 실행이 무산되었고, 택시 업계를 논의의 장으로 포함하여 2018년 2월 혹은 3월에 개최될 3차 논의에 포함하려고 준비하였으나, 결국 4월에 열린 3차 회의에서도 포함되지 않았다.

위와 같이 이해당사자들이 모여서 논의하는 장의 성사가 어려운 이유에는 비교적 규모가 작으면서도 응집력이 좋은, 따라서 영향력이 큰 이익단체가 있기 때문이다. 카풀앱을 필사적으로 막으려는 택시업계는 선거에 큰 영향을 미치는 단체이다. 영업용으로 등록한 택시기사만 27만 명이 넘는 데다 4인 가족으로 계산하면 어림잡아도 100만 명의 유권자가 택시기사의 경제적 상황과 정치적 입장에 영향을 받는다(김수빈 2017). 게다가 택시기사가 승객을 태우고 다니면서 지지 정당이나 후보를 말하는 '여론 전달 효과'도 생각하지 않을 수 없다. 결국 '누가 고양이 목에 방울을 달 것인가'와 같은 상황이어서 정부 주도의 공론장을 개설하기도 쉽지 않은 상황이다.

이는 서울시의 풀러스에 대한 입장은 우버의 경우와 마찬가지로 부정적인 면에서도 나타난다. 2017년 11월 7일 강태웅 서울시 대변인의 언급은 이를 요약적으로 잘 보여준다. "풀러스의 시간 선택제는 카풀보다는 상업적인 성격이 강한 서비스로 불법 자가용 유상운송 알선에 해당 된다"면서 "시간 선택제는 운전자의 선택에 따라 1년 365일 24시간 서비스 이용이 가능하게 되는데 제한적으로 운영되는 카풀이 주목적이 아니라 자가용 운송 행위를 주목적으로 하는 경우 운수 면허를 받지 않은 불법 행위에 해당 된다"고 언급했다(MediaX 2017).

그러나 풀러스가 소속되어 있는 스타트업 기업들의 모임인 코리아스타트업포럼은 의견을 달리한다. 2017년11월8일 이 모임의 성명을 보면 "국토교통부와 서울시가 출퇴근 시간을 평일 오전 출근과 저녁 퇴근으로 좁게 해석해 풀러스를 고발한 것은 자의적이고 과도한 법령 해석일 뿐만 아니라 스타트업의 사업 의지를 꺾는 행위"라며 "'네거티브 규제'로 전환이라는 정부 정책과도 상반되는 조치이며, 카풀 서비스가 보편화된 외국의 사례와 비교하여 '역차별 규제'가 아닐 수 없다"고 비판했다(MediaX 2017). 이는 현행 여객자동차운수사업법에는 "출퇴근 때"라고만 돼 있을 뿐 정확히 시간을 규정하고 있지는 않는 데에 근거한다. 그리고 '역차별 규제'는 평창 올림픽에서 우버 서비스 사용이 강원도에서 예외적으로 허용된다는 기사가 돌았기 때문에 언급되었다(김현아 2017). 통역 기능 등을 준비할 시간이 넉넉하지 않았던 국내 앱으로서는 역차별로 느껴질 수 있는 대목이었기 때문이다. 그러나 이러한 보도는 후에 사실무근임이 밝혀졌다(강원도청 교통운영과 2017).

III. 결론

본 장은 두 사례를 디지털보호무역주의의 관점에서 살펴보았다. 두 사례는 온라인 게임 산업과 모빌리티 서비스 산업이다. 전자의 경우에서는 소니나 MS와 같은 큰 게임회사 그리고 페이스북에서 서비스되었던 게임 '캔디크러쉬 사가(Candy Crush Saga)'와 같은 사례를, 후자에서는 우버 그리고 풀러스 카 셰어링 서비스 회사 사례를 집중 조명하였다. 디지털보호무역주의를 낳았던 대표적인 규제로는 전자에서의 대표적인 규제인 '게임 산업법'과 '청소년 보호법'을 보았고, 후자에서는 '여객자동차운수사업법' 규제를 다루었다.

온라인 게임 산업의 사이버 정치경제에서 흥미로운 발견은 크게 두 가지이다. 첫째로, 사회문화적인 관점이 디지털 서비스 규제에 영향을 미친다는 것이다. 즉, '게임 산업법' 그리고 '청소년 보호법'에는 온라인 게임이 도박과 같이 분류되어 규제의 대상이 되고 있다. 이는 기존에 (국제)정치경제 연구에서 사회문화적인 관점이 그리 집중을 받지 못한 점에 비하면 특이한 점이라 볼 수 있다.

둘째로, 제도에 관여하는 참여자들의 폭이 더욱 다양해진 점이다. 기존의 국제통상정책의 주요 참여자는 정부행위자들이며, 국내의 통상 혹은 산업 정책 주요 행위자들은 관련 업계의 이익단체들이다. 그러나 온라인 게임 서비스와 같은 경우, 게임 사업자들이 주요 이익단체들로 활동하기보다는, 학부모들의 로비가 정치인들의 법안 양태에 더 큰 영향력을 미치는 것으로 나타난다. 이는 향후 디지털 서비스 산업 관련 정책들에 있어, 참여자들의 폭이 인터넷의 광범위한 영향력으로 인해 더욱 넓어질 수 있음을 시사하는 대목이다.

후자의 사례에서는 한국에서의 모빌리티 서비스 업체들을 살펴보았다. 두 논란에 집중하였는 데, 하나는 2013년에 론칭하여 시작한 지 1년 반 조금 넘은 2015년 3월에 라이드 셰어링 모델인 '우버 엑스' 서비스를 중단하기에 이른 우버와 관련한 논란이며, 또 다른 것은 2017년에 불거진 또 하나의 라이드 셰어링 모델인 '풀러스(POOLUS)' 관련 논란이다.

두 사례 다 공통적으로 모빌리티 서비스를 제공하며, 핵심 쟁점은, 여객자동차운수사업법에 의한 두 서비스 제공자의 합법성 여부이다. 또한 두 사건 모두, 모빌리티 서비스 업계, 택시 업계, 국토부, 그리고 서울시가 포함되며 이들 사이의 정치경제적 이권을 둘러싼 공방이 펼쳐진다. 우버는 벌금형을 선고 받으며 일단락된 모양새이다. 국내의 여객자동차운수사업법은 전 세계적 모빌리티 서비스 업계의 강자인 우버를 공유 자동차 경제에서 후발주자로 밀어냈다. 풀러스의 경우 현재진행형이며, 기존의 모빌리티 서비스 업계, 택시 업계, 국토부, 그리고 서울시뿐 아니라, 정부의 4차 산업혁명위원회나 스타트업 단체와 그 연계 단체들이 새로이 정책 형성의 장에 뛰어 들어 새로운 역학 구도를 만들고 있다.

결론에서의 제안을 대신하여 본 장에서 다루어진 사례의 이론적 함의를, 도식적이기는 하나, 다음과 같이 도출해 볼 수 있다. 전자인 온라인 게임 산업에서의 경우, 해외 온라인 게임 업체들이 서비스를 중단하거나 서비스 일시적 중지에 의한 영업적 손해를 입는 경우가 발생했는데, 이는 '게임 산업법'과 '청소년 보호법'과 같은 국내법에 의한 바가 크다. 이러한 법안은 한 사회의 도덕적 윤리적 특수성을 반영한다는 점에서 향후 데이터의 국경을 넘은 이동에 있어서 장벽이 될 수 있는 흥미로운 요인으로서 주목받을 수 있다. 또 다른 요인은 디지털 보호무역주의가 야기하는 제도의 탄생 혹은 유지에 있어서 비전통적인 행위자의 등장이다. 향후 국경을 넘는 데이터의 이동에 관한 제도에 있어서, 전통적 이익집단의 범위를 벗어나 새로운 행위자들이 두각을 나타낼 여지가 크다.

후자인 모빌리티 서비스 산업과 관련해서는, 비록 풀러스 사건이 현재진행형이니만큼 잠정적이기는 하나, 비교적 전통적인 정치경제적 이론 틀이 적용 가능한 것으로 보인다. 모빌리티 서비스업계, 택시업계, 국토부, 그리고 서울시가 참여하여 전통적 이익집단의 메커니즘과는 유사한 논란을 보여주고 있으며, 기존 법 제도의 유지를 보여주고 있다. 세계적인 다국적 기업인 우버가 국내의 제도에 가로막혀 국내에서 후발주자로 뒤쳐진 것이 주목할 만하며, 이번 풀러스의 문제가 해

결되는 양상에 따른 새로운 문제해결 메커니즘의 발견이 사이버 국제
정치경제의 새로운 이론적 기여로 이어지기를 기대한다.

참고문헌

강원도교통운영과. 2017. "평창 동계올림픽 대회기간 '우버' 허용 보도 관련." http://www.
　　provin.gangwon.kr/gw/gnews/sub04_04?articleSeq=20171110110917005&mode=r
　　eadForm&sccode=28&mccode=4 (검색일: 2018.2.15)

권영전. 2011. "플스, 청소년 사실상 퇴출…"셧다운제 때문에"." http://www.yonhapnews.
　　co.kr/bulletin/2011/11/16/0200000000AKR20111116040300017.HTML (검색일:
　　2018.1.25)

김건희. 2018. "난타전된 '카풀 앱' 사태." http://shindonga.donga.com/3/home/13/
　　1157736/2 (검색일: 2018.2.13)

김수빈. 2017. "우버가 넘지 못한 규제의 벽을 풀러스는 넘을 수 있을까." https://www.bbc.
　　com/korean/resources/idt-sh/ride_sharing_korean (검색일: 2018.1.26)

김승현. 2014. "페이스북, 9월부터 등급분류 받은 게임만 서비스." http://www.thisisgame.
　　com/webzine/news/nboard/4/?n=56106 (검색일: 2018.1.24)

김철현. 2018. "4차 산업혁명위원회 위원으로 국토부 추가." http://www.asiae.co.kr/news/
　　view.htm?idxno=2018010908475010743 (검색일: 2018.1.25)

김현. 2017. "[성명서] 정부는 스타트업 기업을 Positive System의 법령을 개선하라."
　　http://www.etnews.com/20171110000227 (검색일: 2018.2.13)

김현아. 2017a. "4차 산업혁명, '규제혁신 해커톤' 누가 토론하나(명단전체)." http://m.edaily.
　　co.kr/news/news_detail.asp?newsId=03775286616160816&mediaCodeNo=257#_e
　　nliple (검색일: 2018.2.16)

_____. 2017b. "평창 동계올림픽 때 '우버'허용되나…….국내 기업들, 역차별 우려."
　　http://m.edaily.co.kr/news/news_detail.asp?mediaCodeNo=257&news
　　Id=04024566616123752 (검색일: 2018.2.14)

뗏목지기. 2013. "한국 진출한 우버(UBER), 택시를 대신할 수 있을까." http://slownews.
　　kr/13477 (검색일: 2018.2.15)

박영준·김민순. 2013. "불법택시 '우버'영업….당국은 "금시초문"." http://www.segye.com/
　　newsView/20130818002157 (검색일: 2018.1.26)

배용진. 2018. "카풀앱 풀러스, 우버가 못 뚫은 규제 넘어설까." http://premium.chosun.
　　com/site/data/html_dir/2017/12/18/2017121801578.html (검색일: 2018.1.24)

석진영. 2017. "소통과 공감의 '민관 합동 게임제도 개선 협의체' 발족." http://www.mcst.
　　go.kr/web/s_notice/press/pressView.jsp?pSeq=16190&pMenuCD=0302000000&p
　　CurrentPage=1&pTypeDept=&pSearchType=01&pSearchWord (검색일: 2018.2.14)

이대영. 2014. "우버가 내세우는 공유경제와 프라이버시 논란." http://www.itworld.co.kr/
　　news/90649 (검색일: 2018.1.25)

이경민. 2017. "스마트모빌리티포럼, 풀러스 조사에 우려 표명." http://www.etnews.
　　com/20171110000227 (검색일: 2018.2.13)

조성호. 2017. "'불법택시 논란'우버 한국법인, 1심서 1000만원 벌금형." http://news.mk.co.
　　kr/newsRead.php?year=2017&no=283799 (검색일: 2018.2.14)

최연진. 2014. "강화냐 완화냐, 게임 셧다운제 다시 충돌." http://www.hankookilbo.com/
　　v_print.aspx?id=d3339dcc3ab04bf0948cc787bac9188b (검색일: 2018.1.25)

코리아스타스업포럼. 2017. "카풀 앱 업체 고발에 따른 코리아스타트업포럼의 입장." http://
　　kstartupforum.org/20171108_a/ (검색일: 2018.2.13)

Fredric Paul. 2014. "우버와 구글, "웬만해선 그들을 막을 수 없다"." http://www.itworld.
　　co.kr/news/90637 (검색일: 2018.2.15)

MediaX. 2017. "온디맨드 경제와 파괴적 혁신의 간극, 파괴적 혁신과 변화를 따라잡지
　　못하는 제도…우버는 왜 공유경제가 아닌가." http://www.mediax.kr/?p=590 (검색일:
　　2018.2.15)

経済産業省 商務情報政策局 情報経済化. 2017. 平成28年度我が国におけるデータ駆動型社会に
　　係る基盤整備(電子商取引に関する市場調査)報告書.

Ema McDonald. 2017. "The Global Games Market Will Reach $108.9 Billion in 2017
　　With Mobile Taking 42%." https://newzoo.com/insights/articles/the-global-
　　games-market-will-reach-108-9-billion-in-2017-with-mobile-taking-42/ (검색일:
　　2018.1.24)

Internet World Stats. 2013. "Top 50 Countries with the highest internet penetration
　　rates." https://www.internetworldstats.com/top25.htm (검색일: 2018.1.25.)

Japan Online Game Association, n.d. https://japanonlinegame.org/ (2018/01/30 검색).

Jeff Grubb. 2014. "South Korea blocks all Facebook games as part of a government
　　crackdown." https://venturebeat.com/2014/09/02/south-korea-blocks-all-
　　facebook-games-as-part-of-a-government-crackdown/ (검색일: 2018.2.14)

Newzoo. 2017. "Top 100 Countries by Game Revenues." https://newzoo.com/insights/
　　rankings/top-100-countries-by-game-revenues/ (검색일: 2018.1.24.)

제4장

4차 산업혁명과 제조업 변환
-자동차 산업 사례 -

배영자

I. 문제제기

인공지능, 사물인터넷 등 기술의 발전에 토대한 4차 산업혁명 도래와
이로 인한 상품 생산방식과 제조업 변화가 논의되고 있다. 논의의 핵
심은 4차 산업혁명의 진행으로 생산과정이 기계화·자동화되고 기존
의 노동 집약적 제조 부문이 자본 및 기술집약적 부문으로 변모되면서
산업구조와 일자리 부문에서 많은 변화가 진행될 것이라는 내용이다.
독일, 미국, 일본 등 선진국들은 다양한 ICT기술들을 생산과정에 활용
하는 내용으로 인더스트리(Industry) 4.0전략을 추진하고 있으며[1] 이
로 인해 '스마트 팩토리(Smart Factory)'의 제조업 현장 설치가 확대될
것으로 예측되고 있다. 아울러 현재 진행 중인 인더스트리 4.0으로 선
진국 본국에서 스마트 팩토리가 부상하고 여기에서 생산을 직접 담당
하게 되면서 기존에 개도국으로 아웃소싱되었던 부문들이 선진국으로
되돌아오는 리쇼어링(Reshoring) 현상[2]이 진행될 것이라는 논의도 제
기되고 있다. 현재까지 논의는 제조업 환경 변화 속에서 독일 미국 중
국 일본 등 각 국가가 어떻게 제조업 경쟁력을 다시 확보할 수 있을 것
인지와 이로 인한 국내 수준의 산업구조나 고용구조의 변화 및 대응에
초점이 맞추어져 있다.

　4차 산업혁명, 인더스트리 4.0, 스마트 팩토리가 제조업 생산과정
에 많은 변화를 가져올 것임은 분명하다. 제조업이 노동력을 활용하는
방식은 물론 세계정치경제질서에서 제조업의 위상 및 지역적 배치 등

1　인더스트리 4.0이라는 명칭은 2011년 독일 공학협회(VDI)에서 처음 언급되었고, 2012
　년 독일 인공지능 연구소(DFKI) 등에서 새로운 미래 제조업 패러다임으로 제시되었다.
2　현재 논의에서는 reshoring, onshoring, nearshoring 등의 다양한 개념이 혼용되고 있
　음. 리쇼어링 개념에 대해서는 Wiesmann et al.(2017), Foerstl et al.(2016) 참조.

의 변화가 불가피하고 이는 세계생산네트워크를 재편시킬 것이다. 상품이 제조되는 과정이 변화하는 것은 물론 제조상품이 4차 산업혁명의 핵심기술인 빅데이터, 클라우드, 사물인터넷, 인공지능 등과 연결되어 네트워크화되면서 제조업의 산업구조 자체가 달라질 것이라는 주장도 등장하고 있다. 많은 논의에도 불구하고 제조업과 제조업 생산네트워크가 실제로 어떻게 재편될지 구체적인 모습은 여전히 모호한 상황이다. 4차 산업혁명과 제조업변화, 이로 인한 세계생산네트워크의 재편을 논의하기 위한 출발점으로 몇 가지 사항들이 확인되어야 한다.

첫째, 실제로 얼마나 빠르게 인더스트리 4.0과 스마트 팩토리가 확산될 것인지 확인되어야 한다. 이에 대해서는 매우 빠르게 확산될 것으로 보는 입장과 표준 등의 문제로 실제로 확산이 생각보다 쉽지 않을 것으로 보는 입장이 모두 존재한다. 둘째, 인더스트리 4.0과 스마트 팩토리로 인해 세계 생산네트워크 내에서 상품 기획과 디자인, 제조, 판매, 소비 과정의 공간적 재배치가 어떻게 이루어지고 있는지 검토되어야 한다. 특히 스마트 팩토리의 확산과 제조업 리쇼어링이 실제로 관련되어 진행되고 있는지 살펴보고 나아가 스마트 팩토리 설치가 선진국의 특정 지역 혹은 특정 국가 내부를 주요 범위로 배타적으로 설계되고 있는지 아니면 국경을 넘어 세계적 수준에서 확대 구축되고 있는지 확인해 보아야 한다. 셋째, 4차 산업혁명의 진행과 함께 보다 포괄적으로 제조업 산업구조와 특성이 어떻게 변화하는지 제조업의 정체성에 대해 조망하는 작업이 필요하다. 4차 산업혁명의 중요한 특징가운데 하나가 이종 산업들 간의 융합, 특히 제조업과 서비스업의 통합이다. 이러한 융합들을 통해 기존 산업구조가 변화하면서 새로운 산업으로 진화해 가는 과정을 주목하여 살펴볼 필요가 있다. 스마트 팩토리의 확산 속도, 제조업 리쇼어링 현황, 제조업 산업구조 변화 등

다양한 정보에 토대하여 4차 산업혁명의 진행으로 세계생산네트워크
가 현재의 상태에서 어느 정도 규모로, 어떤 방식으로 조정될지에 대
한 예측과 분석이 진행될 수 있다.

　본 연구는 자동차산업을 사례로 4차 산업혁명의 진행과 함께 실
제로 어느 정도 생산자동화와 스마트 팩토리의 전환이 이루어지고 있
는지, 세계 자동차 생산네트워크 내에서 상품의 조립이나 중간공정을
담당하던 개도국들로부터 선진국 기업이 철수하고 본국으로 이동하는
리쇼어링 현상이 어느 정도 진행되고 있는지 알아본다. 아울러 4차 산
업혁명의 진행으로 자동차산업구조와 특성이 어떻게 변모하고 있는지
고찰하면서 4차 산업혁명이 제조업과 세계 생산네크워크 변화에 시사
하는 점을 생각해보고자 한다.

II. 4차 산업혁명과 제조업 변환: 자동차산업 사례

1. 세계 자동차 생산네트워크

자동차 산업은 1900년대 초반 이후 대량생산체제로 발전되기 시작되
었고 철강, 조선, 전자 산업과 함께 전통적인 제조업의 주력 부문이었
다. 20세기 후반 세계화의 진전과 함께 생산과 소비가 국경을 넘어 통
합되면서 자동차 부문 역시 세계적으로 통합된 생산 및 소비 네트워크
를 구축하여 왔다(Sturgeon et al. 2009). 2016년 현재 연간 세계 자동
차 소비량은 9천만 대를 넘었으며 전체 4분의 1이 넘는 2500만 대가
중국에서 소비된다(KPMG 2017). 이외 미국 1700만 대, 일본 500만
대, 독일 및 인도 약 350만 대 순이다. 2016년 기준 자동차 브랜드별

생산량은 1위 폭스바겐 1,031만 대, 2위 도요타 1,018만 대, 3위 GM 997만 대, 4위 르노닛산 996만 대, 5위 현대기아 788만 대로 드러나고 있다.

자동차 공정에는 일반적으로 2~3만여 개의 부품이 들어가는 것으로 알려져 있으며, 관련 소재 부품산업 등 전후방 파급효과가 크다(Sturgeon et al. 2009). 또한 보험, 금융, 수리, 렌탈, 중고차 등 연관성이 있는 산업분야에까지 크게 영향력이 미치고 있다. 특히 자동차 생산의 경우 메이저 자동차 생산업체를 정점으로 다양한 중간재 및 부품 생산업체들이 그물망처럼 얽힌 수직적인 생산네트워크 형태로 발전되어 왔으며 지난 이십여 년 동안 네트워크의 지역적 범위가 빠르게 확장되면서 통합의 정도도 증대되어 왔다. 교통통신의 발전, 시장의 통합 등과 함께 상대적으로 값싼 숙련 노동력을 활용하기 위해 초국적 기업이 생산 공정의 일부를 해외로 이전하면서 국경을 넘는 자동차산업 생산네트워크가 구축되어 왔다.

〈표 4.1〉을 통해 자동차 주요 생산국들의 자동차 수출에서 해외 부가가치가 차지하는 비중이 1995년과 2011년 각각 독일 20.03에서 31.43, 일본 6.54에서 13.90, 미국 21.64에서 35.41, 한국 24.55에서 37.69, 중국 58.19에서 33.13로 변화되었음을 알 수 있다(정준호·조형제 2016). 중국의 경우는 국산 부품의 사용 증대로 비중이 오히려 감소한 반면, 여타 국가들에서 모두 해외 부가가치 비중이 크게 증대하였음을 확인할 수 있다. 이를 통해 자동차 산업에서 해외 아웃소싱이 확대되어 왔으며 자동차생산네트워크가 지리적으로 확장되어 왔음을 간접적으로나마 확인할 수 있다.

4차 산업혁명의 진전과 함께 자동차는 생산과정의 자동화를 넘어 빅데이터, 인공지능, 사물인터넷 기술들이 자동차와 융합되면서 소위

표 4.1. 자동차수출에서 차지하는 해외 부가가치 비중 비교

	1995					2011				
	EU	NAFTA	동아시아	기타	계	EU	NAFTA	동아시아	기타	계
독일	13.35	2.28	1.64	2.76	20.03	15.83	4.78	4.91	5.91	31.43
일본	1.36	3.13	0.30	1.74	6.54	1.70	5.40	2.53	4.28	13.90
미국	2.16	15.22	2.27	1.99	21.64	2.84	25.31	3.01	4.24	35.41
한국	8.36	6.88	0.99	8.33	24.55	4.94	12.23	6.03	14.51	37.69
중국	4.14	28.30	7.62	18.12	58.19	4.60	12.83	4.90	10.81	33.14

출처: 정준호·조형제 (2016) 재인용.

이동성(mobility), 연결성(connectivity), 자율주행, 친환경 등의 개념을 중심으로 급격한 변화 양상을 보이고 있다. 여기서는 자동차산업의 스마트팩토리, 리쇼어링, 산업구조 변화 양상을 차례로 고찰해 본다.

2. 자동차 산업 스마트 팩토리 현황

정보통신기술 발전과 제조업 생산방식의 변화는 비교적 오래 전부터 논의되어 왔지만 최근 인더스트리 4.0 개념이 4차 산업혁명과 연계되면서 더욱 주목받고 있다(Moavenzadeh 2015). 인더스트리 4.0은 제조업 혁신을 위해 독일 정부가 발표한 제조업 전략에서 유래하였다. 인더스트리 4.0에는 사물인터넷, 기업용 소프트웨어, 위치정보, 보안, 클라우드, 빅데이터, 심지어 3D, 증강현실에 이르기까지 ICT 관련 기술들이 대거 동원되고 있다. 이제까지의 공장자동화는 미리 입력된 프로그램에 의해 생산시설이 수동적으로 움직이는 것을 의미했다. 그러나 인더스트리 4.0에서는 부품조달이나 생산 및 판매까지도 스스로 작업방식에 따라 운영되는 스마트 팩토리의 부상이 주목된다.

　　스마트 팩토리는 센서, 증강현실 등의 ICT가 결합된 생산시설로
서, 사물인터넷과 스마트메모리(RFID) 등의 무선통신 등을 이용하여,
부품, 설비, 상품이 각각 정보를 주고받아 스스로 부품 조달, 생산, 공
정 통제 및 수리, 판매 등을 조절하고 관리하는 것을 말한다(Hozdić
2015; KPMG 2016). 개념적으로 보면 4차 산업혁명의 핵심적인 내용이
인더스트리 4.0이고, 인더스트리 4.0은 조달물류, 생산, 서비스까지 통
합 관리하는 스마트 팩토리가 핵심이다.

　　인더스트리 4.0과 스마트팩토리의 핵심 토대는 사이버물리시스템
(Cyber-Physical System, CPS)이다.[3] 이는 물리적 시스템이었던 기존
공정 및 물류과정과 사물인터넷과 센서로 연결된 가상적 시스템을 하
나로 융합한 시스템을 구축하는 것이다. 사이버물리시스템은 각각의
생산설비를 연결할 뿐만 아니라 생산설비와 건물, ICT 시스템, 스마트
제품, 물류, 가정 등을 연결한다. 사이버물리시스템을 통해 물리적 공
간이 데이터화되고 네트워크로 연결되면서 물리적 세계와 사이버 세
계가 결합되고, 이들이 분석되고 활용되며 제어된다. 실제로 스마트
팩토리뿐만 아니라 운송, 전력망. 의료 및 보건, 국방 등에 이르기까지
광범위한 분야에 걸쳐 사이버물리시스템 개발이 진행 중이다.

　　스마트 팩토리는 기계설비뿐만 아니라 소재 및 반제품에 센서와
메모리를 부착하여, 주문에 따라 가공하고 명령에 따라 생산과정을 진
행하면서 생산 공정의 병목현상을 자가 진단해 유연하게 최적 생산 경

3　CPS(Cyber-Physical Systems)란 실세계와 IT가 긴밀하게 결합된 시스템으로 '사물·
　데이터·서비스의 현실세계와 가상세계와의 융합'이라고 정의된다. IBM의 'Smarter
　Planet', HP의 'CeNSE(the Central Nervous System for the Earth)', MIT나 Auto-ID
　Labs가 추진하는 'Internet of Things(IoT)' 등도 유사한 개념이다. 2006년 미국과학재
　단(NSF)이 CPS 가능성과 과제 등의 논의를 시작하고, 2009년에 연구지원 프로그램으
　로 연 300억 원의 예산을 투입하면서 주목받기 시작하였다.

로를 결정하여 작동한다. 즉 메모리를 기계가 읽고 소비자 선호도, 공정상태, 가공방향 등을 스스로 분석해 실시간으로 최적 경로를 계산해서, 현 시점에서 가장 효율적인 경로를 선택하고 적용한다. 이에 따라 유연한 고객 맞춤형 다품종 소량생산이 가능하며, 물류와 유통 현황이 실시간으로 파악되고, 제품의 사용 및 재활용 과정 추적조사 등으로 제품 전주기 최적화 상태에 대한 검토와 실행이 가능해진다.

실제로 인더스트리 4.0과 스마트 팩토리는 실제로 어느 정도 진행 중인가? 현재 4차 산업혁명 정책에 대한 자료는 많이 출간되고 있지만 산업이나 기업 수준의 보다 구체적인 스마트 팩토리 현황에 대한 자료는 제한적이다.

스마트 팩토리의 핵심적인 요소인 산업용 로봇에 대한 통계가 스마트 팩토리의 구체적인 현황을 파악하는 자료로 활용되고 있다. 산업용 로봇 활용은 1990년대 이후 본격적으로 도입되기 시작하였고 2010년 후반 이후 급증하고 있는 것으로 나타나고 있다. 국가와 부문별로 보면 미국 독일 일본 한국 중국 등이 생산자동화, 산업로봇 활용에 가장 적극적이며 특히 자동차 분야에서 활발하게 도입되고 있는 것으로 나타나고 있다(그림 4.1 참조).

산업용 로봇의 도입은 스마트 팩토리의 일부분일뿐 스마트 팩토리는 아니다. 그러나 로봇이 도입된 생산자동화 과정이 부품조달이나 유통 등과 연결되면서 스마트 팩토리가 작동하는 것이므로 이를 스마트 팩토리 현황을 알 수 있는 자료로 활용할 수 있다. 자동차 산업의 경우 가장 빠르게 산업용 로봇이 도입되고 생산자동화가 진행되면서 부품조달 및 물류 등과 통합되는 시도가 진행되고 있음을 볼 수 있다.

물류공급 및 생산 공정의 자동화, 다양한 업체들의 자동차 공급체인으로의 진입 등으로 기존의 완성차와 부품업체 간 수직적인 산업구

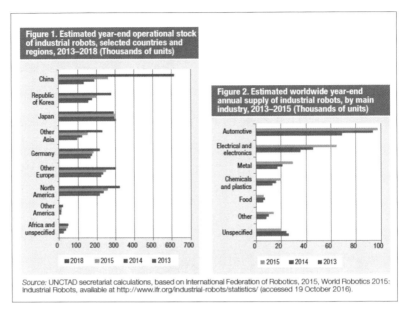

그림 4.1. 국가별·부문별 산업로봇 현황
출처: UNCTAD(2016).

조가 수평적 협력관계로 변화할 것이라는 예측도 제기되고 있다. 자동
차산업에서 스마트 팩토리의 진척 현황을 아는 것도 필요하지만 실제
로 어느 정도의 비용감소 효과가 있는지, 이로 인해 어느 정도의 인력
감소가 진행되고 있는지를 구체적으로 파악하는 것 역시 매우 중요이
다. 자동차산업의 생산자동화나 공급체인 자동화는 사실 4차 산업혁명
이전부터 꾸준히 진행되어왔다. 예컨대 도요다의 경우 메이저 자동차
업체로 부상한 데에는 부품 조달과 재고 처리방식을 자동화하고 개선
한 린 생산방식(Lean Production)의 도입이 중요한 요인이었다. 현재
진행 중인 자동차산업의 스마트 팩토리가 규모나 질적으로 기존 물류
나 생산 자동화와 차별적으로 실제 자동차 산업의 특징을 어떻게 변화
시키고 있는지 알기 위해서는 자동차산업에서 진행되는 변화를 생산

이나 제조 과정에만 초점을 맞추는 것을 넘어 보다 넓은 시각에서 바라보아야 한다. 일부 국가들을 중심으로 진행되는 industry 4.0과 스마트 팩토리 도입이 초기 단계인 만큼 자동차산업 전반에서 진행되는 다양한 형태의 혁신들을 폭넓게 바라보면서 이에 따라 세계 자동차생산네트워크, 고용구조나 해외직접투자의 흐름이 어떻게 변화되어 가는지를 지속적으로 주목해야 한다.

3. 리쇼어링 현황

세계생산네트워크에서 기업들은 원료조달이나 생산공정 일부를 타국 기업들에 의존하는 아웃소싱을 적극 활용하였고 이에 따라 원료 조달지나 생산지가 타국에 위치하는 오프쇼어링(offshoring) 현상을 흔하게 목격할 수 있었다. 인더스트리 4.0과 스마트 팩토리의 확산으로 특히 자국 내 높은 인건비 때문에 오프쇼어링 정책을 펴왔던 선진국 제조업체들이 생산 설비를 다시 본국으로 옮기는 제조업 리쇼어링현상이 가속화될 것으로 예상되어 왔다.[4] 미국에서는 제조업 강화 전략의 일환으로 최근 몇 년 전부터 리쇼어링 정책을 추진하기 시작했다. 이러한 제조업 리쇼어링 현상이 자국 일자리 창출에 실제로 얼마나 기여할 수 있을지는 논쟁적이다. 하지만 새로운 일자리창출에 직접 기여하지 못하는 경우에도 연관 산업들을 파생시켜 관련 산업을 활성화시킨다고 논의된다.

현재 리쇼어링에 대한 연구가 활발하게 진행되고 있다. 선행 연구들에 의하면 리쇼어링은 선진국에서 이미 2010년 전후로 진행되

4　학자에 따라 reshoring 대신 inshoring, onshoring, backshoring이라는 용어를 쓰기도 하지만 본 연구에서는 reshoring으로 씀(Wiesmann et al. 2017).

어 왔으며 다양한 동기가 작용하는 것으로 알려져 있다(Fratocchi et al. 2016). 생산 자동화도 리쇼어링의 한 원인이기는 하지만 실제로 자료를 통해 보면 현재까지 이로 인한 리쇼어링은 그리 많지 않은 것으로 나타나고 있다. 〈표 4.2〉에서 보여지듯 2011년에서 2014년까지 실제 리쇼어링이 이루어진 통계를 보면 주로 미국, 유럽(독일, 이탈리아) 기업들이 중국, 아시아, 동유럽 등으로부터 리쇼어링하고 있는 것으로 나타난다. 이 기간 동안 이루어진 총 377건의 리쇼어링 사례 가운데 미국 기업의 중국으로부터의 리쇼어링이 132건, 유럽기업들의 중국으로부터의 리쇼어링이 86건을 차지하고 있다. 특히 오바마행정부에서 추진해온 제조업 리쇼어링 이니셔티브로 기업과 일자리가 미국으로 돌아온 많은 사례가 보고되었으나 자동차산업 부문에서는 리쇼어링의 사례가 두드러지게 드러나지 않고 있다.[5] 영국 자동차산업의 경우에도 일정 정도 리쇼어링이 진행되었으나 숙련인력이나 부품조달 등의 한

표 4.2. 리쇼어링 현황(2011-2014년)

| Host country's region | Home country region | | | | | | | |
| | Western Europe (No.) | | North America (No.) | | Asia (other than China) (No.) | | Total (No.) | |
	SMEs	Large	SMEs	Large	SMEs	Large	SMEs	Large
China	86		132		5		223	
	45.3%	54.7%	62.9%	37.1%	–	100.0%	54.7%	45.3%
Asia (other than China)	22		25		1		48	
	27.3%	72.7%	52.0%	48.0%	–	100.0%	39.6%	60.4%
Eastern Europe	44		1		–		45	
	36.4%	63.6%		100.0%	–		35.6 %	64.0 %
Western Europe	26		5		–		31	
	3.0 %	96.0 %	20.0 %	80.0 %			6.0 %	93.0 %
Central and South America	7		11		–		18	
	28.0 %	71.0 %	18.0 %	81.0 %	–		22.0 %	77.0 %
North Africa and Middle East	6		1		–		7	
	–	100.0 %	–	100.0 %			–	100.0 %
North America	3		1		–		4	
	–	100.0 %	–	100.0 %			–	100.0 %
Oceania	–		1		–		1	
			100.0 %				100.0 %	–
Total	194		177		6		377	
	33.0	67.0	56.5	43.5	–	100.0	43.5	56.5

출처: Fratocchi et als.(2016).

계로 전면적으로 진행되기에는 어려움이 많다고 보고되고 있다(Bailey et al. 2014).

자동차 산업의 물류나 생산 자동화는 다른 산업에 비해 두드러지게 진행되고 있지만 이것이 실질적인 비용 및 고용 감소로 이어지고 있는지를 자료를 통해 확인하기 어렵다. 또한 현재 주요 완성차업체를 정점으로 수많은 기업들 간 국경을 넘어 수직적으로 구축되어 있는 세계 자동차 생산 네트워크 내에서 리쇼어링과 같은 지리적 범위의 조정이 눈에 띄게 진행되고 있지 않음을 알 수 있다.

4. 자동차산업 구조와 생태계의 변화

4차산업혁명의 진전과 함께 자동차산업에서 주목되는 가장 두드러진 변화는 자동차산업의 정체성과 산업구조의 변화이다. 이는 현재까지 자료로 잘 드러나지 않는 생산자동화나 리쇼어링의 방향을 규정할 수 있는 보다 심원한 변화로 여겨진다. 지난 백여 년 동안 제조업의 주력으로서의 위상을 차지하며 존재해 왔던 자동차산업이 현재 친환경, 자율주행, 이동성(mobility), 연결성(connectivity) 등의 키워드를 중심으로 생산과정의 혁신이나 개별적인 제품의 혁신을 넘어 자동차 산업의 성격이 재규정되는 변화를 경험하고 있다.

이제까지 자동차산업의 구조와 생산네트워크가 자동차라는 기계를 생산하고 판매하는 생산업체 중심으로 구성되었다. 4차 산업혁명 진전과 함께 자동차가 각종 ICT기기들과 연결되어 고성능 인공지능을 탑재한 움직이는 로봇 및 컴퓨터의 역할을 하며 이동의 구심점이 되면

5   http://www.reshorenow.org/content/companies_reshoring/Cases9_26_16.pdf 참조. (검색일: 2018.3.)

서 자동차를 둘러싼 가치사슬이 이동성을 가능하게 만드는 플랫폼 제
공자나 소프트웨어 업체 등 IT업체가 중심이 되는 구조와 생산네트워
크로 진화할 것으로 예측되고 있다(WEF 2016; Winkelhake 2017). 4
차 산업혁명의 대표 기술인 빅데이터, 인공지능, 사물인터넷 등을 장
착한 자동차는 상호 연결되어 운행되고, 전자적으로 제어되고 다양한
에너지원을 사용하게 될 것이다. 스마트 팩토리에서 고객의 주문을 받
아 자동차를 생산하는 업체는 미래에도 여전히 자동차산업의 주요 구
성원일 것이다. 그러나 자동차 생산에서 발생하는 부가가치는 상대적
으로 감소할 수밖에 없으며, 자동차 동력원의 전력화와 자율주행 시스
템으로의 전환으로 향후 자동차 가치의 50~60%가 디지털 기기나 소
프트웨어로 구성되며 배터리가 20%를 차지할 것으로 전망되기도 한
다(산업경쟁력연구본부 2017). 즉 자동차가 독립적으로 제조되고 운영
되는 기계적 장치에서, 자율적 주행을 관장하는 각종 정보와 센서들의
네트워크로 연결된 IT 플랫폼으로 변화하고 있으며, 자동차라는 기계
를 생산하는 부분의 가치는 상대적으로 감소하면서 운영과 관련된 각
종 서비스가 중심이 되는 서비스업으로 변화하게 될 것이다.

　　이러한 방향으로 자동차 생산네트워크 전 과정이 재편되면서 자
동차 생산과 관련된 각 영역에서 많은 변화가 진행될 것이다. 먼저 자
동차제품은 표준화된 저가 자동차의 대량생산과 고성능 기능을 장착
한 프리미엄급 자동차의 맞춤 생산으로 양분될 것으로 예측된다. 특
히 프리미엄급 자동차의 경우 제품 디자인 과정에서부터 소비자가 직
접 참여하게 될 것이다. 인터넷, 3D프린터 등 오픈소스 기반의 자동차
제작이 가능해지고 차량 디자인을 공유하고 3D프린터로 시제품을 제
작하여 소비자가 직접 만드는 형태의 자동차도 출현 가능하게 될 것이
다. 자동차 제조공정은 스마트팩토리에서 물류를 통제하고 로봇을 적

극 활용하며 진행될 것이며 위탁생산업체들이 부상하게 될 것이다. 이미 구글 등 IT업체들이 자율주행 시스템을 설계한 후 하드웨어 차량 제작을 위탁생산업체에 맡기는 사례들이 등장하기 시작했다. 아울러 유통 광고 판매 방식에서 빅데이터나 인공지능 가상현실 등의 기술이 더 많이 응용될 것이다. 차량 운행과 주행 위치기반 서비스 등이 중요하게 부상하며 각종 미디어컨텐츠나 모바일오피스 관련 부가 서비스들도 중요해지게 될 것이다(WEF 2016; 산업경쟁력연구본부 2017 등). 〈표 4.3〉은 자동차 생산과 관련된 각 부문에서 유망한 분야들을 정리하고 있다.

　이러한 변화와 함께 완성차업체를 정점에 둔 수직적 구조로 이루어진 자동차산업 구조가 스마트폰산업과 같이 콘텐츠 플랫폼 디바이스 등으로 구성된 이질적인 기업들 간의 복합적인 네트워크로 변모할 것으로 예상된다(정구민 외 2016; 성하경 2017). 현재 자동차산업의 주요 방향으로 설정된 자율주행 전기차 발전과정에서 구글과 같은 자율주행 소프트웨어 플랫폼을 제공하는 업체가 힘의 우위를 점하면서 타 부문의 기업들과의 전략적 제휴 등을 통해 새로운 산업구조를 형성할 것이라는 예측이 지배적이다. 이러한 예측과 함께 완성차업체들이 하청업체로 전락할 것이라는 주장도 있다. 하지만 GM, Ford, Daimler, BMW, 현대기아, 도요타 등 주요자동차업체들도 새롭게 형성되는 자동차산업 구조와 생산네트워크에서 주도권을 빼앗기지 않기 위한 투자와 변신을 이끌고 있어 주목할 만하다.

　한 연구는 현재 주요 자동차업체들이 자율주행이나 디지털화 등 새로운 변화에 어떻게 대응하고 있는지를 연차보고서, 서베이 등을 활용하고 분석하여 1부터 7까지 점수로 제시하였다(Winkelhake 2018). 이에 따르면 현재 자율주행과 운송서비스의 경우는 BMW와 Daimler

표 4.3. 자동차산업 가치사슬 변화 양상

가치사슬 부문	유망 분야	쇠퇴 분야
브랜드	저가 브랜드	대중 브랜드
	프리미엄 브랜드	
디자인	디자인 자율성(셀프디자인)	
	차량 실내디자인	
제조 공정	로봇	컨베이어벨트
	다품종 소량생산	
	제조공정이 없는 완성차업체	
	위탁생산업체	
물류	무인 운반	재고관리
마케팅	온라인 판매	판매대리점
	증강현실 기반 디지털쇼룸	개인소매시장
	전시관람과 SNS	
서비스	운행상태 빅데이터	자동차보험
	소프트웨어 플랫폼	주유소
	빅데이터활용 텔레메틱스	렌터카
	공유차 서비스	
	차량주행관련 컨텐츠	
	모바일오피스, 미디어컨텐츠	
타산업과의 관계	부품 소재 제조 서비스 등 관련 산업 hub & spoke 관계	완성차업체가 정점에 있는 수직적 관계
제품	전기차, 자율주행차	내연기관차량

출처: 산업경쟁력연구본부(2017).

가 디지털벤처, 기기, 문화 등은 테슬라가 가장 앞서고 있는 것으로 나타나고 있다.

　　구글, 애플, 테슬라, 우버 등 신생업체의 자동차산업 진출은 자동차산업 구조의 변화를 가속화하고 있다(정구민 외 2016; 성하경 2017). 구글과 애플은 스마트폰 연결을 중심으로 하는 자동차시장의 제한된 부문에로의 진입을 넘어서, 자율주행 자동차나 전기차 운영에 관심을

표 4.4. 자동차업체 영역별 변화 수준

	BMW	Daimler	Audi	Tesla	Volks wagen	Toyota	General Motors	Ford
자율주행	5	5	4	3	4	2	4	3
운송서비스	5	5	4	1	2	2	4	2
디지털과정	4	4	5	5	2	4	3	4
디지털벤처	3	3	3	5	4	4	1	2
고객중심	3	4	2	5	2	3	4	4
디지털기기	1	2	3	5	2	3	5	1
디지털문화	3	3	2	5	3	1	2	2

출처: Winkelhake(2018).

보여 왔다. 우버는 차량 공유 모델을 제시하면서, 자동차 소유에 토대를 둔 기존 자동차시장을 위협하고 있다. 테슬라의 전기차도 엔진이나 파워트레인과 같은 내연기관 중심 자동차 제조를 넘어서는 새로운 방향성을 제시하면서, 자동차 제조에 대한 진입장벽을 낮추고 있다. 자동차 생산과정에서 기계부품 위주의 폐쇄적인 공급사슬이 구축되어 왔으나, 현재 기계부품 외에 IT, 전자, 화학 등 다양한 부문의 참여가 활발하게 진행되고 있다. 현재까지 엔진과 파워트레인 부문 소수 전문업체들이 과점형태로 산업 내 지배력을 유지하고 있으나, 점점 반도체, 디스플레이, 배터리, SW업체 등 IT업체의 위상이 중요해 지고 있다. 연관 산업분야에서도 새로운 기회의 창이 열리고 있다. 자동차산업은 부가가치가 높고 전후방 파급 효과가 매우 큰 산업이다. 전자, 신소재, 로봇 등 첨단기술제품의 대규모 수요처인 동시에, 금융, 에너지 등 다양한 산업과 밀접하게 연관되어있다. 자율주행 전기차가 도입되면 차량공유나 보험 부문에서 큰 변화가 진행될 것이다.

아래 〈그림 4.2〉에서 보여지듯 현재 자동차산업에 도요다나 BMW

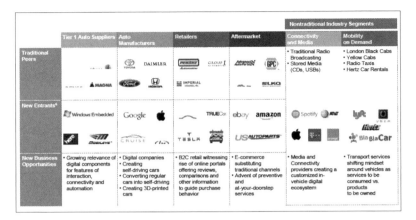

그림 4.2. 자동차산업 신규 부문 창출 및 부문별 신규 진입자 현황
출처: WEF(2016).

와 같은 기존 자동차업체와 부품업체 이외 전자 화학 업체들이 부품공
급체인으로 진입하기 시작하였으며 자동차생산에 기존 완성차업체는
물론 구글, 애플, 테슬라 등이 자율주행 전기차 부문에 뛰어들었고 아
마존 등이 자동차 판매를 시작하였다. 부품, 생산, 판매라는 전통적인
부문이외 자동차의 연결성과 이동성 강화에서 파생되는 새로운 시장
에 애플, AT&T, 다양한 미디어업체, 운송 및 렌터카 업체, 차량공유서
비스업체, 주차예약업체, 모바일결제업체 등이 뛰어들고 있다.

여기서는 현재 자동차산업의 주요 발전방향으로 주목되고 있는
자율주행과 스마트카, 전기차, 차량공유의 발전 현황과 이것이 자동차
산업 구조 변화에 함의하는 바를 간략히 살펴본다.

자율주행과 스마트카

자율주행차는 기존 자동차에 IT기술을 도입하여 스스로 주행환경을
인식하고 위험을 판단하며 경로를 계획하는 등 운전자 조작을 최소화
하여 운행하는 자동차를 일컫는다(박상원 2017; 박종선 외 2017). 자율

주행차는 이미 1980년대 후반 개인용 컴퓨터가 대중화되고 정보처리 속도가 기하급수적으로 빨라지면서 현실화 가능성이 논의되기 시작하였다. 2004년 미국 국방부 산하 국방고등연구계획국(DARPA)에서 자율주행차대회를 개최하였고 참가자들이 구글 등에 의해 채용되면서 본격적으로 연구되었다. 자율주행은 0~4단계로 구분된다. 0단계는 자동제어장치 없이 일반적으로 사람이 운전하는 자동차, 1단계는 자동 긴급제동장치(AEB)와 어댑티드 크루즈컨트롤(ACC) 등의 자동 보조 시스템의 도움을 받아 사람이 운전하는 차, 2단계는 핸들조작 일부의 자동화와 고속도로 내 차선 유지 등의 기능이 추가되었으나 여전히 사람의 개입이 필요한 자동차, 3단계는 가속, 주행, 제동이 모두 자동으로 수행될 수 있는 시스템, 4단계는 완벽한 자율주행 수준으로 운전자가 목적지를 입력하면 자동차가 목적지까지 사람의 개입없이 이동이 가능한 시스템을 의미한다.

현재 Ford, GM, BMW, Daimler 등 기존 자동차기업들은 자율주행차 개발에 역점을 두고 있다. Ford는 자율주행차를 곧 시장에 선보일 계획이며 GM도 자율주행 스타트업기업을 인수하는 등 자율주행차 분야를 선도하기 위한 노력을 기울이고 있다. 구글과 애플 등 IT 업체들도 자신들이 가진 플랫폼과 빅데이터 등을 활용하는 자율주행차 개발에 적극적이다. 구글 자율주행 자회사인 웨이모(Waymo)에 따르면, 구글은 2009년 이후 2017년 12월 현재까지 무인으로 4백만 마일(지구를 160번 돈 거리) 누적 주행 거리를 달성했고, 도심 위주의 주행을 통해 300년에 맞먹는 운전 경험을 축적했다고 밝히고 있다. 애플과 구글은 이미 애플 카플레이와 구글 안드로이드 오토 등 차량운행 OS 소프트웨어 등을 중심으로 주행 정보를 축적하고 차량용 클라우드를 계속 강화하고 있다. 이들이 축적하는 주행정보 관련 빅데이터는 자율주행은 물론 도시 전체의 설계와 운영에 핵심적인 정보로 활용되면서 미래의 삶의 모습을 구성하는 데 매우 중요한 역할을 하게 될 것이다. 이러한 측면에서 구글이나 애플과 같은 IT기업이 자동차를 또 하나의 중요한 플랫폼으로 변모시키면서 이를 중심으로 기업의 지배력을 강화해 나갈 것이라는 예측이 나오고 있다. 현재 이들은 자율자동차 생산은 타 자동차사와의 협력을 통해서 해결하면서 모기업은 자율주행을 위한 플랫폼 고안에 주력하고 있다.

자율주행차가 현실화되기 위해 많은 규제나 사회적 인프라의 조성이 필요하다. 현재 미국 정부는 V2V(vehicle to vehicle) 전파를 할당하고 V2I(Vehicle-to-Infrastructure)를 규정하는 등 자율주행차의 도입을 적극 준비하고 있다. 고도의 자율주행이 활성화되면 자동차산업을 넘어 제조업 전반은 물론 대중교통체제와 도시 설계 및 환경 등 광범위한 영역에서의 변화가 초래될 것으로 예상되고 있다. 자율주행이 자리잡으면 자동차의 효율적인 운행으로 현재 자동차 수의 80%가 감소할 것으로 예측된다. 이렇게 되면 자동차 생산보다는 자동차 운영과 관련된 소프트웨어나 IT기기에서 더 많은 부가가치가 생성되면서 자동차산업이 제조업이 아닌 서비스업으로 변모할 것이다.

전기차

전기차는 1800년대 중반에 가솔린 자동차보다 먼저 제작되었으나, 배터리의 중량이 무겁고 충전 시간이 너무 긴 문제 때문에 실용화되지 못했다. 환경오염문제로 친환경 그린카 개념이 주목을 받으면서 1990년대부터 GM 등의 자동차업체에 의해 전기차가 개발되기 시작하였다. 전기자동차는 배터리로만 가는 전기자동차(Electric Vehicle, EV), 동력원으로 전기를 사용하고 필요에 따라 충전을 시켜줄 수 있는 내연

기관을 가진 플러그인 하이브리드(Plug-in Hybrid EV, PHEV), 그리고
전기모터와 내연기관을 동시에 사용하는 엔진이 둘 이상인 하이브리
드 전기자동차(Hybrid EV, HEV) 등 크게 3 종류로 나눌 수 있다(정선
양 외 2013). 전기차는 기술의 발전과 인프라의 보급에 따라 하이브리
드 전기차(HEV)에서 플러그인 하이브리드 전기차(PHEV), 순수 전기
차(EV)의 순서로 발전할 것이며 2030년을 전후로 내연기관 자동차와
비교하고 경쟁력을 가지며 보급이 확대될 것으로 예측되고 있다(김시
언 2017; LG블로그 2016).

전기차 개발과 보급에서 가장 중요한 것은 배터리와 충전 문제이
다(고영성 2015). 전기차 시장에서 혁신을 주도하고 있는 테슬라의 경
우 에너지 밀도가 높은 소형 리튬이온 전지를 활용하면서 완전 충전시
약 400km라는 주행거리를 확보하게 되었다. 아울러 테슬라는 슈퍼차
저(Supercharger)를 통해 기존의 긴 충전시간을 획기적으로 단축하여
40분에 80% 충전이 가능하도록 하였다. 테슬라는 지난 10년 동안 총
242건의 특허를 출원했는데 이 중 핵심이 되는 것은 배터리 시스템 및
관리 기술이다.

현재 닛산, BMW 등 기존 완성차업체들도 전기자동차 개발에 박
차를 가하고 있다. 전기차는 여러 가지 장점에도 불구하고 대량생산의
어려움, 관련 인프라의 제한 등으로 현재까지 시장이 급속히 확장되고
있지는 않다. 테슬라는 'All Our Patents Are Belong To You'라는 정
책으로 최근 자사가 가지고 있는 각종 특허들을 공개하여 많은 신생기
업들이 전기차 시장에 뛰어들고 관련 인프라가 확충될 수 있도록 독려
하고 있다(고영성 2015). IBM의 오픈아키텍처 전략이 PC의 시장 확대
를 이끌었듯이, 안드로이드가 OS 개방을 통해 스마트폰 저변을 넓혔
듯이, 테슬라는 특허 공개를 통해 전기자동차의 대중화를 이끌고자 한

다. 이로 인해 기존 완성차 및 부품업체들은 전기차 관련 특허를 회피해 전기차를 설계할 수 있을 뿐만 아니라 신생기업의 진입도 원활해질 수 있는 가능성을 열었다. 당장 애플의 아이폰 생산 위탁 업체인 폭스콘도 저가의 전기차 생산에 진입할 것임을 밝혔다.

　전기차 생산이 확산되면 기존의 내연기관 생산업체를 정점으로 하던 자동차생산네트워크가 크게 변모할 것으로 보인다. 자동차 생산이 보다 단순해지면서 배터리공급과 충전소 운영 그리고 전기차 운영과 관련된 플랫폼과 인프라 등을 중심으로 자동차산업네트워크가 재편될 것으로 예상된다.

차량공유

차량 공유 서비스는 운영 구조에 따라 카셰어링, 카헤일링, 라이드셰어링 등으로 나뉜다. 카셰어링은 말 그대로 자동차를 공유하는 서비스다. 미국의 집카, 한국의 소카 등 차량을 보유한 업체들로부터 무인렌터카 서비스를 제공받는 것이다. 스마트폰으로 차를 찾고 배정받아 이용한 후 주차장에 다시 되돌려 놓는 식으로 서비스를 이용한다. 카헤일링(Hailing)은 이동 중인 자동차를 호출하는 서비스다. 우버가 대표적이다. 라이드 셰어링은 자동차를 함께 타는 서비스라고 할 수 있다. 구글의 웨이즈와 같이 출퇴근 시간대에 차를 공유한다.

　정보의 실시간 공유를 통한 접근성 확대와 사용자 확대를 가능하게 하는 기술적 진보로 모바일 앱을 이용해 차량을 확보해 공유할 수 있는 토대가 마련되었다. 대부분의 시간을 주차된 상태로 보내는 자동차를 활용해 경제적 가치를 증가시키는 공유 경제가 보다 합리적이며, 공유를 통해 이산화탄소 배출을 줄일수 있다는 기대감이 함께 작용하여 차량공유 시장이 빠르게 확대되고 있다. 현재 자동차를 생산하고 있는 완성차업체들은 자동차 제조 및 판매 이외 이동 서비스 부문까지 사업을 확장시키는 사업모델을 도입하고 있다(진성훈 2018). GM과 Ford 등 완성차업체들도 개인소비자를 대상으로 판매할 내연기관차의 생산과 개발비용을 줄이고 자율주행 차량공유서비스에 투자하고 있다. GM의 경우 카헤일링 업체인 리프트에 투자하고 차량공유서비스 자회사인 메이븐을 만들어 운영하기 시작했다.

2020년대 이후 운전자의 개입이 거의 없는 레벨 4 수준의 완전 자율주행차가 상용화되면 자동차 시장의 중심이 완성차 판매에서 차량공유서비스로 이동할 가능성이 크다고 전망되고 있다. 자율주행차 기반의 차량공유서비스가 대중화하면 비싼 구입비용과 유지비를 감수하며 자동차를 소유할 필요성이 감소하기 때문이다. 완성차 판매 중심의 수익창출 구조에서 벗어나 자율주행차 상용화 이후 공유서비스를 통한 수익창출이 중요해진다.

차량공유서비스가 확대되면 생산된 자동차의 많은 부분이 개인소유가 아닌 기업이나 법인 소유로 운영될 것이다. 자동차 생산은 이동 서비스를 적절한 비용에 제공하는 데 적합한 표준적인 차량과 높은 비용에도 불구하고 개성적인 고성능 차량을 소유하기를 원하는 수요에 대응하는 프리미엄급 차량 생산으로 생산라인이 양분될 것이다. 아울러 운송서비스 관련 보험, 금융 등의 파생 상품들이 현재와는 다른 내용으로 제공될 것이다. 차량공유서비스의 도입 역시 현재의 내연기관 생산업체 중심의 글로벌 자동차 생산네트워크의 전면적인 변화를 가져오게 될 것이며 자동차생산이 넓은 의미의 이동서비스의 한 부분으로 들어오게 될 것이다.

현재 세계 자동차 산업은 선진국 자동차 시장의 포화 상태에서 중

국이나 인도와 같은 개발도상국들의 시장을 놓고 메이저 완성차업체
들간의 경쟁, 신흥 중국 및 인도 자동차업체들의 도전 등이 진행되고
있다. 그러나 기존 자동차 시장의 확대를 넘어서 앞서 살펴본 바와 같
은 자율주행차, 전기차, 차량공유서비스 등 자동차 산업자체의 성격을
근본적으로 변모시킬 변화들이 시작되면서 오히려 새로운 분야를 개
척하고 선점하기 위한 경쟁이 더욱 치열하게 전개되고 있는 중이다.
현재 진행중인 변화 속에서 자동차가 네트워크와 결합되고 하드웨어
중심의 경쟁에서 서비스 플랫폼과 시스템으로 경쟁영역이 바뀌게 될
것이라는 큰 방향에는 이견이 없다. 이렇게 되면 자동차의 부가가치를
결정하는 요인이 하드웨어에서 서비스 플랫폼으로 이전될 것이고 자
동차생산 중심의 산업구조가 이동 서비스 플랫폼을 구심점으로 하는
다양하고 이질적인 기업들간의 네트워크로 변모할 것이다. 이동성과
연결성을 결합한 자동차산업의 기본 구도가 어떻게 설정될지, 이 안에
서 자동차생산과 서비스는 어떤 방식으로 결합될지, 세계 자동차생산
네트워크는 어떻게 변화될지에 대한 지속적인 관찰이 필요하다.

III. 맺음말

자동차 산업의 경우 4차 산업혁명의 제조업 버전 인더스트리 4.0의 핵
심 내용인 스마트 팩토리가 가장 빠르게 도입 및 확산되면서 부품조
달 생산 물류 등이 통합적으로 이루어지기 시작했음을 확인할 수 있
다. 그러나 현재까지 자동차산업에서 스마트 팩토리 확대가 실제로 어
느 정도의 비용감소 효과가 있는지, 이로 인해 어느 정도의 인력 감소
가 진행되고 있는지를 구체적으로 파악하기는 어렵다. 자동차산업의

생산자동화나 공급체인 자동화는 사실 4차 산업혁명 이전부터 꾸준히 진행되어 왔기 때문에 현재 진행 중인 자동차산업의 스마트 팩토리 현황만으로 기존 물류나 생산 자동화와 차별적으로 실제 자동차 산업의 특징이 어떻게 변화되고 있는지 알기 어렵다.

인더스트리 4.0과 스마트 팩토리의 확산으로 자국 내 높은 인건비 때문에 오프쇼어링 정책을 펴왔던 선진국 제조업체들이 생산 설비를 다시 본국으로 옮기는 제조업 리쇼어링현상이 가속화될 것으로 예상되어 왔다. 오바마행정부에서 추진해온 제조업 리쇼어링 이니셔티브로 기업과 일자리가 미국으로 돌아온 많은 사례가 보고되었으나 자동차산업 부문에서는 리쇼어링의 사례가 두드러지게 드러나지 않고 있다. 영국 자동차산업의 경우에도 일정 정도 리쇼어링이 진행되었으나 숙련인력이나 부품조달 등의 한계로 전면적으로 진행되기에는 어려움이 많다고 보고되고 있다. 현재 주요 완성차업체를 정점으로 수많은 관련업체들간 국경을 넘어 수직적으로 구축되어 있는 세계 자동차 생산네트워크 내에서 리쇼어링과 같은 지리적 범위의 조정이 눈에 띄게 진행되고 있지 않음을 알 수 있다.

4차 산업혁명의 진전과 함께 자동차산업에서 주목되는 가장 두드러진 변화는 자동차산업의 정체성과 생태계의 변화이다. 백여 년 동안 제조업의 주력 부분이라는 위상을 차지하며 존재해 왔던 자동차산업이 현재 친환경, 자율주행, 이동성, 연결성 등의 개념들과 연관되면서 자동차 생산과정의 혁신 및 제품의 혁신을 넘어 자동차 산업 구조와 생산네트워크 자체의 변모를 눈앞에 두고 있다.

과거에는 자동차산업의 구조가 자동차라는 하드웨어를 생산하고 판매하는 생산업체 중심으로 구성되었다면 4차 산업혁명 진전과 함께 자동차가 각종 기기들과 연결되어 고성능 인공지능을 탑재한 움직이는 로봇 및 컴퓨터의 역할을 하게 될 것이고 이동 서비스의 구심점은 다양한 기기와 서비스를 연결시키는 플랫폼 제공자나 소프트웨어 업체가 될 것으로 예측되고 있다.

현재 기존 자동차 부품업체 이외 전자 화학 업체들이 새롭게 부품 공급체인으로 진입하기 시작하였으며, 기존 완성차업체는 물론 구글, 애플, 테슬라 등이 자율주행 전기차 부문에 뛰어들었고, 아마존 등이 자동차 판매를 시작하였다. 부품, 생산, 판매라는 전통적인 부문이외 각종 미디어업체, 차공유서비스, 주차예약, 모바일결제 등 자동차의 연결성과 이동성 강화에서 파생되는 새로운 시장이 창출되고 있다.

4차 산업혁명의 진행과 함께 자동차가 네트워크와 결합되면서 하드웨어 중심의 경쟁에서 서비스 플랫폼과 시스템으로 경쟁영역이 바뀌게 될 것이라는 큰 방향에는 이견이 없다. 이렇게 되면 자동차의 부가가치를 결정하는 요인이 하드웨어에서 서비스 플랫폼으로 이전될 것이고 내연기관 생산업체를 정점으로 하는 수직적인 자동차생산네트워크가 이동 서비스플랫폼을 구심점으로 하는 다양하고 이질적인 기업들간의 복합 생산네트워크로 변모할 것이다. 현재 진행 중인 자동차산업의 변화는 자동차산업구조 및 세계 자동차 생산 네트워크의 전면적인 개편을 초래하게 될 것이다. 이러한 자동차산업의 변화는 제조업의 근본적인 변화를 시사하고 있고 이는 자동차에만 국한되지 않고 여타 제조업에서도 유사한 변화가 진행될 것이다.

현재 새로운 자동차 산업구조가 친환경 자율주행 연결성 차량공유 등의 개념을 중심으로 형성되고 있으며 이동 서비스의 플랫폼 구축을 둘러싼 경쟁과 협업이 치열하게 진행되고 있다. 이 싸움은 동일한 출발선상에서 이루어지는 것은 아니다. 기존 완성차업체들은 자동차 생산 기술력을 토대로 서비스부문을 통합하여 사업영역을 확장해 나가고 있으며, 구글, 테슬라, 아마존 등은 빅데이터, 기술력, 자본을 바탕으로 자율주행 전기자동차 플랫폼 개발과 확산을 위해 공격적으로 투자하고 있다. 향후 누가 어떤 방식으로 새로운 자동차 산업의 가치사슬을 주도하게 될지 주목된다. 향후 자동차 생산네트워크가 부가가치 측면에서 지금보다 더 수직적인 양상으로 형성될지 아니면 이종업체들간의 협업과 경쟁으로 수평적인 양상으로 발전해 나갈지도 중요한 관전 포인트 가운데 하나이다.

현재 미국은 자율주행차 상용화를 위한 제도를 마련하고 자율주행 가상시험도시, 자율주행 택시, 자율주행 버스 등 대규모 실험을 진행 중이다. 일본 역시 2020년 도쿄올림픽까지 무인 자율주행기술을 활용한 이동 서비스 및 고속도로 자동운전을 목표로 추진하고 있으며 일본 자율주행 기준의 국제화, 관련 기술개발 및 인재 육성을 추진하고 있다. 한국은 주요 자동차 생산국으로서의 입지를 성공적으로 다져왔으나 최근 4차 산업혁명 진행으로 인한 자동차산업 구조변화에 적극적으로 대응하지 못하고 있어 안타깝다. 자동차 생산 자체만으로는 더 이상 일류 자동차업체로 남기 어렵다. 부품업체들과의 협력은 물론 소프트웨어 서비스 등 이종업체들간의 협업, 인력 양성 및 확보, 자동차산업의 혁신이 활발하게 진행될 수 있도록 하는 국가의 제도적 지원 등 한국 자동차산업의 지속적인 발전을 위한 포괄적인 방안들이 논의되어야 하는 시점이다.

참고문헌

고영성. 2015. "테슬라."『ㅍㅍㅅㅅ』.

김시언. 2017. "전기차시대 도래와 국내 자동차부품업계의 대응방안."『산은조사월보』.

박상원. 2017. "자동차: 자율주행차, 과거와 현재 그리고 미래." 흥국증권.

박종선 외. 2017. "신정부출범과 4차 산업혁명:자율주행차." 유진투자증권.

산업경쟁력연구본부. 2017.『4차 산업혁명이 한국 제조업에 미치는 영향과 시사점』.
　　산업연구원.

성하경. 2017. "미래 자동차산업 생태계 변화와 정책적 시사점."『산업경제. 산업연구원』.

양성운·정진섭. 2015. "엘론 머스크와 테슬라 모터스에 대한 사례연구: 다이아몬드 모델을
　　통한 경쟁우위 분석을 중심으로."『경영컨설팅연구』.

LG 블로그. 2016. "전기자동차 이야기."

정구민·이태양·박창우·김평수. 2016. "구글/애플/우버/테슬라의 등장에 따른 스마트카 시장
　　변화와 자동차사의 대응 방향."『정보와 통신』33(4). 한국통신학회.

정명기. 2011. "독일 자동차기업의 생산의 세계화: VW과 BMW의 사례를 중심으로."
　　『경상논총』.

정선양·조형례·최진호. 2013. "전기자동차의 산업플랫폼에 대한 연구."『기술혁신학회지』
　　16(2).

정준호. 2016. "미국 제조업 르네상스 정책과 리쇼오링 현상 분석." 조성재 외『글로벌
　　생산네트워크와 동아시아의 일자리 변동』. 한국노동연구원.

정준호·조형제. 2017. "OECD 부가가치 기준 교역자료를 이용한 자동차산업 글로벌 생산
　　네트워크의 특성 분석."『한국경제지리학회지』19(3).

진상훈. 2018. "현대차 차량공유사업."『조선비즈』.

홍장표. 2016. "한국 전자산업과 자동차산업 대기업의 글로벌 생산네트워크 비교연구."
　　『동향과 전망』96.

Bailey, David and Lisa De Propris. "Reshoring: Opportunities and Limits for
　　Manufacturing in the UK – the case of the Auto Sector."

Capgemini. 2017. "Smart Factories: How can manufacturers realize the potential of
　　digital industrial revolution."

Fratocchi, Luciano et als. 2016. "Motivations of manufacturing reshoring: an
　　interpretative framework." *International Journal of Physical Distribution &
　　Logistics Management*, Vol.46 Issue: 2.

Hozdić, Elvis. 2015. Smart factory for industry 4.0: A review. *International Journal of
　　Modern Manufacturing Technologies*. 7.

KPMG. 2017. *Global Automotive Executive Survey*.

＿＿＿. 2016. *The Factory of the Future*.

Moavenzadeh, John. 2015. "The 4th Industrial Revolution: Reshaping the Future of
    Production." World Economic Forum.

Sturgeon, T. J., Memedovic, O., Biesebroeck, J. V., & Gereffi, G. 2009. "Globalization
    of the automotive industry: Main features and trends." *International Journal of
    Technological Learning, Innovation and Development*, 2.

UNCTAD. 2016. "Robots and industrialization in developing countries." *Policy Brief* 50.

Wiesmann, Benedikt, Jochem Ronald Snoei, Per Hilletofth, David Eriksson. 2017. "Drivers
    and barriers to reshoring: a literature review on offshoring in reverse." *European
    Business Review*, Vol. 29, Issue: 1.

Winkelhake, Uwe. 2018. *The Digital Transformation of the Automotive Industry:
    Catalysts, Roadmap, Practice*. Springer International Publishing.

World Economic Forum. 2016. *White Paper: Digital Transformation of Industries:In
    collaboration with Accenture Automotive Industry*.

제5장

사이버 금융 안보
- 국제은행간통신협회(SWIFT) 해킹 사례 -

이왕휘

I. 머리말

전 세계적 차원에서 사이버 공격이 급증하면서, 기술적 문제를 다루는 사이버 보안을 넘어서서 군사전략적 차원까지 포괄하는 사이버 안보에 대한 관심이 제고되고 있다(Hennessey 2017; 김상배 2015; 민병원 2015). 세계경제포럼이 국경을 넘나드는 사이버 공격과 데이터 사기 또는 절도를 2010년 이후 글로벌 리스크에 계속 포함시킬 정도로, 이제 사이버 안보 문제는 정보통신기술(ICT)을 넘어 정치·군사·안보·경제 등 다양한 분야로 확산되었다(World Economic Forum 2016). 이런 맥락에서 사이버 안보는 향후 과제가 아니라 당면 과제라고 할 수 있다. 실제로 미국을 비롯한 주요 국가들은 자체적으로 사이버 안보 강화를 위한 정책을 적극적으로 추진해왔다(Global Commission on Internet Governance 2017; Hampson and Sulmeyer 2017; 배병환·송은지 2014; 신성호 2016).

사이버 안보에 대한 관심은 금융 분야에서도 예외가 아니다. 1980년대 금융 지구화가 가속화하면서 다국적 금융기관들은 세계적 네트워크의 건설과 관리를 위해 디지털 기술을 가장 신속하게 그리고 가장 폭넓게 도입했다. 그 결과 세계금융시장은 그 어느 시장보다도 디지털화되어 사실상 사이버 공간을 형성하였다. 역설적으로 금융의 디지털화는 세계금융시장을 사이버 공격에 점점 더 취약하게 만들고 있다. 실제로 2010년대 들어 세계적 차원에서 금융기관에 대한 사이버 공격이 더 빈번하게 시도되고 있으며, 그 피해 규모도 급증하고 있다. 2017년 5월 워너크라이(WannaCry) 랜섬웨어 사태가 거의 하루 만에 150여 개국으로 전파되었다는 사실을 볼 때, 앞으로 디지털 기술이 금융과 결합된 핀테크(fintech)가 복잡화·고도화되면 될수록 사이버 안보 문제도 심각해질 것으로 예상된다(Wellisz 2016; Goldin and Kutarna 2017). 이런 맥락에서 2016년 10월 G7 재무장관회담에서 국제정책공조를 더욱 발전시키기 위한 사이버 금융 안보 원칙이 제시된 것은 우연이 아니다(G7 2016). 미국 금융안정감시위원회(Financial Stability Oversight Council)도 2017년 연례보고서에서 사이버 보안을 가장 우려할 만한 잠재적 위험으로 평가하였다(Financial Stability Oversight Council 2017, 7-10 & 127).

　　최근까지 사이버 금융 안보의 취약성과 심각성을 가장 잘 보여주는 사례는 국제은행간통신협회(Society for Worldwide Interbank Financial Telecommunication: 이하 SWIFT) 통신망을 통한 해킹 사건들이다. 약 1만 1000개 금융회사(중앙은행 포함) 및 기업이 매일 약 1,800만 건의 지급결제를 처리하는 SWIFT는 다양한 사이버 공격에 노출되어 있다. 가장 심각한 피해 사례는 2016년 2월 뉴욕연방준비은행(Federal Reserve Bank of New York)의 방글라데시 중앙은행(Bangladesh Bank) 계좌를 탈취하려고 했던 해킹 사건이다. 이 사건은 보안전문기업 시만텍이 "지금까지 가장 담대한 은행 강도들 중의 하나"(Symantec 2017, 44)로 평가할 정도로 그 규모와 방법이 유례가 없었다. 이 사건은 국제금융거래 네트워크의 핵심인 SWIFT의 사이버 보안 취약성을 여실히 보여주었다. 또한 대부분의 중앙은행들이 보유하고 있는 달러화의 대부분이 뉴욕연방준비은행을 통해 결제되고 있다는 점에서 이 사건은 국제정치적 문제로 비화하고 있다.

　　해킹 사건 그 자체보다 더 심각한 문제는 이런 사건의 해결은 물론 재발을 예방하기 위한 조치가 제대로 취해지지 않고 있다는 것이다. 해킹 사건이 벌어진 지 2년이 넘었지만, 국제적 차원에서 범죄 수사는 물론이고 보안 책임과 예방 조치를 위한 공조가 제대로 이뤄지

지 않고 있다. 디지털금융과 핀테크의 발전을 위해서는 해킹 사건을 예
방하고 관리할 수 있는 제도가 확보되어야 하는데, 거의 모든 국가에
서 아직도 논의 수준에 머무르고 있다. 국제 공조의 부재 속에서 해커
집단들은 유사한 방법을 통해 여러 국가의 금융기관에 대한 해킹을 더
많이 시도하고 있다. 그 결과 사이버 안보는 각국 정부나 국제기구가
아닌 민간 보안업체에 의존할 수밖에 없는 상황이 계속되고 있다.

　　이하 논의는 다음과 같다. 2절에서는 사이버 금융 안보 문제의 현
황과 사례를 개관한다. 3절에서는 방글라데시 중앙은행 해킹 사례를
설명한다. 4절에서는 이 사례의 조사 및 해결과정에서 부상한 국제정
치적 쟁점들을 검토한다. 마지막으로 이 사건이 사이버 금융 안보에
미치는 국제정치적 함의를 도출한다.

II. 금융기관에 대한 사이버 공격: 피해 현황과 사례

디지털 기술이 그 어떤 분야보다도 광범위하고 빠르게 도입되면서, 금
융은 사이버 공격에 가장 취약한 산업이 되었다. 익명으로 거래되어
정부나 국제기구의 감시감독을 받지 않는 비트코인(Bitcoin)과 같은
가상화폐(virtual currency) 또는 암호화폐(cryptocurrency)도 사이버
금융 안보를 더욱 어렵게 만들고 있다. 테러리스트나 범죄조직은 익명
성을 활용하여 불법적인 자금 거래와 돈세탁을 더욱 쉽게 할 수 있다
(Goldman et al. 2017). 핀테크가 지금과 같은 추세로 발전하게 되면,
돈세탁 및 금융범죄와 관련된 사이버 공격의 비용은 계속 하락하고 그
방법은 훨씬 더 다양화될 것이다(Bureau for International Narcotics
and Law Enforcement Affairs 2015).

IMF에 따르면, 2015년에만 금융 산업은 숙박 및 정보 산업의 거의 네 배 이상의 사이버 공격에 노출되었다(Kopp et al. 2017, 3). 글로벌 컨설팅기업 그랜트 손튼(Grant Thornton)의 조사 결과도 이와 유사하다. 2015년 금융서비스업(45.8%)은 보건(23.7%), 에너지(23.3%), 소비자제품(22.4%), 교육(22.1%)의 거의 두 배에 달하는 사이버 공격을 받았다(Grant Thornton 2016). 심지어는 중앙은행들의 중앙은행으로 간주되는 미국의 연방준비제도(Federal Reserve System)도 예외가 아니어서 2011-1015년 사이 약 50번 해커 또는 스파이의 침입을 받았다고 보도되었다(Lange and Volz 2016). 이런 배경에서 구로다 하루히코(黒田東彦) 일본은행 총재는 핀테크에 대한 대중적 신뢰를 제고시키기 위해서는 사이버 보안—암호화 및 생체 인증—을 강화해야 한다고 강조하였다(Kuroda 2016).

사이버 공격의 지리적 분포를 보면, 아시아(아세안과 아시아태평양)가 가장 취약한 지역으로 나타났다. 특히 동남아국가연합(ASEAN)은 세계 평균인 17.1%의 2배인 35.1%에 달하였다(Grant Thornton 2016). 미국 정보보안자문기업 로그리듬(LogRhythm)에 따르면, 아시아·태평양 지역에서 은행과 기업의 2014년 66%, 2015년 76%, 2016년 90% 이상이 해킹을 당하였다. 아시아 지역의 취약성은 피해 사실 인지와 피해 규모에서도 확인된다. 그랜트 손튼은 2014년 9월-2015년 9월 사이 아시아태평양 지역에서 해킹으로 피해를 813억 달러로 추산하였다. 이는 전 세계 피해액(3150억 달러)의 4분의 1 이상으로 북미의 623억 달러와 유럽의 613억 달러보다 더 크다. 글로벌보안업체 파이어아이(FireEye)의 분석에 따르면, 이 지역 기업이 해킹 사실을 인지하는 데 세계 평균 146일보다 3배 이상인 평균 520일이 걸렸다(Lewis et al. 2016).

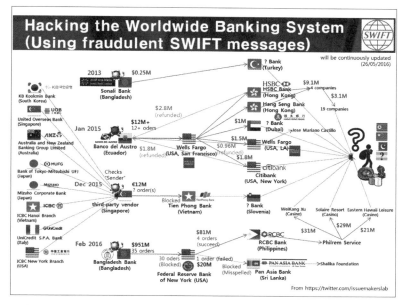

그림 5.1. SWIFT 네트워크를 통한 금융기관 해킹 사건
출처: Choi(2016b).

〈그림 5.1〉에서 알 수 있듯이, 2010년대 들어 사이버 금융 범죄는 세계 각지에서 벌어지고 있다. 2015년 1월 에콰도르의 방코 델 오스트로(Banco del Austro), 2015년 12월 베트남의 티엔퐁 은행(TienPhong Bank), 2016년 2월 방글라데시 중앙은행(Bangladesh Bank), 2016년 4월 익명의 우크라이나 은행, 7월 인도 국영은행인 인도유니언은행(Union Bank of India)에서 자금이 불법적으로 인출되었다. 2017년 10월에는 대만 원동(遠東)국제상업은행(遠東國際商業銀行; Far Eastern International Bank)에서 이와 유사한 해킹 사건이 발생하였다(Steinberg and Parussini 2017; Strumpf 2017).

이 중에서 SWIFT 네트워크가 활용된 대표적 사건은 베트남 띠엔퐁 은행 해킹 사건이다. 이 공격을 주도한 해커 조직은 한국 국민은행,

일본 미쓰비시도쿄UFJ은행, 싱가포르 UOB은행, 중국 공상은행, 이탈
리아 우니크레디트에서 띠엔퐁 상업은행으로 송금할 때 SWIFT 네트
워크를 조작하여 송금액을 제 3계좌로 빼돌리는 기업을 사용하였다
(곽도영·서동일 2016). 이외에도 2016년 말 20개 이상의 폴란드 은행
들에 대한 사이버 공격도 주목할 필요가 있다. 이 당시에는 해커 조직
이 남긴 103개의 인터넷 주소에는 세계은행, 유럽중앙은행, 뱅크 오브
아메리카(Bank of America) 등까지 포함되어 있다(Mozer and Choe
2017).

III. 방글라데시 중앙은행 해킹 사건: 범죄의 재구성

방글라데시 중앙은행 해킹 사건은 이집트에 서버를 두고 있다고 추정
되는 해커 조직이 2015년 5월 15일 필리핀 마닐라에 있는 리잘 상업
은행(Rizal Commercial Banking Corporation: 이하 RCBC)에 윌리엄
소 고(William So Go)라는 필리핀인의 운전면허증으로 4개의 달러화
계좌를 열면서 시작되었다. 이 조직은 2016년 1월 24일 약 1분간 방
글라데시 중앙은행 전산망에 접속해 시스템 로그인 정보를 훔쳤다. 1
월 29일에는 이 조직은 계좌를 감시하는 시스몬 인 스위프트라이브
(SysMon in SWIFTLIVE)라는 악성 소프트웨어와 해킹의 추적을 방해
하는 'evtdiag.exe'라는 멀웨어를 방글라데시 중앙은행 전산망에 심었
는데, 최대 32대의 컴퓨터가 이 멀웨어에 감염된 것으로 확인되었다.
이 악성 코드는 SWIFT의 얼라이언스 액세스(Alliance Access)와 오라
클 백엔드(Oracle backend)로부터 메시지를 가로챈 후 이 사실을 위
장하기 위해 수동으로 복사된 메시지를 자동으로 출력하게 만들었다

(Shevchenko 2016).

해킹을 통해 계좌이체를 위장할 수 있는 준비를 마친 해커 조직
은 2월 4일 미국 뉴욕연방준비은행의 방글라데시 중앙은행 계좌(약
280억 달러로 추정)에서 필리핀과 스리랑카의 금융기관들로 9억 5천
백만 달러를 이체하라는 35건의 요청을 SWIFT 네트워크에 접수하였
다. 로스앤젤레스로 추정되는 곳에서 발신된 이 요청에 따라 도이치방
크(Deutch Bank) 뉴욕지점은 SWIFT 은행인식코드(Bank Identifier
Code)를 확인한 후 계좌 이체 요청을 차례로 승인하기 시작했다. 처
음 5건이 승인되어 필리핀의 RCBC로 8,100만 달러, 스리랑카의 팬아
시아은행(Pan Asia Banking Corporation)으로 2,000만 달러를 이체
되었다. 도이치방크 담당 직원이 스리랑카 은행 수신계좌—샤리카재
단(Shalika Foundation)—에서 오타—'fandation'—를 발견했다. 스
리랑카 은행 관계자에게 이 사실을 확인한 후, 그 직원은 나머지 30건
(총 8억5천만 달러)의 이체 요청을 모두 기각했다. 이 사실을 통보받은
뉴욕연방준비은행은 돈세탁 경보를 발령하고, 모든 거래를 중단시켰
다(Devnath and Riley 2016a; Al-Mahmood 2016; Mallet and Chilkoti
2016).

방글라데시 중앙은행은 2월 8일에야 해킹 사건을 발견할 수 있었
다. 이렇게 늦어진 이유는 2월 5일은 방글라데시 휴일, 2월 7-8일은
주말이라서 방글라데시 중앙은행이 관련 은행들에 직접 연락해 확인
할 수 없었기 때문이다. 이 사실을 확인하자마자 방글라데시 중앙은행
은 뉴욕연방준비은행, 시티은행, 뉴욕멜론은행, 웰스 파고, 필리핀의
RCBC, 스리랑카의 팬아시아은행에 계좌 동결 조치를 요청했다. 이 조
치에도 불구하고, 이미 이체된 자금 전부를 회수하는 데는 실패했다.
스리랑카로 이체된 금액은 담당 은행 직원이 수상하다고 여기고 바로

지급하지 않아 전액 회수되었다. 그러나 필리핀으로 이체된 금액은 전액 회수되지 않았다. 그 이유는 RCBC에 입금된 8,100만 달러는 2월 5일 윌리엄 소 고 명의 네 계좌와 필렘(Philrem)이라는 송금회사를 통해 필리핀 카지노로 이체되어, 최종적으로 2,900만 달러는 블룸베리 리조트(Bloomberry Resorts), 3,100만 달러는 블룸베리 리조트의 하나인 솔레어(Solaire)의 웨이캉 슈(Weikang Xu), 2,100만 달러는 이스턴 하와이 레저 회사(Eastern Hawaii Leisure Company)에 전달되었기 때문이다(Mallet and Chilkoti 2016).

2월 11일 방글라데시 중앙은행은 필리핀 중앙은행에 계좌 추적을 통해 불법 이체된 자금의 회수를 요청하였다. 2월 29일 필리핀 상소법원은 RCBC의 네 계좌뿐만 아니라 윌리엄 소 고와 이스턴 하와이 레저 회사의 계좌들까지 동결하였다. 필리핀 의회는 3월 15-17일 이와 관련된 청문회를 개최하였다. 이러한 노력의 결과 은행 계좌에 동결되어 있던 6만 8,000달러는 회수되었다. 나머지 금액은 2013년 '돈세탁 방지법'에서 제외된 카지노—중국계 카지노 운영업자에게 3,000만 달러, 카지노 업체 두 곳에 5,100만 달러—로 흘러갔다. 이 중 2,900만 달러가 돈세탁되었다. 용의자인 중국인 2명은 카지노 VIP룸에서 3,300만 페소를 칩으로 바꿔 도박을 한 후 3,800만 페소 상당의 칩을 도박꾼들에게 팔고 사라졌다(Whaley and Gough 2016).

이 사건으로 아티우르 라흐만(Atiur Rahman) 방글라데시 중앙은행 총재는 정년퇴임을 6개월가량 앞둔 3월 15일 사퇴했다. 동시에 재무부 장관 아마 무힛(AMA Muhith)는 이 사건을 재무부에 즉시 보고하지 않은 책임을 물어 중앙은행 부총재 나즈닌 술타나(Nazneen Sultana)와 모함메드 아불 콰셈(Mohammed Abul Quasem)을 사임시켰다(Gladstone 2016).

5월 10일 이후 방글라데시 중앙은행, 뉴욕연방준비은행, SWIFT는 스위스 바젤에서 대책회의를 열고 필리핀과 스리랑카 은행들로 이체된 금액을 회수하기 위한 조치를 논의하였다. 6월 23일 뉴욕 연방중앙은행의 토마스 박스터(Thomas C. Baxter, Jr.) 법무실장이 필리핀 중앙은행 총재에게 협조 서한을 발송하였다. 필리핀 중앙은행은 특별감사를 통해 이 해킹 사건에서 돈세탁의 핵심 경유지로 활용된 RCBC은행에 역대 최고액인 벌금 10억 페소(약 236억 원)를 부과했다. 이 금액은 RCBC은행의 2015년 순수익의 약 20%에 해당한다(Fitch Ratings 2016). 동시에 필리핀 중앙은행은 RCBC은행 등에 동결된 1,500만 달러와 카지노 규제 당국이 동결한 250만 달러를 반환하기 위한 협의를 하고 있다(Serapio and Cruz. 2016).

IV. 해킹 사건의 처리: 범인 수사, 보안 책임 및 예방 조치

1. 범인 수사

북한의 사이버 위협은 중국, 러시아, 이란 다음으로 큰 것으로 평가되어 왔다(Mansourov 2014). 실제로 북한은 2015년 이후 최대 18개국에서 금융기관에 대한 사이버 공격의 유력한 용의자로 추정되고 있다(Pagliery 2017; Choe 2017). 이런 맥락에서 북한이 해킹 사건의 배후에 있다는 의혹이 처음부터 제기되었다.

　방글라데시 중앙은행 의뢰를 받아 해킹사건 조사를 진행하고 있는 사이버보안업체들은 이런 의혹을 입증할 만한 여러 가지 증거를 확보하였다. 러시아 보안업체 카스퍼스키 랩(Kaspersky Lab)은 사이버

범죄 단체인 라자루스(Lazarus)가 북한의 인터넷 규약(IP) 주소에서
유럽의 서버로 직접 연결된 증거를 제시하였다(Kaspersky Lab 2017).
보안 전문업체인 시만텍(Symantec) 역시 오디나프(Odinaff)라는 고
급 트로이목마를 사용하는 카바낙(Carbanak) 해킹 조직이나 라자루
스를 사건의 주모자로 지목하였다(Symantec 2016). 파이어아이는 방
글라데시 중앙은행 전산망에서 북한과 파키스탄 해킹조직을 포함한
세 개의 전자지문(digital fingerprint)을 발견하였다(Devnath and Ri-
ley 2016b). 사이버전 악성코드 전문 추적 조직인 이슈메이커스랩(Is-
sueMakersLab)은 베트남과 방글라데시 중앙은행에서 돈을 빼내기 위
해 SWIFT 메시지를 해킹하는 데 사용한 악성코드와 2014년 12월 소

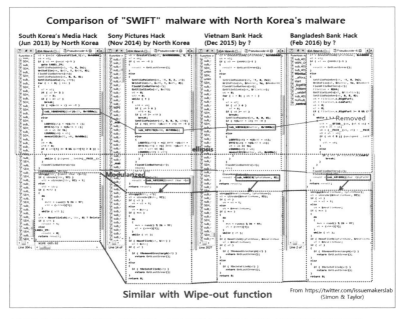

그림 5.2. 악성코드 비교: 한국 언론, 소니 픽처스, 베트남 은행, 방글라데시 중앙은행
출처: Choi(2016a).

니픽처스 악성코드를 비교·분석하는 자료를 발표했다. 이 자료에 따르면, 세 가지 해킹사건 때 악용된 악성코드는 상당히 유사하다.

이 사건이 북한 정찰총국이 랜섬웨어를 이용해 해킹을 한 기존 사례와 유사하다는 증거는 또 있다. 2016년 2월 12일 차병원 그룹이 소유한 미국 로스앤젤레스(LA) 소재 할리우드 장로병원(Hollywood Presbyterian Medical Center)의 해킹 사건 및 7월 28일 회원정보 26,658,753건이 유출된 인터파크 해킹 사건이 대표적 예이다. 이 두 사건 모두 해커들이 문제 해결 대가로 비트코인을 요구했다는 공통점을 가지고 있다. 이런 배경에서 세계 각지의 금융기관에 대한 해킹에 북한과 연관된 해커 조직이 존재한다는 의혹은 사실처럼 받아들여지고 있다(Burgess 2017).

금융보안원이 국내에서 발생한 7건 사이버 공격의 코드 소스를

표 5.1. 사이버 공격: 해커 조직 비교

위협 조직	라자루스	블루노로프	안다리엘
공격 대상	국내 정부, 금융, 방송 등	글로벌 및 국내 금융회사	국내 금융회사 국내 중소 IT기업 및 대기업 국방부, 방위산업체
목적	사회혼란	경제적 이익 (SWIFT, 비트코인 등)	기밀정보 탈취 및 경제적 이익
주요 활동시기	~ 최근	2015 ~	2014 ~
주요 사고	- 7.7, 3.4 DDoS 공격 - 3.20 사이버테러 - 미국 소니 픽처스 엔터테인먼트 - I사 개인정보 유출 - WannaCry 랜섬웨어	- 방글라데시 중앙은행 SWIFT 부정거래 - 폴란드 금융감독원 홈페이지 침해 및 워터링홀 공격 - 금융회사 망분리 환경 공격	- 대기업 자료유출 - 국방망 침해 - VAN사 ATM 악성코드 감염 - 금융회사 노조 악성코드 유포

출처: 금융보안원(2017, 9).

분석한 결과도 동일하다. 가장 활발하게 사이버 공격을 감행한 라자루스, 블루노로프, 안다리엘 세 조직은 북한과 관련된 사건과 상당히 유사성이 높은 것으로 판명되었다.

파이어아이는 2012년 전후부터 활발하게 활동해온 APT37라는 해커 조직이 북한 정부와 연계되어 있다는 증거를 제시하였다. 북한에 근거지를 두고 있는 것으로 추정되는 APT37은 탈북자와 통일 관련 단체에 대한 사이버 공격의 배후에 있다. 이 조직은 2017년부터는 한국은 물론 일본, 베트남 및 중동 국가들에서 정부 기관과 민간 업체에 광범위한 사이버 공격을 감행하고 있다(FireEye 2018).

2013년 제3차 핵실험 이후 강화되어온 UN의 금융제재로 북한의 외환 사정이 악화되면서 북한의 사이버 공격은 정부나 언론 기관의 해킹을 통해 정보를 획득하는 방식보다 해킹을 통해 대규모 자금을 확보하는 방식으로 전환되고 있는 추세다. 해외 금융 기관에 대한 사이버 공격은 비용 대비 효과 측면에서 북한에게 가장 효과적인 수단으로 북한 전체 수출의 1/3에 달하는 10억 달러를 벌고 있다는 추정치도 제시

표 5.2. 북한의 해킹: 유형, 수법 및 현금화 방법

유형	수법	현금화 방법
가상화폐 거래소 해킹	야피존, 빗썸, 코인이즈 등 거래소에게 가상화폐를 직접 탈취	규제가 약하거나 없는 조세회피처에서 달러로 환전
은행 간 해외 송금 전용망 해킹	금융권 해외 송금망을 해킹해 제3국 차명/가상 계좌로 이체	불법적인 돈 세탁
랜섬웨어 공격	악성 코드를 대량으로 유포해 수많은 PC를 감염시킨 뒤 풀어주는 대가로 가상화폐를 요구	규제가 약하거나 없는 조세회피처에서 달러로 환전
게임 머니 탈취	국내 이용자들의 ID와 비밀번호를 해킹해 게임 머니나 아이템을 탈취	온라인 암시장에서 현금으로 교환

출처: Sanger et al(2017); Hannigan(2017); 신동흔·이기문(2017).

된 바 있다.

이런 배경에서 미국 연방검찰청과 연방수사국(FBI)은 2017년 3월 이 사건에 북한이 직접 연루되었을 가능성이 높다고 시사하였다(Viswanatha and Hong 2017; Steinberg and Gabriele Parussini 2017; Perlroth and Sanger 2017). 릭 레짓(Rick Ledgett) 미국 국가안보국(NSA) 부국장은 이 사건이 북한 소행이라는 확실한 증거가 있다고 주장하였다(Corkery and Goldstein 2017). 2017년 5월 워너크라이 랜섬웨어 사태도 미국 정부는 북한의 소행으로 단정하고 있다(Bossert 2017).

그렇지만 북한이 사이버 공격의 배후에 있다는 의혹이 아직까지 완벽하게 검증되지는 않았다. 북한의 해킹으로 의심되는 사건의 조사 과정에서 중국 선양(瀋陽)의 IP 주소가 여러 번 등장하였다는 사실만으로 중국이나 북한의 소행으로 단정하는 것은 어렵다. 왜냐하면 통상 해커 조직은 정체와 위치를 감추기 위해 IP 주소나 해킹 방식을 조작·위장하기 때문이다. 북한에 대한 직접적 조사가 불가능하기 때문에 국제적 해커 조직이 북한 소행으로 보이기 위한 전략을 사용했을 가능성도 완전히 배제할 수는 없다(US Senate 2017a; Finkle 2017). 그 다음으로 북한이 대규모 사이버 공격을 할 수 있는 기술적 능력을 가졌는지에 대해서도 논란의 여지가 남아 있다. 북한의 IT 산업 기반이 부실하며 첨단 소프트웨어를 자유자재로 다룰 수 있는 컴퓨터 엔지니어도 많지 않은 것으로 파악되고 있다(Chanlett-Avery et al. 2017).

2. 보안 책임

방글라데시 중앙은행은 이 해킹 사건의 책임이 뉴욕연방준비은행과

SWIFT에 있다고 주장하였다. 이 사건 조사위원회를 이끈 모함마드 파라슈딘(Mohammad Farashuddin) 위원장은 계좌를 관리하는 뉴욕연방준비은행이 이체 요청을 제대로 검토했으면, 이 해킹 사건은 미수에 그쳤을 것이라고 지적하였다. 실제로 해킹조직의 이체 요청한 금융기관들은 방글라데시 중앙은행과 기존에 거래가 한 번도 없었다는 점에서, 뉴욕연방준비은행은 '이상금융거래 탐지'(fraud detection)를 충분히 할 수 있었다(Das and Spicer 2016; 금융보안원 2014). 이런 이유에서 아불 말 압둘 무힛(Abul Maal Abdul Muhith) 방글라데시 재무장관은 뉴욕연방준비은행에 피해 소송을 제기할 것이라고 공표하였다. 그러나 방글라데시 중앙은행은 최종보고서를 제출한 후 소송을 포기하기로 결정하였다. 이 결정에는 내부에 공모자가 있다는 미국 연방수사국(FBI)의 수사 보고서가 영향을 미쳤다(Barrett and O'Keeffe 2016).

반대로 뉴욕연방준비은행은 방글라데시 중앙은행과 SWIFT가 이번 사건에 대한 책임을 가지고 있다고 주장해왔다. 이 해킹 사건은 뉴욕연방준비은행 전산망과 무관한 방글라데시 중앙은행 전망산망에 심어놓은 멀웨어에서 시작되었다는 것이다. 10달러짜리 라우터로 구성된 이 전산망에는 해킹을 막는 데 필요한 방화벽 프로그램이 설치되어 있지도 않았다. 또한 이슬람국가에서 휴무일인 금요일에 사건이 발생하여 방글라데시 중앙은행은 해킹 사실을 즉시 간파하지 못했다. 더구나 방글라데시 중앙은행은 재무부에 즉시 통보조차 하지 않아, 아불 말 압둘 무힛 재무장관은 이 사건이 현지 언론에 보도된 지난 7일에야 이 일을 알게 됐다고 말했다. 이런 지적에 대해 방글라데시 중앙은행은 계좌 이체는 방글라데시 중앙은행이 아니라 뉴욕연방준비은행에 개설된 방글라데시 중앙은행의 계좌에 이뤄졌다고 반박하였다(Corkery 2016).

두 기관 모두 SWIFT에도 책임이 있다는 점에 동의를 하고 있다. 방글라데시 경찰 조사팀은 SWIFT 직원들이 새로운 은행 거래 시스템 및 플랫폼을 중앙은행 전산망과 연결할 때 보안 수칙을 제대로 지키지 않았다고 주장했다. 작업 편의를 위해 SWIFT의 메시징 시스템을 원격 접속이 가능한 상태로 열어 놓았는데, 작업 후에 닫지 않고 그대로 놓아두었다는 것이다. 또한 외부에서 접속이 불가능한 사설 LAN을 사용하지도 않았고, USB 포트도 비활성화시키지 않았으며, 네트워크 스위치를 업데이트하지 않았다. BAE Systems의 아드리안 니시(Adrian Nish)에 따르면 방글라데시 중앙은행 전산망에 설치된 멀웨어인 evt-diag.exe 파일은 SWIFT의 메시징 인터페이스인 얼라이언스 액세스와 연동이 되도록 설계되었다(문가용 2016). 또한 이 사건에 활용된 수법이 이전에 발생했던 에콰도르의 방코 델 오스트로, 베트남의 티엔 퐁 은행에 대한 해킹 방식과 유사하다는 점에서 SWIFT 네트워크가 해킹에 취약성을 가지고 있는 점을 부인하기 어렵다. 더 심각한 문제는 이 사건들의 결과가 회원사들에게 방글라데시 사건 이후인 2016년 4월에도 통지되지 않았으며, 예방 조치도 취해지지 않았다는 것이다(Burne and Al-Mahmood 2016; Riley et al 2016; Riley and Katz 2016).

SWIFT는 이러한 조사결과가 방글라데시 중앙은행의 책임을 모면하려는 의도에서 나왔다고 반박하였다. 즉 SWIFT 전산망이 아니라 로컬 터미널에 멀웨어가 설치되었다는 것이다. 또한 방글라데시 중앙은행 전산망에 키로거의 공격을 예방하는 데 유용한 다중인증 시스템이 설치되지 않았다는 점도 SWIFT의 책임을 회피할 수 있는 근거가 될 수 있다(Moynihan 2016).

다른 한편, 필리핀 의회 조사에서 필리핀 카지노에서 돈세탁을 하는 과정에 중국인 2명—베이징 출신의 가오수화(Gao Shuhua), 마카오 출신의 딩즈쩌(Ding Zhize)―이 연루되어 있다는 사실이 확인되었다. 이들이 카지노에서 맡긴 436만 달러를 가지고 있던 카지노 정킷 캄신웡(Kam Sin Wong)은 방글라데시 중앙은행에 반납하였다(Gomez 2016; Lema and Mogato 2016). 이 사실 때문에 이 사건에 중국 해커 조직이 관련되어 있을 가능성에 대한 논란이 있었다. 이러한 중국 연루설을 루캉(陸慷) 중국 외교부 대변인은 음모론이라고 강력하게 비판하였다(Lu 2016).

이렇게 책임 소재에 대한 공방이 계속되면서, 이 사건과 관련된 국가들에서 사건 조사와 재판 과정에서도 국제 공조는 거의 이뤄지지 않고 있다. 방글라데시 중앙은행이 자금 회수를 위해 미국 뉴욕주 법원에 민사소송을 제기하는 과정에서 뉴욕연방준비은행 및 SWIFT 대표와 소송 준비를 논의하였으나, 뉴욕연방준비은행은 일단 방글라데시 중앙은행이 같이 소송을 제기하자는 제안을 수용하지 않고 있다. 또한 이 사건을 담당하는 방글라데시 법원이 미국 연방수사국(FBI)에 요청한 자료 협조도 아직까지 제대로 이뤄지고 있지 않다. 필리핀의 RCBC 은행 역시 방글라데시 중앙은행에 보상을 거부하고, 국내 법원에 관련자를 고소하였다(Serapio and Cruz 2016; Das and Quadir 2017).

3. 예방조치

방글라데시 중앙은행 해킹 사건 후 SWIFT는 영국의 방산업체 BAE 스템즈와 네덜란드 보안업체 폭스아이티(Fox-IT)와 함께 내부에 고객 보안정보팀을 구성하였다(SWIFT 2016). 그러나 이 대책은 회원사 전체가 아니라 SWIFT에만 적용된다는 점에서 실효성에는 근본적 한계가 있다. 즉 방글라데시 중앙은행처럼 보안이 취약한 기관을 통한 해킹 가능성은 여전히 남아 있기 때문이다(Finkle 2016).

SWIFT와 별도로 여러 국가에서 자체적으로 사이버 금융 보안을 강화하기 위한 방안을 모색하고 있다. 미국에서는 2012년 및 2013년 금융시스템에 대한 가상의 사이버 공격에 대한 시뮬레이션 훈련을 실시한 바 있다. '퀀텀의 새벽'(Quantum Dawn)으로 명명된 이 훈련에는 증권산업금융시장협회(SIFMA) 주관하에 은행, 증권회사, 보험회사, 헤지펀드, 증권거래소, 연방정부기관(재무부·국토안전부·증권거래위원회·연방수사국 등) 등 약 50개 기관이 참여하였다(동향실 2013).

전 세계적 차원에서 네트워크 전체에 대한 해킹을 막기 위한 대안으로 부상하고 있는 대안은 블록체인(blockchain) 기술이다. 블록체인에서는 모든 거래 장부를 가지고 있는 거래 참여자들 중 절반 이상 보유해야 거래가 이뤄지기 때문에, 해커가 모든 거래 장부를 조작하는 해킹은 매우 어렵다(Piscini et al. 2107). 현재 이 기술은 'R3 CEV' (Crypto, Exchanges and Venture practice)가 주도하고 있다. 여기에는 15개국의 70개 대형 은행이 회원으로 참여하고 있다(Brown et al 2016).

이와 별도로 브래드 스미스(Brad Smith) 마이크로소프트 사장은 2017년 2월 세계 최대 사이버보안 행사인 RSA컨퍼런스(RSA Conference)에서 '디지털 제네바 조약'(Digital Geneva Convention)을 제창하였다. 전쟁에서 민간인을 보호하는 제네바 조약처럼, 이 조약을 통해 디지털 환경에서 민간인의 사이버 안보를 보장하자는 것이다(Smith 2017). 그러나 대부분의 해킹 사건이 윈도우 프로그램에 내재된 보안 취약점을 노리고 있다는 점에서, 이 제안이 마이크로소프트의 책임을 회피하기 위한 시도라는 비판도 있다. 따라서 이 제안이 그대로 실현될 가능성은 현재로서 높지 않다.

마지막으로 해킹을 시도할 가능성이 높은 국가를 아예 SWIFT에서 축출하려는 방법도 미국을 중심으로 논의되고 있다. 실제로 미국은 유럽연합(EU)과 함께 2012년 이란에 대한 경제·금융 제재에 이란 금융기관들을 SWIFT에서 강제로 탈퇴시켰다. 아직까지 이 사건이 북한의 소행이라는 결정적 증거가 나오지 전인 2016년 9월 맷 새먼(Matt Salmon) 당시 미국 하원 외교위원회 동아시아·태평양 소위원장은 대북 제재의 일환으로 북한 은행의 SWIFT 퇴출을 요구하는 북한 국제금융망 차단 법안을 발의한 바 있다(US House 2016).

방글라데시 중앙은행 해킹 사건이 북한의 소행이라는 증거가 어느 정도 분명해지면서, 북한을 세계금융네트워크에서 퇴출시켜야 한다는 국제적 압력이 더욱 강화되었다. 2016년 9월 대니얼 러셀(Daniel Russel) 국무부 동아시아 태평양 담당 차관보는 의회 청문회에서 북한이 SWIFT 통신망에 접근 못하도록 하는 방안을 EU와 협의하고 있다고 증언하였다. UN 전문가 패널이 2017년 2월 제출한 보고서에서 SWIFT에 가입한 북한 금융기관 7개 중 3개 ― 동방은행(Bank of East Land), 조선대성은행(Korea Daesong Bank), 조선광선은행(Korea Kwangson Banking) ― 가 UN 제재 대상이라는 점을 확인했다(United Nations Security Council 2017). 벨기에 외교부가 UN 보고서에 따라 북한을 제재 대상으로 인정하면서 SWIFT는 3월 8일 3개 은행에 대한 서비스 제공을 중단하였다. 이어 3월 16일 나머지 4개 기관에도 같은 조치가 취해졌다. 이는 법적으로 EU와 벨기에의 관할하에 있는 민간기관인 SWIFT가 EU 제재 없이 금융기관을 퇴출시킨 최초의 사례이다. 북한 금융기관은 더 이상 SWIFT를 통한 금융거래를 할 수 없게 되어, 자금 거래 시 상대방 기관과 추가적인 절차를 직접 협의해야 하는 불편함이 가중되게 되었다(Wagstaff and Bergin 2017; Bergin 2017).

　미국 의회에서도 독자적으로 북한을 미국 내 금융네트워크에서 배제하기 위한 법안이 제출되었다. 상원의 크리스 밴 홀런(Van Hollen)과 팻 투미(Pat Toomey) 의원은 11월 은행위원회에 '북한과 연관된 은행업무 제한법'(S.1591 Banking Restrictions Involving North Korea)을 발의했다. 11월 16일 법안 명칭이 북한에서 사망한 미국인 오토 웜비어를 기념하기 위하여 '오토 웜비어 북한과 연관된 은행업무 제한법'(S. 1591: Otto Warmbier Banking Restrictions Involving North Korea Act of 2017)으로 개정되었다(US Senate 2017b). 이 법안이 통과된다면, 미국 금융 당국은 앞으로 미국 금융기관과 직간접인 거래를 차단하고 북한과 거래를 할 경우 벌금을 부과하게 된다.

　그렇지만 미국이 사이버 안보를 강화하기 위한 국제정책공조를 주도할 수 있는 능력은 물론 정당성을 가지고 있는가라는 문제가 제기되고 있다. 2013년 독일 슈피겔은 미국의 정부기관인 국가안보국(National Security Agency, NSA)의 자금추적(Follow the Money)부서가 2011년 SWIFT 네트워크 해킹을 통해 약 1억 8천만 건의 거래내역을 획득했다고 보도를 한 바 있다(Spiegel 2013). 2017년에도 NSA의 특정접근작전팀(Tailored Access Operations)에서 만든 사이버 해킹 툴인 유나이티드레이크(UnitedRake)가 세도우 브로커스(Shadow Brokers)라는 해커 조직에 유출되어온 사실이 확인되었다. 이들이 공개한 해킹 툴 가운데 '이터널블루(EternalBlue)'는 2017년 5월 발발한 워너크라이 랜섬웨어 사태에 악용되기도 했다. 더 나아가 세도우 브로커스는 2017년 4월 NSA가 SWIFT를 2013년까지 해킹했다는 사실을 폭로하였다. 이 폭로가 사실일 경우, 미국이 다른 국가들을 SWIFT에서 축출하려는 시도는 이중기준 또는 위선으로 비판받을 수밖에 없다

(McMillan 2017; Greene 2017; Shane et al. 2017).

V. 맺음말

SWIFT를 통한 방글라데시 중앙은행의 뉴욕연방준비은행 계좌 해킹 사건은 사건이 발생한 지 2년이 지났지만, 아직도 범인을 정확히 찾지 못하고 있다. 이 사건에 직접적으로 관련된 방글라데시, 미국, 필리핀이 서로 다른 이해관계를 가지고 있기 때문에 적극적인 협조를 하고 있지 않다. 이런 와중에 이와 유사한 해킹 사건들이 여러 나라에서 발생하고 있다.

　이 사건의 수사와 처벌을 물론 이와 유사한 사건의 재발을 막기 위해서는 국제공조가 필수적이다. 그러나 사이버 금융 안보를 위한 국가간 협력에는 근본적인 한계가 있다. 첫째, 법적 관할권이 중첩되어 있는 해킹 사건을 조사하고 처벌할 수 있는 국제기구나 국제법이 아직까지 존재하지 않는다(Mueller et al. 2013); Maupin 2017). 방글라데시 중앙은행 사례가 보여주듯이, 관할국가들이 자국 기관을 보호하기 위해 국내법을 우선적으로 적용하려는 태도를 보여주고 있다. 이 때문에 국가 간의 이해관계가 대립하는 경우 중립적 입장에서 해킹 사건을 조사하는 것은 사실상 불가능하다. 둘째, 사이버 안보에 대한 법 규정과 제도는 국가별/기관별로 차이가 있다. 특히 국가별로 규제나 처벌의 수준이 다르다는 점도 문제다. 해킹 사건이 규제와 처벌이 상대적으로 약한 국가를 경유할 경우, 해킹의 전모를 파악하는 것은 물론 피해를 최소화하는 데도 한계가 있다. 셋째, 민간과 정부의 협력 체제가 구축되어 있지 않다. 방글라데시 중앙은행 사례를 제외한, 대부분의 해킹 사건은 민간은행을 대상으로 하였다. 민관기관은 사이버 안보에 필요한 기반시설을 구축하는 데 드는 막대한 초기 투자비용을 부담하려고 하지 않는 경향이 있다. 이런 상황에서 거의 대부분의 금융기관들은 민간 보안 업체에만 의존하고 있다.

　전자금융은 물론 가상화폐 거래 비중이 상당히 높은 우리나라에 이 사건은 아주 귀중한 교훈을 주고 있다. 대부분의 금융기관은 사이버 보안에 치명적인 약점을 가지고 있는 공인인증서 사용을 의무화고 있다. 수차례 해킹 사건의 희생양이 되었음에도 불구하고, 이 문제를 근본적으로 개선하기 위한 조치는 아직도 이뤄지지 않고 있다. 최근 북한이 가상/암호 화폐 거래소 해킹 사건의 배후로 지목되고 있다는 점에서 사이버 금융보안에 대한 더 적극적인 대비책이 마련되어야 할 것이다(McNamara 2017; Martin 2018).

참고문헌

곽도영·서동일. 2016. "베트남은행 해커들, KB국민은행 외환거래 공격도 노려."『동아일보』
(5월 19일).
금융보안원. 2014.『이상금융거래 탐지시스템 기술 가이드.』
_____. 2017.『2017 사이버 위협 인텔리전스 보고서』.
김상배. 2015. "사이버 안보의 복합지정학: 비대칭 전쟁의 국가전략과 과잉 안보담론의 경계."
『국제·지역연구』24(3).
동향실. 2013. "'퀀텀의 새벽' 작전 : 미국 은행들의 사이버테러 대응체계 강화 움직임."
『금융브리프』.
문가용. 2016. "방글라데시 은행털이 사건에 맞춤형 멀웨어 있었다."『보안뉴스』(4월 26일).
민병원. 2015. "사이버공격과 사이버억지의 국제정치: 규제와 새로운 패러다임을 중심으로."
『국가전략』21(3).
배병환·송은지. 2014. "주요국 사이버보안 전략 비교·분석 및 시사점: 미국, EU, 영국의
사이버보안 전략을 중심으로."『정보통신방송정책』26(21).
신동흔·이기문. 2017. "北, 해킹해 훔치고 악성코드로 돈 뜯고… 카지노서 돈세탁."
『조선일보』(10월 21일)
신성호. 2016. "미 오바마 행정부의 사이버안보 정책과 쟁점."『국제·지역연구』25(4).

Al-Mahmood, Syed Zain. 2016. "Hackers Lurked in Bangladesh Central Bank's Servers
for Weeks." *Wall Street Journal* (March 22).
Baldwin, Clare. 2017. "Hackers Release Files Indicating NSA Monitored Global Bank
Transfers." *Reuters* (April 1).
Barrett, Devlin and Kate O'Keeffe. 2016. "FBI Suspects Insider Involvement in $81
Million Bangladesh Bank Heist." *Wall Street Journal* (May 10).
Bergin, Tom. 2017. "SWIFT Messaging System Cuts Off Remaining North Korean Banks."
Reuters (March 17).
Bossert, Thomas P. 2017. "It's Official: North Korea Is Behind WannaCry." *Wall Street
Journal* (December 18).
Brown, Richard Gendal, James Carlyle, Ian Grigg, Mike Hearn. 2016. "Corda: An
Introduction." Available at http://www.r3cev.com/ (검색일: 2018.2.18.)
Burgess, Christopher. 2017. "North Korea's Cyber Fingers are in Many Pots." *CSOONLINE*
(October 5).
Burne, Katy and Syed Zain Al-Mahmood. 2016. "Bank Hacking Attempts Likely to
Increase, Experts Warn." *Wall Street Journal* (May 14).
Bureau for International Narcotics and Law Enforcement Affairs. 2015. "International
Narcotics Control Strategy Report Volume II: Money Laundering and Financial

Crimes." United States Department of State.

Chanlett-Avery, Emma, Liana W. Rosen, John W. Rollins, and Catherine A. Theohary. 2017. "North Korean Cyber Capabilities: In Brief." Congressional Research Service.

Choe, Sang-Hun. 2017. "North Korea Tries to Make Hacking a Profit Center." *New York Times* (July 27).

Choi, Simon. 2016. "Overview of the SWIFT Related Hacks." Issuemakerslab. Available at https://twitter.com/issuemakerslab/status/737451304025350145/photo/1?ref_src=twsrc%5Etfw&ref_url=https%3A%2F%2Fwww.bankinfosecurity.com%2F5-swift-cyber-heist-investigations-a-9160 (검색일: 2018.2.18.)

Choi, Simon. 2016. "Comparison of "SWIFT" malware with North Korea's malware." Issuemakerslab. Available at https://twitter.com/issuemakerslab/status/737451304025350145/photo/1?ref_src=twsrc%5Etfw&ref_url=https%3A%2F%2Fww.bankinfosecurity.com%2F5-swift-cyber-heist-investigations-a-9160 (검색일: 2018.2.18.)

Corkery, Michael. 2016. "Hackers' $81 Million Sneak Attack on World Banking." *New York Times* (April 30).

Corkery, Michael and Matthew Goldstein. 2017. "North Korea Said to Be Target of Inquiry Over $81 Million Cyberheist." *New York Times* (March 22).

_____. 2016. "Hackers' $81 Million Sneak Attack on World Banking." *New York Times* (April 30).

Das, Krishna N. and Jonathan Spicer. 2016. "How the New York Fed Fumbled over the Bangladesh Bank cyber-heist." *Reuters* (July 21).

Devlin Barrett and Kate O'Keeffe. 2016. "FBI Suspects Insider Involvement in $81 Million Bangladesh Bank Heist." *Wall Street Journal* (May 10).

Devnath, Arun and Michael Riley. 2016a. "Hackers Stalked Bangladesh Bank for Two Weeks Before Big Heist." *Bloomberg* (March 18).

_____. 2016b. "Bangladesh Bank Heist Probe Said to Find Three Hacker Groups." *Bloomberg* (May 10).

Financial Stability Oversight Council. 2017. *Annual Report*.

Finkle, Jim. 2016. "Bangladesh Bank Hackers Compromised SWIFT Software, Warning Issued." *Reuters* (April 25).

_____. 2017. "Cyber Security Firm: More Evidence North Korea Linked to Bangladesh Heist." *Reuters* (April 3).

FireEye. 2018. "APT37 (REAPER): The Overlooked North Korean Actor."

Fitch Ratings. 2016. "Regulatory Fine Large But Manageable for Philippines' RCBC." (August 9).

G7. 2016. "G7 Fundamental Elements of Cybersecurity in the Financial Sector." (October 11).

Gladstone, Rick. 2016. "Bangladesh Bank Chief Resigns After Cyber Theft of $81

Million." *New York Times* (March 15).

Global Commission on Internet Governance. 2017. *Cyber Security in a Volatile World*. Centre for International Governance Innovation and the Royal Institute of International Affairs.

Goldin, Ian and Chris Kutarna. 2017. "Risk and Complexity." *Finance & Development* 54 (3).

Goldman, Zachary K., Ellie Maruyama, Elizabeth Rosenberg, Edoardo Saravalle, and Julia Solomon-Strauss. 2017. "Terrorist Use of Virtual Currencies." Center for a New American Security.

Gomez, Jim. 2016. "Chinese Returns Part of Bangladesh Funds Stolen by Hackers." *AP* (March 31).

Grant Thornton. 2016. The Global Impact of Cyber Crime. https://www.grantthornton. global/globalassets/1.-member-firms/global/insights/article-pdfs/2016/growthiq_ cyber_ig_final.pdf (검색일: 2018.2.18.)

Greene, Jay. 2017. "Microsoft: Stolen Code Fueled Risk." *Wall Street Journal* (May 16).

Hampson, Fen Osler and Michael Sulmeyer. eds. 2017. *Getting beyond Norms New Approaches to International Cyber Security Challenges*. Centre for International Governance Innovation and the Royal Institute of International Affairs.

Hannigan, Robert. 2017. "The Immediate Threat from North Korea is in Cyber Space." *Financial Times* (October 26).

Hennessey, Susan. 2017. "Deterring Cyberattacks: How to Reduce Vulnerability." *Foreign Affairs* 96 (6).

Kaspersky Lab. 2017. "Lazarus Under the Hood," Accessed at https://securelist.com/ files/2017/04/Lazarus_Under_The_Hood_PDF_final.pdf (검색일: 2018.2.18.)

Kopp, Emanuel, Lincoln Kaffenberger, and Christopher Wilson. 2017. "Cyber Risk, Market Failures, and Financial Stability." Working Paper No17/185. IMF.

Krishna N. Das and Jonathan Spicer. 2016. "How the New York Fed Fumbled over the Bangladesh Bank cyber-heist." *Reuters* (July 21).

Krishna N. Das and Serajul Quadir. 2017. "Bangladesh Bank, NY Fed Discuss Suing Manila Bank for Heist Damages." *Reuters* (December 8).

Kuroda, Haruhiko. 2016. "Innovations in Payments and FinTech: The Central Bank's Perspective." Remarks at the Forum on Payment and Settlement Systems (March 17).

Ikenson, Daniel. 2017. *Cybersecurity or Protectionism? Defusing the Most Volatile Issue in the U.S.–China Relationship*. Policy Analysis. Cato Institute 2017.

Inkster, Nigel. 2017. "Measuring Military Cyber Power." *Survival* 59(4)

Lange, Jason and Dustin Volz. 2016. "Fed Records Show Dozens of Cybersecurity Breaches." *Reuters* (June 1).

Lema, Karen and Manuel Mogato. 2016. "Bangladesh Bank hackers 'possibly Chinese,'

Says Philippines Senator." *Reuters* (April 5).

Lewis, Leo. Don Weinland and Michael Peel. 2016. "Asia Hacking: Cashing in on Cyber Crime." *Financial Times* (September 19).

Lu, Kang. 2016. "Foreign Ministry Spokesperson's Regular Press Conference." (April 6).

Mallet, Victor and Avantika Chilkoti. 2016. "How Cyber Criminals Targeted Almost $1bn in Bangladesh Bank Heist." *Financial Times* (March 18).

Mansourov, Alexandre. 2014. "North Korea's Cyber Warfare and Challenges for the U.S.-ROK Alliance." Academic Paper Series. Korea Economic Institute of America.

Martin, Timothy W. 2018. "New North Korea Hack: Hijacking Computers to Power Cryptocurrency Mining." *Wall Street Journal* (January 8).

Maupin, Julie. 2017. "Mapping the Global Legal Landscape of Blockchain and Other Distributed Ledger Technologies." CIGI Papers No.149.

McMillan, Robert. 2017. "Hackers: U.S. Tried to Breach Swift." *Wall Street Journal* (April 17).

McNamara, Luke. 2017. "Why Is North Korea So Interested in Bitcoin?". FireEye. Available at https://www.fireeye.com/blog/threat-research/2017/09/north-korea-interested-in-bitcoin.html (검색일: 2018.2.18.)

Mozer, Paul and Sang-Hun Choe. 2017. "North Korea's Rising Ambition Seen in Bid to Breach Global Banks." *New York Times* (March 25).

Moynihan, John. 2016. "From NY To Bangladesh: Inside An Inexcusable Cyber Heist." *Dark Reading* (March 29).

Mueller, Milton. Andreas Schmidt, and Brenden Kuerbis. 2013. "Internet Security and Networked Governance in International Relations." *International Studies Review* 15 (1)

Pagliery, Jose. 2017. "North Korea-linked Hackers are Attacking Banks Worldwide." *CNN* (April 4).

Perlroth, Nicole and David E Sanger. 2017. "In Computer Attacks, Clues Point to Frequent Culprit: North Korea." *New York Times* (May 15).

Piscini, Eric, David Dalton, and Lory Kehoe. 2017. *Blockchain & Cyber Security*. Deloitte EMEA Grid Blockchain Lab 2017.

Riley, Michael., Jordan Robertson, and Alan Katz. 2016. "Bangladesh, Vietnam Bank Hacks Put Global Lenders on Edge." *Bloomberg* (May 17).

Riley, Michael., and Alan Katz. 2016. "Swift Hack Probe Expands to Up to a Dozen Banks Beyond Bangladesh." *Bloomberg* (May 26).

Sanger, David E., David D. Kirkpatrick and Nicole Perlroth. 2017. "The World Once Laughed at North Korean Cyber Power. No More." *New York Times* (October 15).

Serapio, Manolo Jr. and Enrico Dela Cruz. 2016. "Philippine central bank fines Rizal Bank over Bangladesh cyber heist failings." *Reuters* (August 5).

Shane, Scott, Nicole Perlroth, and David E. Sanger. 2017. "Security Breach and Spilled

Secrets Have Shaken the N.S.A. to Its Core." *New York Times* (November 13).

Shevchenko, Sergei. 2016. "Two Bytes To \$951M." BAE Systems. Available at http:// baesystemsai.blogspot.kr/2016/04/two-bytes-to-951m.html (검색일:2018.2.18.)

Smith, Brad. 2017. "The Need for a Digital Geneva Convention." (February 14) Available at https://blogs.microsoft.com/on-the-issues/2017/02/14/need-digital-geneva-convention/#sm.0001gnysbhjsod01z7q11hvz0xg2d (검색일:2018.2.18.)

Spiegel. 2013. "NSA Spies on International Payments." (September 15).

Steinberg, Julie and Gabriele Parussini. 2017. "Was North Korea Behind the Hacking of a Bank in India?." *Wall Street Journal* (April 10).

Strumpf, Dan. 2017. "North Korean Cybercriminals Implicated in Taiwan Bank Theft." *Wall Street Journal* (October 17).

SWIFT. 2016. "SWIFT Engages Expert Cyber Security Firms and Establishes Dedicated Customer Security Intelligence Team." (July 11).

Symantec. 2016. "SWIFT Attackers' Malware Linked to More Financial Attacks." Symantec Official Blog (May 26).

_____. 2017. "Internet Security Threat Report." No. 22.

United Nations Security Council. 2017. "Report of the Panel of Experts Established Pursuant to Resolution 1874 (2009). S/2017/150. February 27." Available at http:// www.un.org/ga/search/view_doc.asp?symbol=S/2017/150 (검색일:2018.2.18.)

US House. 2016. H.R.6281 — 114th Congress (2015-2016). "Block Access to North Korea Act of 2016 or BANK Act of 2016."

US Senate. 2017a. "Joint Statement for the Record to the Senate Armed Services Committees: Foreign Cyber Threats to the United States." (January 5).

_____. 2017b. "S. 1591: Otto Warmbier Banking Restrictions Involving North Korea Act of 2017." Available at https://www.govtrack.us/congress/bills/115/s1591/text/rs (검색일:2018.2.18.)

Viswanatha, Aruna and Nicole Hong. 2017. "U.S. Preparing Cases Linking North Korea to Theft at N.Y. Fed." *Wall Street Journal* (March 22).

Wagstaff, Jeremy and Tom Bergin. 2017. "SWIFT Messaging System Bans North Korean Banks Blacklisted by U.N." *Reuters* (March 8).

Wellisz, Chris. 2016. "The Dark Side of Technology." *Finance & Development* 53 (3)

Whaley, Floyd and Neil Gough. 2016. "Brazen Heist of Millions Puts Focus on the Philippines." *New York Times* (March 16).

World Economic Forum. 2016. *The Global Risks Report 2016.*

제6장

중국 특색의 '사이버 안보' 담론과 제도
– 국제정치경제적 함의 –

차정미

* 본 연구는 『국가안보와 전략』 통권 69호(2018)에 게재된 "중국 특색의 '사이버 안보'담론과 전략, 제도 분석" 논문을 수정 보완한 것임.

I. 중국의 사이버 안전: 경제적 보호주의인가? 정치적 보수주의인가?

중국은 2015년 3월 5일 12기 전국인민대표대회 3차 회의에서 리커창 (李克强) 총리의 정부업무보고를 통해 '인터넷플러스(互联网+)' 행동 계획을 최초로 제기하였다. 그 해 7월 4일 중국 국무원은 '인터넷플러스 행동에 관한 국무원의 지도의견(国务院关于积极推进"互联网+"行动的 指导意见)'을 공표하였고, 〈13차 5개년 계획(2016-2020)〉에서 국가정 보화계획을 구체적으로 담았다. 중국은 이 시기를 중국 정보화발전의 매우 중대한 변혁기로 강조하고 있다. 이 시기 동안 중국은 단순히 사 이버공간의 양적인 우세에 기반한 '인터넷대국(网络大国)'을 넘어 기술 과 영향력에서 지도력을 발휘하는 '인터넷강국(网络强国)'으로 부상하 여, 글로벌 사이버 리더가 되겠다는 원대한 목표를 담고 있는 것이다.[1] 중국이 스스로 인터넷 대국이라고 자칭하듯 중국 인터넷 인구규모는 2017년 6월 말 현재 7억 5100만 명으로 반년 만에 2.7% 증대하여, 전 세계 인터넷인구의 5분의 1을 차지하고 있다. 모바일 인터넷 인구 또 한 7억 2400만 명으로 계속 늘어나고 있으며 모바일결제 서비스 사용 자도 5억200만 명에 달해 중국은 이미 명실상부한 인터넷 대국이라고 할 수 있다.[2]

　중국은 이렇듯 인터넷 기술과 산업규모가 급격히 성장하는 과정 에서 정보화 발전을 가속화하기 위한 정책적 재정적 지원들을 확대해

1　国务院, "国务院关于印发'十三五'国家信息化规划的通知"(2016.12.15). http://www.gov. cn/zhengce/content/2016-12/27/content_5153411.htm (검색일: 2017.08.30.)

2　中国互联网络信息中心(CNNIC), "第40次《中国互联网络发展状况统计报告》"(2017.08.04) 참고. http://www.cnnic.net.cn/gywm/xwzx/rdxw/201708/t20170804_69449.htm (검색일: 2017.08.30)

가고 있지만, 또 다른 한편으로는 사이버 안보를 내세워 인터넷 검열과 통제를 더욱 강화해 가고 있다. 중국의 정보경제 발전의 두 가지 핵심전략은 '기술개발'과 '국가통제'라고 할 수 있다. 중국 시진핑 주석은 "사이버공간의 안전 없이 국가의 안전이 없고, 정보화 발전 없이 중국의 현대화는 없다"고 강조했다(盧佳 2016, 6). 중국최고지도자의 발언에서 보여지듯 중국에게 사이버공간의 발전은 경제발전의 기회이면서 동시에 사회주의체제에 대한 위협이 될 수도 있는 '양날의 칼'이라고 할 수 있다. 중국의 이러한 인식을 반영하듯 중국은 2014년 시진핑 주석을 조장으로 하는 '중공중앙사이버안전과 정보화영도소조(中央网络安全和信息化领导小组)'를 신설하고 '사이버 안전법'[3] '국가사이버공간 안전전략' '사이버공간에 대한 국제협력전략' 등을 잇달아 발표하는 등 사이버 안전에 대한 법적·제도적 조치들을 강화하고 있다. 정부차원의 조치와 함께 언론의 보도, 학계의 연구 등에서 시진핑 주석의 '사이버안전관'이 집중 연구되고 홍보되는 것도 중국이 최근 '사이버안전'을 국가안보의 주요한 과제로 두고 있음을 보여주는 것이라고 할 수 있다(林晓姗 2017; 谢永江 2016; 姬全生·梁虹 2016).

사이버 안전법 제정 등 외국기업의 진출과 경제활동에 직접적인 위협이 될 수 있는 통제적 조치들이 강화되면서 세계는 중국의 사이버안전조치가 자국기업을 보호하고 발전시키기 위한 보호주의적 조치라고 반발하고 있다. 유럽국제정치경제연구소(ECIPE)의 보고서는 중국정부가 외국경쟁기업들을 통제하거나 억압하면서 얻게 되는 보호적

---

3   중국어 정식명칭은 '中华人民共和国网络安全法'임. '网络'가 인터넷, 네트워크 등으로 번역되기도 하나 본 법과 관련하여 신화사 등 중국 공식 매체에서 'Cybersecurity Law of the People's Republic of China'로 번역하고 있는 만큼 본 논문은 '사이버 안전법'으로 번역하여 사용함.

환경 덕분에 중국의 국내 인터넷기업들이 성장할 수 있었다고 분석했다(Fredrik Erixon and Hosuk Lee-Makiyama 2011, 14). 추(Chu 2017)도 중국정부의 인터넷 검열강화가 실제 텅쉰(騰迅), 바이두(百度), 아리바바(阿里巴巴) 등 자국의 인터넷기업을 육성시키기 위한 경제적 보호주의로 해석해야 한다고 주장한다. 중국의 인터넷 검열은 구글 대신 바이두, 유튜브 대신 유쿠(优酷), 트위터 대신 웨이보(微博), 페이스북 대신 런런(人人)을 육성한 경제적 보호주의로 해석할 수밖에 없다는 것이다. 2016년 11월 제정한 '사이버 안전법'에 대해 미국을 비롯한 서구 국가들은 중국이 안전을 명분으로 하여 보호주의를 채택하고 있다고 공격하면서 이에 대한 시정을 요구해 왔다.[4] 중국은 이에 대해 사이버 주권과 내정불간섭, 반패권주의를 강조하면서 각 국가가 자국의 사이버 발전 노선과 정책을 결정하는 것은 주권적 결정사항이라는 확고한 입장을 견지하고 있다.

중국은 왜 경제적 보호주의라는 세계의 반발, 그리고 외국기업의 투자위축과 기술협력 장애라는 실질적 제약에도 불구하고 소스코드 요구 등 무리한 사이버 안전 정책을 추진하고 있는가? 중국의 사이버 보안과 통제조치들을 자국기업 육성과 보호를 목적으로 한 경제적 보호주의로만 해석할 수 있는가? 일부의 주장대로 중국의 인터넷 기업들이 충분히 성장한 이후 보호주의를 목적으로 한 사이버 안전법은 완

---

4   중국이 2016년 7월 전인대에서 네트워크 안전법 초안을 처음 공개한 데 대해, 미국 최대경제단체인 미국상공회의소와 유럽 산업계를 대표하는 유럽상공연맹, 일본 최대 경제단체인 게이단렌, 세계정보기술기업모임인 소프트웨어연합 등 46개 상공단체가 2016년 8월 10일 리커창 중국총리에게 연명서한을 보내 '중국의 사이버안전법이 경제성장을 저해하고 외국과 중국 기업모두에 진입장벽을 높이는 결과를 초래할 것'이라며 반대의견을 표명했다(한국경제 2016.08.15). http://news.hankyung.com/article/2016081543611?nv=o (검색일: 2017.12.13)

화될 것인가? 본 연구는 중국의 인터넷 검열과 사이버 안전 조치가 경제적 보호주의의 측면뿐만 아니라 정치적 보수주의, 즉 중국 특색의 사회주의 사상과 체제를 견지하고 보호하기 위한 정치적 논리의 영향을 강하게 받고 있다는 점에 주목한다. 이러한 차원에서 사이버공간에 대한 중국 특색의 위협인식과 사이버 안보 담론의 특성을 분석하고 이것이 어떻게 중국 특색의 사이버 안전 관리 체제를 만들고 어떠한 법적 실천적 제도들로 구체화되어가고 있는지를 고찰한다. 구체적으로 중국 사이버 안보의 '담론화' 과정이 서구 자유주의 국가들과 달리 중국 특색의 사회주의 사상, 그리고 공산당 영도의 정치체제를 핵심적인 보호의 대상으로 설정하고 있다는 점에서 '안보화' '정치화'가 다르게 전개되고 있다는 점을 강조한다. 최근 법적·제도적으로 구체화되고 있는 중국의 사이버 안전 관련 법과 규범, 거버넌스가 이러한 공산당 체제와 사회주의 사상 보호라는 정치적 보수주의의 담론을 반영하고 있음을 분석한다. 결론적으로 중국이 중국 특색의 사회주의 사상, 사회주의 강국이라는 대 주제하에 사이버 안전 담론을 종속시키고 있는 상황에서 정치적 논리의 지배를 받는 중국 특색의 사이버 안전 담론이 향후 세계 사이버 안보 체제와 규범, 국제정치경제에 미치는 함의와 영향을 분석하고 전망한다.

사이버 안보를 둘러싼 국가 간의 일치된 개념과 담론이 부재하고 사이버 안보가 '의도된 안보화'라고 규정될 만큼 정치화의 요소가 강하다는 점에서 개별국가의 인식과 담론을 분석하는 것은 세계 사이버 안보에의 영향과 경쟁 등을 분석하고 전망하는 데 매우 중요한 기초연구라고 할 수 있다. 본 연구가 중국의 사이버 안보와 관련한 위협인식과 담론을 분석하고 이에 근거한 구체적인 제도적·법적 조치들을 주목하는 것은 세계질서의 주요한 영향국가로 부상한 중국이 가진 특유의 사이버 담론과 전략들을 이해하는 것이 중국과 세계의 '사이버 안보' 소통과 협력에 주요한 요소이기 때문이다. 중국의 사이버 안전 담론과 제도가 강한 이념적 정치적 사고에 기반하고 있다는 점에서 중국의 사이버 안전 조치를 둘러싸고 중국은 '안전(安全, security)'이라고 주장하고 세계는 '보호(保護, protectionism)'라고 비판하는 평행선은 앞으로도 지속될 가능성이 높다. 자주적 결정 영역이라고 내세우는 중국과 세계 시장과 규범에 미치는 영향을 강조하는 서구의 입장은 앞으로도 지속적인 논란과 갈등을 경험하게 될 것이다. 본 연구는 중국의 사이버 안전 담론이 단순히 경제적, 안보적 논리뿐만 아니라 정치사상적 논리를 내재하고 있다는 점에서 사이버 안전에 대한 국가 간 인식의 격차와 국제정치경제적 함의를 발견한다.

II. 사이버 '안보화'와 중국의 위협인식

1. 사이버 안보의 '담론화'와 중국

안보개념은 그 자체로 광범위하면서 모호한 의미를 담고 있기 때문에 탐구하기가 쉽지 않은 것으로 간주되어 왔다. 또한 '위협'에 대한 대응 개념으로서 안보를 논할 경우 국가차원의 '폭력'뿐만 아니라 특정한 가치를 위협하는 모든 이슈를 다루어야 한다는 점에서 매우 광범위하다. 또한 냉전기 안보담론이 군사전략적 안보에 치중해 왔던 데 반하여 탈냉전기 안보담론은 다양한 영역으로 확장되었다. 궁극적으로 '보호해야할 대상이 무엇인가?'라는 질문, 즉 보호해야 할 '가치'가 무엇인가에 따라 안보개념의 구성요소가 결정된다고 보는 것이다. 보호해야 할 가치를 규정하는 데 있어 어떤 '위협'이 제기되었는가에 대해서도 언급이 되어야 한다. 이러한 맥락에서 안보담론의 중요한 요소는 '안보화(securitization)'의 개념이다.[5] '안보화'는 안보담론이 사회적으로 형성되는 과정을 지칭하는 개념이다. 부잔 등(Buzan et al. 1998)은 이를 정치화(politicalization)라고 명명하기도 하였는데, 이것은 안보화 과정이 정치적 속성을 가짐을 보여준다.[6] 즉 안보란 객관적(또는 주관적)으로 실재하는 어떤 조건이라기보다는 현존하는 위협이 무엇인가에 대한 사회적 합의를 간주관적으로 구성하는 정치적 담론이다. 다시 말해 안보는 객관적으로 존재하기보다는 안보행위자에 의해 현존하는 위협의 대상, 즉 안전이 보장되어야 할 안보의 대상이 무엇인지를 정치적으로 쟁점화하는 과정에서 구성된다(김상배 2015, 74). 따라서 안보담론과 전략은 권력을 가진 정책결정자 혹은 그룹이 위협을 규정하고 보호해야 할 대상을 설정하는 '안보화'의 과정을 거쳐 확정되고 구체화된다고 할 수 있다.

이러한 안보개념의 시대적 변화, 여전한 불명확성과 복합성, 그리고 안보 담론의 간주관성과 정치성 등에 대한 논의는 사이버 안보를 논할 때 더 명확하게 드러난다. 부잔 등 코펜하겐학파는 사이버 안보를 '의도된 안보화(attempted securitization)'의 대표적인 사례로 다루어 왔다(Hansen & Nissenbaum 2009, 1156). 사이버공간은 전통적인 안보의 대상이 아닌 탈냉전과 함께 새롭게 주목받고 있는 공간으로 그 짧은 역사에 반해 강대국 관계와 국제질서의 주요한 이슈로 등장하면서 주요한 안보담론의 주제로 부상하였다. 그러나, 사이버 위협이 실

---

5   안보담론의 변화와 이론적 논의에 대한 구체적 내용은 민병원(2012) 참조.
6   Buzan, B., Wæver, O., & Wilde, J. D. 1998. *Security: A New Framework for Analysis* (Boulder, Colo., Lynne Rienner Pub.); 조화순 외(2016)에서 재인용.

재하느냐 아니냐에 대한 근본적 논란(Emerson 2016; Lawson 2013)에
서부터 사이버 안보에 대한 개념과 위협인식이 국가 간의 차이를 드러
내면서 사이버 안보는 담론의 불명확성, 간주관성, 정치적 쟁점화 등
의 문제가 더욱 강하게 작동하고 있는 분야라고 할 수 있다. 사이버 안
보에 대해 국가 간의 인식은 상이하며 무엇이 사이버공간에서 확보해
야 할 안보의 문제인지 국가 간의 동의는 이루어지지 못하고 있다(조
화순 외 2016, 79). 한국은 북한의 사이버 위협 때문에 '국가 안보'의 시
각에 초점을 맞춘 대응기술과 조직, 그리고 제도를 구축하는 경향을
보이면서 다양한 사이버 위협 이슈들이 국가안보를 위한 사이버테러
이슈에 수렴 통합되는 경향을 보이고 있다(정영애 2017, 106). 미중 간
사이버 안보 인식도 현격한 차이를 드러낸다. 미국이 사이버공간을 단
순히 기술적 관점에서 인식하는 데 반해 중국은 단순히 의사소통을 촉
진하는 기술로서뿐만 아니라 정보가 이동하거나 저장되는 공간이라는
전체론적 인식을 가지고 있다(Iasiello 2016, 2). 중국의 사이버 안전담
론은 기술적 군사적 안보의 네트워크와 개인의 안보를 강조하는 미국
의 담론과 달리 정치안전과 국가주권을 강조한다(김상배 2015). 이러
한 사이버 안보를 둘러싼 인식과 담론의 차이는 국제적인 합의와 협력
을 이끌어 가는 데 주요한 장애로 작용할 수 있다.

　　2017년 10월 19차 중국 공산당 전국대표대회 이후 중국은 '시진
핑 신시대 중국 특색의 사회주의 사상(习近平新时代中国特色社会主义思
想)'을 핵심적 담론으로 내세우고 있다. "사이버 강국 전략사상(网络强
国战略思想)"은 이 시진핑 신시대 중국 특색의 사회주의 사상의 중요한
구성 요소라고 강조하고 있다.[7] 중국은 시진핑 체제가 출범한 2012년

7　중국은 사이버안전 관련 당과 국가의 최고정책결정기구인 중앙사이버안전과 정보화영
　　도소조의 사무처(中央网络安全和信息化领导小组办公室)와 국가인터넷정보사무처(国家互

18차 중국 공산당 전국대표대회 이후 사이버 안전에 대한 위협인식의 부상과 함께 이에 대한 적극적 담론화와 다양한 조치들이 수반되고 있다. 사이버안전과 관련한 당과 정부조직의 완성, 법제도의 완비 등 정부차원의 조치가 체계화되고 있으며 언론의 보도, 학계의 연구 등에서 시진핑의 '사이버 안전관'이 집중 거론되는 것도 중국이 최근 '사이버 안전'을 국가전략의 주요한 과제로 두고 있음을 보여주는 것이라고 할 수 있다.[8] 사이버 안전은 이렇듯 중국의 핵심지도부가 주도적으로 담론을 형성하고 이니셔티브 강화를 위한 사이버 안전 거버넌스를 구축해 가면서 적극적인 정치화와 담론화의 과정에 있다고 할 수 있다. 사이버 안보가 실재하는 위협을 넘어 구성되고 있다고 가정할 때 국가 간의 위협인식과 안보대상이 다르게 나타난다는 것은 향후 사이버 안보와 관련한 소통과 협력에 있어 중요한 장애요인이 될 수 있다. 이러한 맥락에서 중국 시진핑 체제출범 이후 강조되고 있는 "사이버 안전 (wangluoanquan, 网络安全)" 담론이 시진핑 시대 중국이 사이버공간에서 안보의 대상으로 무엇을 쟁점화하고 있는지, 어떻게 사이버 안보가 정치화되고 담론화되고 있는지 그 특성에 주목할 필요가 있다.

2. 사이버공간에 대한 중국의 위협인식

그렇다면 사이버공간에 대한 중국의 위협인식은 무엇일까? 사이버 위협에 대한 정의는 전쟁, 스파이, 방해, 파괴 등 광범위하고 모호하다

联网信息办公室) 홈페이지를 통해 주요한 정보화 및 사이버 안전 관련 선전과 지침을 전달하고 있다. http://www.cac.gov.cn/2017-12/02/c_1122046169.htm

8   林晓娟. "习近平网络安全思想研究." 『法制与社会』(2017, 2); 谢永江. "习近平总书记的网络安全观." 『中国信息安全』(2016, 5); 姬全生·梁虹. "习近平网络安全思想探析." 『重庆与世界』(2016, 2); 朱锐勋. "试析习近平网络安全和信息化战略观." 『行政与法』(2016, 2).

(Nye 2016, 47). 사이버 위협이 매우 광범위하고 모호하다는 점에서 사이버 안보가 '의도된 안보화'의 대표적인 사례라고 강조하는 코펜하겐학파의 주장처럼 객관적으로 실재하는 사이버 안전 위협보다도 정책결정자들이 위협을 규정하고 정치화하는 과정이 세계 각국의 사이버 안보담론의 차이를 결정하는 배경이 된다고 할 수 있다. 중국이 사이버 발전에 대해 경제적 기회로 인식하고 국가차원의 아젠다로 설정하여 정책적 지원을 대폭 확대하면서도 다른 한편으로 사이버발전이 초래할 수 있는 대내적 정치사회 불안과 분열, 대외적 체제위협을 핵심적인 위협으로 규정하고 담론화하는 과정은 서구와 다른 중국의 사이버 위협인식을 보여준다.

중국 공산당 통제 밖의 공간

첫째, 중국의 사이버공간에 대한 위협인식의 가장 중요한 요소는 '통제 밖의 영역'이라는 것이다. 중국과학원의 컴퓨터와 정보위원회 소속의 과학자는 "정보기술이 당의 통제를 벗어난 시각을 제공해줄 수 있기 때문에 정권에 위협이 되는 것으로 인식된다"고 주장한다(Wang 2012, 35). 현재 웨이신과 웨이보는 각각 약 9억 4000만 명과 3억 5000만 명의 월간 활성 사용자를 보유하고 있다. 이렇듯 확대되고 있는 SNS 매체 등 다양한 인터넷 공간을 통제하고 관리하는 것은 점점 더 어려워지고 있다. 중국의 인터넷산업의 발전과 보급률의 확대에 따라 인터넷연결망을 통해 흘러다니는 정보와 의견교환은 과거 중국공산당이 계통을 통해 소통하고 통제하던 구조에서 벗어난 것이다. 기술의 발전이 가져다준 경제성장의 열매는 한편으로 정권의 안보와 국가통합과 사회안정을 위한 감독과 통제 밖의 영역이 성장한다는 측면에서 중국공산당에게 있어 최대의 위기로 인식될 수 있었다.

인터넷은 또한 단순히 기술적으로 통제 밖의 공간일 뿐만 아니라 초국경적이라는 점에서도 국가의 경계를 넘나드는 통제 밖의 공간이다. 중국이 사이버공간의 국제협력전략 등에서 사이버공간에도 국가의 영역이 존중되어야 한다고 강조하고 주권원칙을 내세우는 것에서 초국경적인 사이버공간에 대해 영토적 경계성을 구축하고자 하는 중국의 의지를 볼 수 있다. 초국경적 사이버공간이 중국이 통제할 수 없는 정치사회적 흐름을 만들 수 있다는 점을 우려하는 것이다. 이러한 통제 밖의 영역이라는 위협인식은 2016년 중공 중앙사이버안전과 정보화영도소조가 인터넷강국의 10년 청사진을 발표한 〈국가정보화발전전략요강(国家信息化发展战略纲要)〉에서 안전과 통제가능성(安全可控)을 중국의 정보화 발전의 관건으로 제시한 것에서도 찾아볼 수 있다.[9]

이념적 오염과 체제 위협의 공간

둘째, 초국경적 사이버공간이 중국의 사회주의 이념과 체제를 위협할 수 있는 서구사상의 침투를 확대해갈 것이라는 우려이다. 중국은 인터넷의 발전이 중국인들의 의식형태를 변화시켜 사회주의체제를 위협할 수 있다는 데 핵심적인 위협인식을 가지고 있다. 서구국가들이 이미 '정보화영역의 강세'를 점하고 있는 상황에서 인터넷은 서구국가들의 중국에 대한 의식형태 침투를 용이하게 하는 방편이 되고 있다는 것이다. 게다가 인터넷은 중국이 국내여론을 통제하는 것을 점점 더 어렵게 만들고 있다고 인식한다. 이러한 인식하에서 사이버공간은 중국이 직면하고 있는 사고의식의 중요한 위기를 초래하는 배경이 되고 있다(牛晋芳·孔德宏 2003).

9   http://www.eepw.com.cn/article/201608/295096.htm

　　중국은 인터넷의 발달과 함께 중국인들의 정신문화, 사회주의 이데올로기가 서구국가들의 침투로 오염될 수 있다는 위협인식을 갖는다. 가치관의 측면에서 사이버공간은 대규모의 가치관 충돌이 일어날 수 있는 공간이다. 오랜 기간 미국 대외전략의 중요한 특징은 자국의 이익을 보호한다는 기초 위에 자신의 가치관을 전파하고 미국이익에 부합하는 "기본적 자유"를 선전하는 것이었고 나라마다 국가의 정세가 다른 상황에서 미국과 기타 국가의 가치관의 차이가 사이버공간에서 드러나고 무한 확대 가능한 인터넷매체와 여론의 특성상 가치관의 충돌이 일어날 수밖에 없다는 것이다. 미국이 〈사이버공간국제전략〉의 서언에서 "언론과 집회의 자유, 사생활보호와 정보의 자유교류라는 원칙은 견지되어야 한다"고 강조하고 "미국은 최대한 무력을 사용하지 않고 미국의 가치관을 반영하고 합법적인 방법을 사용하여 광범위한 국제지지를 확보하는 데 노력할 것이다"라고 서술하고 있는 데 대하여 국가의 차이를 인정하지 않고 미국의 가치관을 전파하려는 의도로 인식한다(刘勃然·黄风志 2012, 59-60).

　　중국은 나아가 이념적 오염이 체제위협과 직결된다고 인식한다. 중국의 지도자들은 구소련 연방에서 전개된 '색깔혁명'이 서구강대국들이 지전략적 이익 때문에 내정개입을 하면서 일어난 불법적 행위로 인식한다(Iasiello 2016, 2-3). 중국에게 사이버공간은 서구국가들이 중국의 내정에 개입하여 체제를 위협할 수 있는 집단행동을 선동할 수 있는 정치적으로 매우 위험한 공간인 것이다. 따라서 중국정부는 반드시 사이버공간에 대한 관리를 통해 이념의 오염과 서구의 의식침투를 저지해야 한다고 인식한다. 서방의식의 침투, '파룬궁'조직으로 대표되는 국내 악성세력의 도전에 직면하여 이를 방관한다면 당이 사이버

출처: 금융보안원(2017, 9).

상의 진지를 포기하는 것이고 마르크스주의의 전파를 포기하는 것이라는 것이다(牛晋芳·孔德宏 2003, 59). 중국에게 인터넷 검열과 통제는 "미국 이념의 침입"을 방지하기 위한 수단으로 인식된다고 할 수 있다(Chu 2017, 29).

이러한 사상과 이념의 오염이라는 위협인식은 사이버 공간의 여론전과 사상교육의 강조로 이어진다. 시진핑은 2016년 4월 사이버안전과 정보화 업무좌담회에서 "인터넷은 네티즌들이 정보를 획득하고 교류하는 공간으로 그들의 사고방식, 가치관, 이념 등에 중요한 영향을 미치는 것은 물론 네티즌들이 국가에 대한, 사회에 대한. 삶과 일에 대한 인식을 형성하는 데 중요한 영향을 미친다"고 강조하였다(黃庭滿 2017, 10). 사이버공간의 문화와 가치관의 중요성은 곧 사회주의 사상의 강조로 이어진다. 시진핑은 중앙사이버안전과 정보화영도소조 1차회의에서 중국의 사이버강국 전략을 설파하면서 사이버 여론 업무가 반드시 "사회주의 핵심 가치관을 배양하고 실행하는 데 주력해야 한다"고 강조한 바 있다(黃庭滿 2017, 11). 중국 공산당의 사이버안전과 정보화영도소조가 사이버여론전과 사이버 상의 이념적 사상적 교양의 강화를 적극적으로 강조하고 있는 것은 사이버 공간이 사회주의 사상과 이념을 오염시키는 주요한 위협이 될 수 있다는 인식에 근거한 것이다.

미국패권추구 전략과 대중국 견제 위협

셋째, 중국의 사이버 위협인식이 서구와 주요한 차이를 보이는 것의 하나는 대미(對美) 인식에 근거한 것이다. 사이버 안전이라는 담론이 미국의 패권추구전략의 일환이고 중국의 부상을 견제하려는 수단의 하나라는 음모론적 시각이 주요하게 자리잡고 있다. 중국의 언론과 군부, 학계의 공식 표현들이 보여주듯 중국은 미국이 세계 최고의 기술력을 바탕으로 자국의 위상과 영향력을 활용하여 미국에 유리한 방향으로 국제 질서와 규범을 만들어가고 있다고 우려한다(Mikk Raud 2016, 7). 중국은 미국이 2011년 〈사이버공간 국제전략〉을 발표하면서 미래의 사이버 안전전략을 제시한 것에 대해서도 미국이 사이버공간의 패권을 추구하는 전략목표를 가지고 있음을 보여주는 것이라고 인식한다(刘勃然·黃风志 2012). 미국이 기술상의 우위를 활용하여 자국의 사이버안전을 강화하고 다른 국가들의 정보와 안전을 통제하면서 사이버 패권전략을 실현시켜갈 것이라는 것이다. 또한 동맹국가들과의 협력을 통해 사이버공간의 집단안보를 강화하고자 한다고 비판한다.

미국의 패권추구 전략이라는 중국의 인식은 여전히 중국이 핵심 과학기술 분야에서 서구에 뒤지고 있으며 서구국가들이 이러한 핵심 기술들을 독점하고 있다고 인식하고 이러한 기술들은 수입할 수도 구매할 수도 없는 것으로 중국의 손으로 스스로 핵심기술들을 발전시키기 위해 노력해야 한다고 인식한다. 중국과 서구의 기술격차가 국제사회의 협력을 거부하는 중국의 태도를 야기한다는 것이다(Wang 2012). 물론 미국주도의 인터넷 규범에 대해 중국만이 부정적 태도를 보이는 것은 아니다. 미국과 EU가 정보의 자유로운 이동에 공감대를 형성하고 있는 데 반해 다른 나라들도 그들의 주권과 초국경적 정보이동을 제한하는데 위협이 초래될 것을 우려한다. 많은 국가들이 미국과 EU가 주도하는 정보의 자유이동을 촉진하려는 노력에 적극적으로 호응할 수 없는 이유이기도 하다. 또한 미국이 인터넷경제와 인터넷 거버넌스를 독점하여 자국의 이익을 취하려고 하는 것이 아닌가 하는 우려를 가지고 있다. 스노든 사건 이후 많은 국가들은 정보의 자유로운 이동을 강화하기보다는 제한하는 전략을 취해 왔다(Aaronson 2015).

중국은 그 어느 국가보다도 사이버 안전 문제가 미중관계와 중국의 부상에 중요한 영향을 미친다고 인식하고 정보의 자유이동을 촉진하려는 미국의 의도에 의구심을 가지고 미국 주도의 인터넷 거버넌스에 적극적으로 대응하고자 한다. 중국이 2017년 초 〈사이버공간의 국제전략〉을 공표하고 중국판 사이버안전 전략과 과제를 제시한 것은 이러한 미국의 국제전략을 의식한 국제규범 경쟁적 차원의 것으로 이해할 수 있다.

중국의 사이버안보에 대한 위협인식은 이렇듯 국내정치적 고려, 대외전략적 인식에 주요한 영향을 받고 있다. 경제발전을 추구하면서도 공산당영도의 사회주의체제가 위협받지 않도록 정치적 보수주의를 견지하고, 미국의 대중국 봉쇄 위협에 대응하기 위해 반패권과 주권을 강조하는 중국의 외교전략이 사이버공간에도 반영되고 있는 것이다.

III. 중국 특색의 '사이버 안전' 담론

1. 중국 사이버 안전 개념의 발전

중국에서 정보안전(信息安全, information security), 사이버안전(网络安全, Network Security), 사이버공간의 안전(网络空间安全, Security in Cyberspace)이라는 사이버 안전과 관련된 개념의 논리적 시작점은 모두 정보안전이다(王世伟·曹磊·罗天雨 2016, 20). 정보안전에 대한 중국의 관심과 연구가 시작된 것은 1980년대라고 할 수 있다. 초기 중국의 정보안전 개념은 외국의 개념을 도입하면서 발전한 것으로, 1985년 중국 학술지 『세계과학(世界科學)』은 Donn. B. Parker의 논문인 "Information Security'를 번역하여 게재하면서 '정보안전(信息安全, information security)'이라는 개념을 제기하였다.[10] 이후 1987년 4월 션웨이광(沈伟光)이 해방군보(解放军报)에 '정보전의 부상(信息战的崛起)'이라는 제목으로 연구내용을 발표하면서 정보전이라는 개념을 최초로 제기하였다.[11] 1987년에 중국정부는 사이버안보 담당 기관으로 정보분야 연구와 서비스 센터인 국가정보센터(国家信息中心)를 설립하였고[12] 이후 1997년 정보안전평가센터(信息安全测评中心)를 설립하면서 정보안전 개념을 도입한 정부기구가 본격적으로 등장하게 된다(王世伟·曹磊·罗天雨 2016, 22). 국무원은 2012년 '정보화발전과 정보안전보장 실현을 위한 의견(国务院关于大力推进信息化发展和 切实保障信息安全的若干意见)'을 공표하고 정보화발전과 정보안전 관련 법제 정비와 정부의 관리체제 연구 등 정보안전을 위해 필요한 원칙적 조치들을 제시하였다.[13] 사이버 안전에 대한 관심과 연구가 본격화된 1980년대부터 2010년대 초까지 중국에서 사이버 안전 개념은 주로 '정보안전'을 중심으로 형성되어 왔다고 할 수 있다.

이러한 정보안전 중심의 사이버 안전 개념과 담론은 2012년 시진핑 체제 출범 이후 일정한 변화가 전개된다. 서구의 사이버 안보 개념과 담론, 전략을 구체적으로 분석하는 연구들이 늘어나면서 점차 미

---

10   Parker D B. 信息安全. 娄承肇 译.『世界科学』1985 (10): 42-45(王世伟·曹磊·罗天雨 2016. 22에서 재인용).

11   션웨이광은 1990년 3월 세계최초로 〈정보전(信息战)〉 제하의 저서를 출간하였고, 정보변경(信息边疆), 정보화전쟁(信息化战争), 정보화군대(信息化军队) 등의 신전쟁개념을 제시하였다.

12   Peiran Wang(2012) "China's Perceptions of Cybersecurity."를 참조하여 중국 초기 사이버안보 연구 내용 재정리.

13   중국 국무원 홈페이지 http://www.gov.cn/zwgk/2012-07/17/content_2184979.htm (검색일: 2017.12.11)

국을 중심으로 한 서구의 사이버 안보 개념과 전략을 토대로 중국 스스로의 사이버 안전개념과 전략을 정비하는 추세가 강화된다(刘勃然·黃风志 2012; 尹建国 2013). 중국은 사이버 안보와 관련하여 '정보안전(information security/xinxianquan, 信息安全)' '사이버안전(cyber security/wangluoanquan, 网络安全)' '사이버공간의 안전(security in cyber space/wangluokongjiananquan, 网络空间安全)' 등 서구에서 사용되는 사이버 안전의 개념을 구체적으로 분석하고 기존의 '정보안전' 중심의 안보개념을 '사이버안전, 사이버공간의 안전'으로 확대해 가고 있다(王世伟 2015; 王世伟·曹磊·罗天雨. 2016). 최근의 사이버 안전 관련 조직과 법률 등을 종합할 때 중국도 점차 서구의 '사이버안보(cyber security)'에 상응하는 개념으로 '사이버안전(网络安全)'의 사용빈도가 높아지는 듯하다.

중국은 시진핑 체제가 출범한 2012년 18차 당대회 이후 중국 특색의 국가안보 방안을 정립하기 위해 노력하고 있다. 중국 특색의 국가안보추진은 중국 특색의 사회주의 건설의 심리적 기초를 견지하고 발전시키는 것이라고 강조한다. 중국이 사이버 안전 문제에 대한 법적·제도적 정비를 강화하고 있는 것 또한 이러한 국가안보 강화라는 큰 틀에서 전개되고 있다고 할 수 있다. 중국은 18차 당대회 이후 종합적인 국가안전관을 제시하고 사이버 안전 문제에 대한 일련의 새로운 사상, 새로운 관점, 새로운 논의를 제시하면서 국가 사이버 안전 조치를 강화해가고 있다(徐长安 2017, 62). 최근 구체화되고 있는 중국의 '사이버 안전'은 중국 특색의 정치체제, 세계관, 대외전략을 반영하고 있다는 점에서 보편적으로 인식되는 사이버안보 담론과 차별화되는 내용을 담고 있다. 중국의 사이버 안전 담론의 특징은 1980년대 이후 지속되어 온 당의 국가발전전략, 정치이념과 외교이념이 반영되어 있다.

중국은 '중국 특색의 사이버 발전의 길(中国特色网络发展道路)'을 강조하면서 중국 특색의 '사이버 발전' 방향이 존재함을 강조한다. 중국 특색의 사이버 발전의 길에서 사이버 안전은 중요한 요소이다. 2015년에 발표된 중국의 〈13차 5개년 정보화 발전계획〉에도 사이버 안전은 중요한 과제로 포함되어 있다. 사이버 안전 역량을 강화하는 것이 정보화발전에 내재된 위험요소들을 방지하는 핵심적인 과제라는 것이다. 중국이 '인터넷강국'이라는 목표하에 가장 우선적으로 내세우고 있는 과제는 '지도사상(指导思想)'이다. 중국 정보화의 발전이 절대 '중국 특색의 정보화 발전의 길(中国特色信息化发展道路)'을 벗어나지 않아야 함을 확고히 하고 있다('十三五'国家信息化规划的通知, 2016.12.15). 중국은 인터넷강국의 꿈을 꾸면서 또 한편으로는 중국의 사회주의 체제가 타협되지 않는 중국 특색의 정보화발전 기조를 견지하고 있는 것이다.

2. 중국 특색의 사이버 안전 담론

중국은 사이버안전과 관련하여 주권과 반패권, 내정불간섭 등을 강조하면서 사상적 오염의 방지와 정치사회의 안정을 강조하고 있다. 이는 중국이 '공산당 영도의 사회주의 체제'를 사이버 위험으로부터 보호해야 할 최우선 안보대상으로 쟁점화하는 과정으로 이해할 수 있다. 중국이 사이버 발전에 대해 경제적 기회로 인식하고 국가 차원의 아젠다로 설정하여 정책적 지원을 대폭 확대하면서도 다른 한편으로 사이버 발전이 초래할 수 있는 대내적 체제불안과 대외적 공세요소들을 차단하기 위한 조치들을 적극적으로 확대해가는 이유도 바로 여기에 있다.

1) 정보화 발전과 사이버 안전의 병행발전: 1개 중심 2개 기본점 원칙의 지속

중국의 사이버 안전담론의 주요한 특징은 '정보화' 발전의 핵심요건
으로 '사이버 안전' 담론을 구사하고 있다는 것이다. 즉, 정보화 발전
과 사이버 안전은 두 개의 바퀴라고 강조한다. 중국의 사이버 안전 담
론이 서구와 다른 것은 사이버공간에 대한 인식의 차이에 근거한다고
할 수 있다. 미국의 사이버 안보전략은 국가안보와 군사안보에 직접
관련되어 있다. 정보화와 정보기술의 혁신과 경제발전은 시장영역의
문제로 인식되고 국가안보와 구분되고 있다(김동욱 외 2017, 93). 그러
나 중국의 사이버 안전 담론은 경제발전과 밀접히 연계되어 있다. 중
국최고지도자의 발언에서 보여지듯 중국에게 사이버공간의 발전은 경
제발전의 기회이면서 동시에 사회주의체제에 대한 위협이 될 수도 있
는 '양날의 칼'이다. 중국의 13차 5개년 정보화계획 또한 안전과 발전
을 공히 중시해야 한다는 것을 강조하고 있다. 과학적 사이버안전관을
수립하고 안전과 발전의 관계를 정확히 처리해야 한다는 것이다. 안전
이 발전을 보장하고 발전이 안전을 보장하는 것으로 사이버안보와 정
보화 발전은 상보적 관계라고 인식한다. 2017년 발효된 사이버 안전
법 또한 중국이 사이버 안전과 정보화 발전의 병행을 중시한다는 원칙
을 서두에 강조하고 있다. 중국 특색의 사이버 안전 담론은 이렇듯 안
보강화 조치를 정보화 발전의 필수요건으로 규정하고 있다.

　　이는 1978년 개혁개방을 선언한 이후 중국 공산당이 경제발전 과
정에서 지속적으로 견지하여온 '1개 중심(一個中心)과 2개 기본점(兩個
基本点)' 원칙의 틀이 정보화 발전에도 그대로 적용되고 있는 것이라
할 수 있다. 이는 사회주의 체제 속에서 시장경제의 발전을 이뤄가고
자 하는 경제적 개혁개방과 정치적 보수주의가 결합된 원칙이다. 1개
중심은 '경제발전'이고 2개 기본점은 '개혁개방'과 '4항 기본원칙'이다.

4항 기본원칙은 1) 사회주의 노선 견지, 2) 인민민주 독재, 3) 중국공산당 영도 4) 마르크스-레닌주의, 마오쩌둥 사상의 견지로 사회주의 사상과 공산당 유일영도체계라는 정치체제를 고수한다는 것이다. 사이버공간의 발전과 4차 산업혁명의 부상 등 새로운 경제발전의 단계에서도 여전히 중국은 4항 기본원칙을 견지하는 정치적 보수성을 강조하고 있다. 경제적으로는 개혁개방과 시장화를 촉진하면서 정치적으로는 공산당영도와 사회주의체제 유지를 핵심으로 하는 정치적 기본원칙을 절대 훼손해서는 안 된다는 것이다. 이러한 원칙은 중국의 인터넷 강국 전략에도 그대로 적용된다. 1개 중심은 '인터넷 강국'이고 2개 기본점은 정보화와 공산당 영도의 사회주의체제 유지이다. 인터넷 강국이 되기 위해 정보기술과 산업의 발전을 위한 정책적 노력을 확대하면서 한편으로는 공산당 영도의 사회주의체제가 위협받지 않도록 통제와 검열 등 안전조치를 강화하는 것이다.

2) 중국 특색의 사회주의 사상과 공산당 영도체제 보호

중국 사이버 안전 담론의 또 다른 핵심은 '사회주의 사상과 체제 안전'이다. 시진핑 체제에 들어서 중국 특색의 사회주의는 집권층의 핵심 화두로 더욱 강하게 부각되고 있다. 중국 공산당은 18차 당대회에서 '중국 특색의 사회주의' 견지를 가장 중요한 원칙으로 제시하였다. 18차 당대회 직후인 2012년 11월 18일에 중앙 정치국은 "중국 특색의 사회주의의 견지 및 발전을 중심으로 18차 당대회의 정신을 깊이 학습, 선전 및 관철하자"라는 주제로 제1차 집단학습(集體學習)을 개최했다. 이때 시진핑은 중국 특색의 사회주의를 견지하는 것이 바로 "18차 당대회의 보고를 관통하는 핵심 정신(一條主線)"이라고 강조했다(조영남 2013, 306). 상대적으로 전문화와 탈이념 성향이 강했던 후진타오-

원자바오 체제에 비해 시진핑 체제에서는 사회주의 이념과 중국 특색의 발전경로를 강조하면서 이념과 사상의 문제가 더욱 강조되고 있다. 2017년 19차 당대회에서는 '시진핑의 신시대 중국 특색 사회주의 사상(习近平新时代中国特色社会主义思想)'을 전 당과 전 국민의 이념적 지침으로 내세우면서 새로운 시대 중국 특색 사회주의 사상으로 중화민족의 위대한 부흥의 역사를 쓰겠다는 포부를 밝혔다. 이후 시진핑 신시대 중국 특색 사회주의사상은 경제, 안보, 교육문화는 물론 정보통신 분야 등 전 분야의 사상적 지침이자 발전의 경로로 적용되고 있다. 중국 특색의 사회주의 사상은 정보화를 위해서도 반드시 지켜져야 하는 것이다.

중국에서의 당의 정치의식은 사이버 안전 담론의 중요한 기준이 되고 있다. 당의 사상, 방침, 관념이 사이버 안보의 담론화와 정책결정에 반영된다. 시진핑 주석이 사이버 안전에 대해 사상적 통일과 관리를 강조하고 있는 것은 중국의 사이버 안전 담론이 '사회주의 사상과 공산당 유일 영도체제'를 주요한 안보의 대상으로 인식하고 있음을 보여준다. 시진핑은 2016년 4월 19일 좌담회에서 "사이버공간은 억만민중 공동의 정신마당(亿万民众共同的精神家园)"이라고 강조하였다. 이는 사이버공간이 가지는 사상적·문화적 중요성을 강조한 것이다. 2015년 중국공산당 사이버안전과 정보화영도소조 판공실 지도하에 공업정보화부 전자과학기술정보연구소(电子科学技术情报研究所)가 작성한 '사이버안전 국민의식조사보고(公众网络安全意识调查报告)'는 중국국민의 사이버안전의식이 매우 취약하다면서 국민들에게 사이버안전의식을 배양하고 교육하는 것이 중대한 문제라고 지적하고 있다(徐长安 2017, 65). 이러한 인식하에 중국은 사이버 여론관리와 인터넷 미디어에 대한 통제를 사이버공간 안전의 주요한 과제로 강조하고 있다. 시진핑은

2016년 10월 '정보기술혁신'과 관련한 중국공산당 정치국 제36차 집체학습에서 "인터넷 기술이 지속 발전하면서 인터넷의 사회동원 역량이 점차 강화되고 있다"고 강조하고 인터넷 미디어의 영향력이 점차 강화되는 추세 속에서 어떻게 사이버 법제도화와 여론주도를 통해 사이버공간의 질서와 국가안전, 사회안정을 확보하느냐가 중국이 직면한 주요한 과제라고 강조하였다. 특히 젊은층에 대한 인터넷의 영향력이 큰 만큼 사이버여론 관리와 사상선전작업을 강화하여야 한다고 강조하였다(黃庭滿 2017, 12-13).

중국은 2017년 중국공산당 19차당대회를 앞두고 턴센트의 웨이신(腾讯微信), 시나 웨이보(新浪微博), 바이두 티에바(百度贴吧) 등 3대 SNS를 사이버 보안법 의심으로 입안(立案)했다. 중앙사이버안전과 정보화영도소조 판공실은 관련 기업 대표자들과의 회의에서 당 관계자에 대한 루머를 비롯해 중국 군사 역사를 잘못 이해하는 등의 불법 콘텐츠의 구체적인 예를 언급하고 즉각적인 '정화 및 교정'을 실시할 것을 촉구했다는 것이다. 바이두는 이에 대해 '유감'을 표명하고 정부부처와 적극 협력하겠다는 뜻을 밝혔다.[14] 이렇듯 중국의 사이버 안전 담론화는 사회주의 사상과 이념, 공산당 영도의 정치체제를 핵심적인 안보의 대상으로 설정하고, 정치적 사회적 이슈화를 통해 통제와 관리전략을 실천해가고 있다.

3) 주권원칙과 반패권, 내정불간섭

중국의 사이버 안보 담론의 또 다른 특징은 당의 대외인식과 외교전략

---

14   뉴시스(2017.08.11) & BBC(2017.08.11) http://www.newsis.com/view/?id=NISX20170811_0000065945&cID=10101&pID=10100; http://www.bbc.com/news/world-asia-china-40896235

을 반영하고 있다는 것이다. 시진핑은 2013년 1월 28일 공산당 중앙 정치국 제3차 집단학습에서 "중국은 국가의 핵심이익을 결코 희생시키지 않을 것"이고 "어떤 외국도 우리가 핵심이익을 거래할 것이라고 희망해서는 안 되며, 우리가 국가 주권, 안전, 발전 이익의 손해라는 쓴 열매(苦果)를 감수할 것이라고 희망해서는 안 된다"고 밝혀 국가주권, 안전, 발전을 핵심이익으로 규정했다(조영남 2013a, 214). 중국은 헌법 서언에서 독립자주의 대외정책을 강조하고, 상호주권존중과 불가침, 내정불간섭, 평등호혜, 평화번영 등의 5항 원칙을 강조하고 있다. 또한 제국주의와 패권주의, 식민주의에 결연히 반대함을 명시하고 있다. 주권과 내정불간섭, 반패권주의라는 대외정책의 원칙은 사이버 안전 담론에서도 주요한 원칙으로 제시되고 있다.

중국은 국가가 글로벌 사이버공간을 구성하는 단위이면서 사이버 공간의 국제문제를 다루는 핵심적인 주체라고 인식한다(黃庭滿 2017, 19). 시진핑 주석은 2015년 인터넷을 어떻게 발전시킬 것인가에 대한 선택은 국가의 권리라고 강조했다. 중국은 이러한 차원에서 사이버 주권을 강조하고 있다. 시진핑 주석은 2016년 11월 제3차 세계인터넷대회 개막식 축사에서 "인류는 이미 인터넷시대에 돌입하였다"면서 "두 개의 원칙과 두 개의 추진방향(兩堅持, 兩推动)"을 강조하였다. 국제사회가 지켜야 할 두 개의 원칙은 인류공동 복지를 근본으로 한다는 것과 사이버 주권이념을 견지해야 한다는 것이다. 두 개의 추진 방향은 첫째, 전 세계 사이버관리가 공정하고 합리적인 방식으로 전개되어야 한다는 것과 둘째, 사이버공간이 평등존중, 혁신발전, 개방, 질서안전의 목표를 실천하여야 한다는 것이다(黃庭滿 2017, 19). 이렇듯 중국은 인터넷 시대 원칙과 담론을 구축하고 국내외에 확산시켜 가기 위한 행동과 전략들을 구체화하고 있다. 사이버주권은 사이버공간에 대

한 결정권과 통제권이 국가의 영토 범위 내에 있다는 입장을 반영한다
(Iasiello 2016, 1). 2016년 6월 25일 중국주석과 러시아대통령의 〈정
보사이버공간발전(信息网络空间发展) 추진에 관한 공동성명〉은 사이버
주권, 타국가의 사이버주권 행위에 대한 침해에 반대한다는 데 인식을
같이하고 사이버공간의 기술협력과 경제협력을 강화하여 사이버공간
의 새로운 질서를 구축하는 데 공동노력하기로 하였다(王世伟·曹磊·罗
天雨 2016, 25). 중국 주도의 상하이협력기구(SCO)도 '국제정보안보행
동협약(International Code of Conduct for Information Security)' 제
정을 제안하고 있으며 이 협약 또한 개별국가의 주권을 강조하고 적용
범위를 넓게 하여 검열 및 정보차단의 여지를 남기고 인권제한 가능성
을 명시하였다(배영자 2017, 15).

　중국의 대외정책 기조로 견지되어 온 또 하나의 핵심적 요소는
'반패권주의'이다. 냉전기에도 그리고 냉전이후에도 중국은 반제국주
의와 반패권주의라는 기조를 내세우면서 미국이 주도하는 서구질서의
압박에 대응해 왔다. 중국은 사이버공간이라는 초국경적 공간, 그리고
초국적인 의사소통과 정보의 교류가 이뤄지는 공간이 서구 주도질서
에 대한 중국의 편입, 혹은 서구의 중국 침투를 용이하게 하는 채널이
될 수 있다는 위협인식을 가지고 있다. 서구가 1989년 천안문 사건 이
후 중국의 체제와 내정에 대한 압박으로 '인권'을 활용하였던 것과 마
찬가지로 정보화시대에는 사이버공간이 서구국가들의 대중국 개입과
압박의 수단이 될 수 있다고 인식한다(Wang 2012, 38). 시진핑 주석이
국제사회가 중국의 발전방향을 이해하도록 하기 위해 사이버 분야에
대한 국제사회와의 적극적인 교류를 강조하고 있는 이유도 이러한 미
국 주도의 대중국 봉쇄전략에 대한 대응으로 이해할 수 있다.

　인터넷 산업은 단순히 기술과 서비스라는 도구적 차원을 넘어 초

국적인 정보의 교류가 이뤄지고 개인 간의 소통과 연대, 그룹화를 가능하게 하는 사유의 공간이면서 문화의 공간이라는 특징을 지닌다. 인터넷산업이 다른 산업과 가장 차별화되는 것은 산업 자체가 매우 정치적이고 사회적이라는 점일 것이다. 인터넷 산업의 부상은 어찌 보면 가장 정치적인 가장 사회적인 경제의 등장으로 볼 수 있다. 공간과 사람, 생각이 무형적으로 연결될 수 있도록 하는 것이 인터넷이고 이러한 인터넷의 발전은 곧 사회와 생각의 유동적 만남과 변화가 수반될 수 있다. 즉, 산업의 방향과 내용이 정치적 사회적 영향을 받을 뿐만 아니라 산업의 방향과 내용이 정치적 사회적 변화에 영향을 미칠 수 있다는 것이다. 사이버분야는 정신문화, 이념과 밀접히 연계되어 있는 경제분야라는 점에서 다른 제조업이나 서비스산업과 다르다. 이러한 특징으로 인해 사이버공간에 대한 규범은 중국 공산당의 정치적 의식이 가장 강하게 개입될 수밖에 없고 중국 특색의 사이버 안전 담론이 중국의 정치이념, 외교이념과 국가발전전략을 모두 담고 있는 이유일 것이다.

IV. 중국 특색의 '사이버 안전' 거버넌스와 제도

중국은 시진핑 체제 출범 이후 시진핑 주석을 조장으로 하는 '중공중앙사이버안전과 정보화영도소조' 신설, '국가사이버공간안전전략' '사이버안전법' '사이버공간에 대한 국제협력전략' 등을 잇달아 공식 발표하면서 사이버 안전 문제에 대한 국가차원의 대내외전략 수립과 제도정비에 주력하고 있다. 사이버공간이 국제정치경쟁의 새로운 영역으로 부상하면서 중국은 경제발전과 정치안정이라는 두 가지 목표를 동시에 관철하기 위한 사상적 기반과 실질적 조치들을 다양하게 전개해가고 있다. 중국이 구체화하고 있는 사이버 안전관련 제도와 법은 모두 체제와 사회주의 사상, 주권, 반패권, 내정불간섭 등의 내용을 담고 있다.

1. 중국 특색의 '사이버 안전' 거버넌스

1) 중국공산당 주도의 사이버 안전 거버넌스

중국은 2012년 18차 당대회 이후 사이버 안보를 국가안보전략의 중요한 요소로 강조하고 있다. 중국은 2014년초 최고권력기구라 할 수 있는 중국공산당 중앙위원회 산하에 '중앙사이버안전과 정보화영도소조(中央网络安全和信息化领导小组)'를 설립하고 소조 업무를 총괄하는 사무국을 중앙당 부서로 신설하였다. 중국공산당이 시진핑 주석을 조장으로 하는 '중앙인터넷안전과 정보화영도소조'를 중국공산당 중앙위원회 직속으로 신설한 것은 사이버안전이 국정의 핵심 과제로 부상하였음을 보여주는 것이다. 중국공산당이 사이버 안전과 관련한 전략방향과 지침을 결정하고 국무원이 이를 실천하고 각 지방에 하달하는 기능을 담당하면서 실제 중앙인터넷안전과 정보화영도소조는 인터넷산업의 발전이 사회주의 체제와 사상, 발전의 경로를 벗어나지 않게 하는 데 중점을 두고 있다.

사이버 안전에 대한 중국의 최고 정책결정기구이면서 지휘부라고 할 수 있는 '중앙인터넷안전과 정보화영도소조'는 시진핑의 사이버 안전관을 선전하면서 전국의 사이버안전과 정보화 기구에 공산당 중앙의 지침을 지속적으로 전달하고 선전하고 있다. 중앙인터넷안전과 정보화영도소조의 조장은 공산당 총서기인 시진핑주석이 직접 맡음으로

써 공산당이 인터넷발전과 사회안정을 동시에 추구하는 것이 중국공
산당과 국가의 운명에 얼마나 중대한 사안인지를 보여준다고 할 수 있
다. 본 영도소조의 사무처기구격인 중앙사이버안전과 정보화영도소조
판공실 주임은 쉬린(徐麟) 중국공산당 중앙선전부부부장이 맡고 있다.
중앙사이버안전과 정보화영도소조 판공실은 국무원산하의 국가인터
넷정보화실(国家互联网信息办公室)로도 기능하고 있다. 공산당 영도소
조 판공실의 주임과 부주임이 모두 국가인터넷정보화담당실의 주임과
부주임을 겸하고 있는 것이다.[15] 이는 중국의 사이버 안전 거버넌스가
중국 당국가체제의 전형적인 '공산당 영도 – 행정부 이행'의 구조를 지
니고 있음을 보여주는 것이다.

〈표 6.1〉에서 보는 바와 같이 사이버 안전의 거버넌스 체계는 중
국공산당의 '중앙 사이버 안전과 정보화 영도소조'를 최고 정책결정기
구로 하고. 실무부서인 판공실을 매개로 하여 당의 지침과 영도를 정
부부처와 지방정부가 구체적으로 이행하는 체계를 가지고 있다. 전형
적인 당국가체제의 거버넌스 구조라고 할 수 있다. 중국에서 사이버안
보 관련 이슈를 다루는 정부기관은 16개가 존재한다. 세부분야를 담당
하는 기관으로는 국무원 신문판공실(中华人民共和国国务院新闻办公室),
문화부(文化部), 국가신문출판광고총국(国家新闻出版广电总局, SARFT),
교육부(教育部), 국가안전부(国家安全部), 국가기밀국(国家保密局) 등이
다. 종합적이고 포괄적으로 국가사이버정책을 담당하는 부서는 공업
정보화부(工业和信息化部), 공안부(公安部) 등이 있다. 또한 공업정보화

---

15 중국공산당중앙인터넷안전과정보화영도소조 판공실(中央网络安全和信息化领导小组办公
室)과 국무원 산하 국가인터넷정보화담당실(国家互联网信息办公室)의 구조는 본 기관의
공식홈페이지인 http://www.cac.gov.cn/에서 구체적인 인원구성과 이력 등을 확인할
수 있다.

표 6.1. 중국 사이버 안전 거버넌스 구조도

```
            ┌──────────────────────────────┐
            │      중국공산당 중앙위원회       │
            └──────────────────────────────┘
            ┌──────────────────────────────────┐
            │    중앙사이버안전과 정보화영도소조    │
            └──────────────────────────────────┘
```

┌──┐
│ -지도부   │
│ 조장: 시진핑(당총서기, 국가주석)   │
│ 부조장: 리커창(국무원 총리)   │
│ 부조장: 왕후닝(선전담당 정치국 상무위원)   │
│ -위원   │
│ 국무원 부총리, 공산당 중앙 선전부장, 중앙 조직부장, 정책실장   │
│ 중앙군사위 부주석, 공산당 중앙 정법위 서기, 공안부장   │
│ 국무원 비서장, 중국인민은행장, 인민해방군 총참모장,   │
│ 국가발전개혁위원회 위원장, 공업정보화부 장관, 재정부장관, 외교부장관, 교육부장관 │
│ 과학기술부 차관(당조 서기), 문화부 장관, 국가신문출판광고총국 국장   │
└──┘

┌──┐
│ '중앙사이버안전과 정보화영도소조 사무국 / 국가인터넷정보화 사무국 │
│ -국장: 쉬린 (공산당 중앙 선전부부부장)   │
└──┘

┌────────────────────────┐ ┌──┐
│ 공업정보화부 등 16개 정부부처 │ │ 지방 사이버안전과정보화영도소조 판공실(32개 시·성) │
└────────────────────────┘ └──┘

부 산하에 1999년 설립된 국가컴퓨터인터넷긴급기술처리센터(国家计算机网络应急技术处理协调中心)가 사이버 위기 대응을 담당한다. 결국 공업정보화부가 사이버 안전의 가장 핵심부서라고 할 수 있다(Wang 2012, 36). 대부분의 사이버 안전 관련 정부부처의 장관은 중앙사이버안전과 정보화영도소조의 위원이다. 중국 당국가체제의 주요한 특징 중 또 하나는 '계통(系統)'이다. 중앙의 조직이 지방의 당조직까지 이어지는 상하 계통구조를 가지고 있어 상부의 지침과 명령이 지방말단까지 전달되고 이행된다는 것이다. 사이버안전과 정보화 영도소조 판공실 홈페이지를 보면 32개 시와 성급 당위원회에서 중앙과 똑같은 사이버안전과 정보화 영도소조판공실이 존재함을 할 수 있다.[16] 공산당 중앙의 사이버안전 관련 조직이 지방정부 당위원회에도 똑같이 결성되어 사이버 안전과 관련한 '당중앙 주도-지방당 확산과 이행'의 전국적 거버넌스를 갖추고 있다. 중국의 사이버 안전 거버넌스의 또 하나의 특징은 정보화와 사이버 안전을 동시에 추구하고 관리한다는 것이다. 사이버안보를 사이버발전의 핵심적인 과제로 강조하면서 사이버 발전과 사이버 안전의 양면전략을 통해 경제성장을 촉진시키면서 정치사회적 안정을 지속시키려는 경제적 정치적 목표의 동시실현을 추구한다. 이런 점에서 중국의 사이버 안보전략에서는 정치군사적 차원의 국가안보와 정보기술의 혁신과 발전을 의미하는 경제발전이 인식에서나 제도적으로 분명하게 분화되어 있다고 보기 어렵다(조현석 외 2017, 93).

중국의 외교정책 결정의 이데올로기적 요소를 분석할 때 공산당의 정치의식이 중국외교정책 결정과정에 깊숙이 개입할 수 있는 배경은 바로 공산당 영도체제이다. 공산당은 특정 시기의 총체적 외교 이데올로기를 각급 공산당 조직을 통해 연관 행정기관에 전달하고 상관부분의 구체적 업무를 지도하며 당원의 행위를 당의 방침, 정책과 일치하도록 활용하고 있다(남종호 2014, 130). 사이버 안전 담론 또한 중국 공산당이 최고정책결정기구로서 주도하고 있다는 점에서 공산당의 정치의식이 사이버 안전의 담론화와 정책결정 과정에 깊숙이 개입될 수밖에 없는 구조적 환경에 있다고 할 수 있다. 공산당의 중앙사이버안전과 정보화영도소조는 2014년 신설 이후 사이버 안전과 관련하여 중국의 담론을 형성하는 데 주도적인 역할을 하여 왔다. 시진핑 주석

16   중앙사이버안전과 정보화영도소조 홈페이지를 보면 "地方网信"이라는 항목에서 각 지방의 당위원회 사이버안전과 정보화영도소조 판공실의 활동상황을 상세히 게재하고 있다. http://www.cac.gov.cn/df0.htm

은 "사이버안전이 전체 국가안전의 문제중 중대한 부분"이라고 강조하고 중국이 인터넷 강국으로 부상하는 데 있어서도 필수적 요소임을 제시하였다(林曉嫻 2017, 129). 2014년 2월 '사이버안전과 정보화영도소조' 제1차 회의에서도 정보화 발전과 사이버 안전의 양자관계를 "하나의 몸통에 있는 양 날개이며, 두 바퀴"라고 비유하고, 반드시 통일된 계획과 구조, 실천이 필요하다고 강조하고, '발전'과 '안전'의 관계를 잘 대응하여 '인터넷강국'의 길로 나아가자며 인터넷 강국의 비전을 제시하였다(新华网 14.02.28). 이렇듯 중국에서 사이버 안전 담론은 중국 최고지도부에 의해 쟁점화되고 확산되는 과정을 거치고 있다고 할 수 있다. 2017년 11월 저장성에서 개최된 제4회 세계인터넷대회에 시진핑 주석 대신 왕후닝(王沪宁) 이념 선전담당 정치국 상무위원이 참석하여 개막식 기조연설을 하였다. 1980년대 '先경제건설, 後민주'라는 신권위주의의 대표적 사상가인 왕후닝의 연설은 사이버공간에 대한 사상적·정치적 접근을 중시하는 중국지도부의 인식이 보여지는 한 장면이었다.

2) 국가-시민사회의 사이버 안전 협력 체제

중국은 국가주도, 당 영도의 국가-사회관계가 특징이라고 할 수 있다. 현실적인 중국 정치체제로 볼 때 당 중앙의 영도자와 영도집단은 공산당과 일반대중에 구심점 역할을 하고 있다(남종호 2014, 130). 중국은 중앙사이버안전과 정보화영도소조 설립 이후 사회 각분야에서 당과 정부의 사이버 안전 조치들을 뒷받침하고 확산시킬 수 있는 사회적 조직과 여론을 형성하는 데 주력하고 있다. 중국은 오랫동안 핵심적 정책어젠다에 대해 사회를 동원하고 통제하는 방식으로 비정부조직을 활용해 왔다. 사이버 안전 이슈에 대해서도 중국은 적극적으로 사회의 참여와 지지를 강화할 수 있도록 다양한 측면에서 사회적 동원을 추진해가고 있다. 사이버 안전 분야의 국민적 이해와 참여는 물론 사회 각 부분이 정부의 지침과 정책 방향에 협력하여 당의 지도를 확고히 관철하도록 하는 것이다.

사이버 안전 추진체계의 대표적인 정부주도 사회기관은 2016년 3월 25일 북경에서 창립한 중국사이버안전협회(中国网络空间安全协会, Cyber Security Association of China, CSAC)이다. 이 협회는 국내 사이버안전관련 산업, 교육, 연구 등에 종사하는 기업과 개인들이 자발적으로 참여하여 구성된 전국적 비영리사회조직을 표방하고 있다. 사이버안전 관련 국가전략과 업무에 헌신하면서 중국의 사이버공간의 안전과 발전을 도모하는 것을 목표로 하고 있다.[17] 중국사이버안전협회는 2017년 9월 17일 상해에서 제2차 회의를 갖고 '사이버안전법' 선전과 국제협력 등에 대한 지지와 협력을 결의하였다.[18] 본 협회는 국무원 산하의 국가인터넷정보사무국의 지도하에 활동하는 것으로 중국 특색의 '국가-사회'관계를 대표하는 정부 주도의 비정부기구(Government organized NGO, GONGO)라고 할 수 있다. 중국 국무원 직속기관인 중국공정원(中国工程院, Chinese Academy of Engineering)의 연구원이 이사장으로, 정부의 통솔하에 사이버사회조직, 사이버안전 관련 종사자와 네티즌들에게 사이버 안전법을 교육하고 선전하면서 사이버공간의 건강한 발전과 안전을 강화하는 데 역할한다. 또한 사이버주권과 안전을 존중하는 기초 위에 세계 각계의 사이버안전 관련 인사, 연구

17　中国网络空间安全协会 홈페이지. https://www.cybersac.cn/News/getNewsDetail/id/86/type/2 (검색일: 2017.12.12)

18　中央网信办, "中国网络空间安全协会第二次会员代表大会在上海召开."(2017.09.20) http://www.cac.gov.cn/2017-09/20/c_1121694176.htm (검색일: 2012.12.12)

기구, 기업과 정부 및 비정부조직들과 함께 사이버안전을 구축하고 사이버공간의 인류공동운명체를 건설하는 것을 목표로 하고 있다.

중국은 2006년 중국공산당 중앙과 국무원 명의로 "중국국가정보화 발전전략(国家信息化发展战略) 2006-2020"을 공표했다. 본 전략은 국가정보보안 역량을 향상시키기 위한 구체적인 전략들을 담고 있다. 이 보고서는 사이버 안전이 단순히 군사적 측면뿐만 아니라 시민사회의 측면을 포괄하는 다면적 문제라고 인식한다. 이러한 문제인식 하에 중국 공산당은 사이버 안전 정책의 정통성과 사회적 지지를 강화하기 위한 다양한 사회적 활동을 조직하고 있다. 중앙사이버안전과 정보화영도소조 판공실은 2017년 9월 16일부터 24일까지를 전국 사이버 안전선전주간으로 정하고 사이버 안전에 대한 의식과 참여를 고취하였다. 2016년부터 시작된 사이버 안전 선전주간의 주제는 "국민을 위한 사이버 안전, 인민에 의한 사이버 안전(网络安全为人民, 网络安全靠人民)"으로 사이버 안전법 교육 등 사이버 안전에 대한 국민의 이해와 협력을 요구하고 있다.[19] 중국은 또한 인재양성 등 사이버 안전을 위한 사회적 기반을 강화하는 것 또한 다양하게 추진하고 이다. 최근 중앙사이버안전과 정보화영도소조 판공실과 교육부 등은 세계 일류의 사이버 안전학원 설립을 추진하고, 사이버 안전과 관련한 시민사회의 역량 강화와 인재양성을 위해 2017년부터 2027년까지 일류 사이버 학원 시범항목을 실시하기로 하였다.[20] 이렇듯 중국은 공산당 영도와 정부, 시민사회의 협력을 통해 사이버 안전 문제를 담론화하고 주요한 정책

---

19   중앙사이버안전과 정보화영도소조 판공실 홈페이지(2017.09.19). http://www.cac.gov.cn/2017-09/19/c_1121685291.htm (검색일: 2017.12.16).

20   중앙사이버안전과 정보화영도소조 판공실 홈페이지(2017.09.17). http://www.cac.gov.cn/2017-09/16/c_1121674366.htm (검색일: 2017.12.16).

들을 실천해가는 구조를 점차 더 체계화, 제도화해가고 있다.

2. 중국 특색의 '사이버 안전' 담론이 반영된 법과 규범의 구체화

중국은 18차 당대회 이후 종합적인 국가안전관을 제시하고 사이버 안전 문제에 대한 일련의 새로운 사상, 새로운 관점, 새로운 논의를 제시하면서 국가 사이버 안전 조치를 강화해가고 있다(徐长安 2017, 62). 중국은 시진핑 체제 출범 이후 법으로 통치한다는 "의법치국(依法治國)"의 기조하에 사이버공간에 대한 통제와 관리 또한 법에 근거해 추진한다는 "의법치왕(依法治網)"을 강조하면서 사이버안전을 위한 법적 기반을 강화해가고 있다. 중국이 최근 잇달아 지정하고 있는 사이버 안전 관련 법률과 규범은 모두 사회주의 사상과 체제 수호, 사이버주권, 반패권 등의 핵심적인 사이버 안전 담론을 기본원칙으로 내세우고 있다. 사이버 안보와 관련한 제도와 실천들이 다양하게 구체화되고 있는 상황에서 중국 특색의 사이버 안전 담론이 일관되게 반영되고 있음을 볼 수 있다.

중화인민공화국 사이버안전법(中华人民共和国网络安全法)

중국은 공산당 18기 4중 전회에서 사이버안전과 관련한 법률규정 강화를 결의하고 2016년 11월 7일 제12기 24차 전인대 상무위원회에서 국가주석령 제53호 〈중화인민공화국사이버안전법(中华人民共和国网络安全法)〉를 통과시켰다. 중국정부는 본 사이버안전법이 광범위한 사이버공간의 안전관리 문제를 다룬 최초의 기본법률이라고 강조한다(中共中央网络安全和信息化領导小组办公室 2016.11.07).[21] 사이버안전법은 모두 7장 79조로 구성되고, 6가지 명확한 원칙을 제시하였다. 사이버 안전법은 체제와 사상의 보호, 주권 수호라는 중국 특색의 사이버 안전 담론을 그대로 담고 있다. 사이버 안전법 제1조 입법목적은 중국의 사이버공간 주권을 수호하는 것임을 강조한다. 중국공산당의 '사이버안전과 정보화영도소조'가 발표한 사이버 안전법의 해설 요지에 따르면 사이버 안전법의 첫 번째 기본 원칙 또한 사이버 주권이다. 사이버 안전법 6조는 사회주의 핵심가치관을 확산시키는 것을 주요한 목적으로 하고 있다. 제28조는 모든 네트워크 운영자가 공안기관과 국가안전기관이 국가안전과 범죄조사를 위한 활동을 진행하는 데 있어서 협력해야 한다고 강조한다. 이와 함께 체제안정을 위한 사이버 안전 조치를 구체화하고 있다. 제58조에 따르면 국가안전과 사회공공질서 유지를 위해 중대한 사건이 발생할 경우 국무원 결정이나 비준을 거쳐 특정한 지역에서 통신망을 제한하는 조치를 취할 수 있다. 사이버 안전법은 또한 사이버공간의 통제가능성을 높이기 위해 사이버 국경을 구축하기 위한 조치들을 제시한다. 제37조에 따르면 핵심정보인프라 운영자가 중국 국경 내에서 수집한 개인정보와 데이터를 중국 경내에 저장하여야 한다. 해외로 정보를 제공해야 할 경우 국가인터넷정보부서와 국무원 관련 부서가 제정한 방법에 따라 안전성 평가를 받도록 하고 있다.[22]

국가사이버공간안전전략(国家网络空间安全战略)

2016년 12월 27일 중국중앙사이버안전과 정보화영도소조의 비준을 거쳐 발표된 〈국가사이버공간안전전략(国家网络空间安全战略)〉 또한 중

---

21   http://www.cac.gov.cn/2016-11/07/c_1119866583.htm

22   중국전국인민대표대회 홈페이지(2016.11.07). http://www.npc.gov.cn/npc/xinwen/
      2016-11/07/content_2001605.htm

국이 사이버 안전과 관련하여 핵심적인 보호대상으로 정치사회안전과 통합을 설정하고 있음을 보여준다. 본 전략이 첫 번째 위협으로 제시하고 있는 것이 정치안전의 문제이다. 사이버공간의 침투가 정치안전을 위협한다는 것으로 사이버공간을 활용하여 내정간섭, 정치제도공격, 사회운동 선동, 정권전복 등을 기도할 수 있어 국가정치안전과 정보안전에 중대한 위협이 될 수 있다고 강조한다. 세 번째 위협으로 제시된 문화안전도 사회주의 이념과 사상적 오염에 대한 우려를 제기한다. 사이버공간을 통한 각종 사상 문화 접촉이 중국의 우수한 전통문화와 주류적 가치관을 공격할 수 있다는 것이다.[23] 이외에도 본 전략은 위협으로 경제안전과 사회안전의 위협을 강조한다. 에너지, 교통, 통신, 금융 등 기초 시설이 사이버 공격에 노출되는 등 국가경제안전과 이익에 대한 위협이 될 수 있고, 사이버테러와 분열주의 극단주의 등이 국민의 생명과 재산, 사회질서 안정에 위협이 될 수 있다는 것이다. 중국이 사회안전 위협으로 제시하고 있는 분열주의와 극단주의는 소수민족의 독립운동과 분열행동이 초래할 수 있는 국가통합, 중화민족의 통합이라는 중국의 국가목표에 대합 위협을 강조하고 있다고 할 수 있다.

본 전략은 4가지 원칙으로 ① 사이버공간 주권 존중과 보호 ② 평화적 이용 ③ 법에 의한 사이버 관리(依法治网) ④ 사이버안전과 발전의 병행추진을 제시한다. 주권의 문제는 여전히 최우선 원칙으로 강조되고 있다. 본 전략이 제시하는 9가지 전략임무에서도 사이버공간 주권 원칙과 사회주의 핵심가치관 수호의 문제가 주요하게 다루어진다. 첫째, 전략임무가 국가주권 수호로, 사이버공간을 통해 중국의 정권을 전복하려는 것과 중국의 주권을 침해하는 어떠한 행동에도 결연히 반

---

23   중국중앙사이버안전과 정보화영도소조 판공실 홈페이지. http://www.cac.gov.cn/ 2016-12/27/c_1120195926.htm (검색일: 2017.05.01)

대한다는 것이다. 둘째, 국가안전 보호 임무이다. 반국가행위, 분열행위, 선동활동, 인민민주독재를 전복하거나 전복을 선동하는 어떠한 행위도 억제해야 한다는 것이다. 국가기밀을 유출하거나 사이버공간을 통한 침투, 파괴, 전복, 분열활동을 방지하는 것이다. 셋째, 중요한 정보기초시설을 보호하는 것이다. 넷째는 사이버문화 건설을 임무로 제시한다. 이는 사회주의 핵심가치관을 교육하고 이행하는 것을 주요한 과제 중의 하나로 강조한다.

사이버공간국제협력전략(网络空间国际合作战略)

중국의 〈국가사이버공간안전전략〉은 사이버공간에 대한 국가주권을 강조하면서도 한편으로는 국제협력 강화를 역설한다. 사이버공간의 대화협력을 강화하고 글로벌 거버넌스 체계의 혁신을 추진한다는 것이다. 일대일로 건설을 가속화하여 정보 실크로드를 열어간다는 것도 주요한 임무로 제시하고 있다. 이러한 국가사이버공간의 안전전략은 2017년 3월 1일 발표된 〈사이버공간국제협력전략(网络空间国际合作战略)〉의 기반이 되었다고 할 수 있다. 중국은 본 협력전략이 사이버공간의 문제에 대한 중국의 정책적 입장을 선언하는 것이라고 강조하고 있다. 본 협력전략 또한 '사이버공간 운명공동체'를 목표로 사이버공간의 국제교류 협력을 내세우면서도 한편으로는 사이버주권, 반패권, 내정불간섭 등의 사이버 국경을 강조하고 있다. 본 전략은 국제교류협력의 4가지 기본원칙으로 '평화, 주권, 협치(共治), 보편혜택(普惠)'을 제시하고 있다. 주권 원칙에서 중국은 UN헌장을 언급하며 주권평등 원칙이 국제관계의 기본 원칙이라고 언급하고 개별국가들이 자주적으로 사이버 발전의 방향, 사이버 관리 방식을 결정할 권리를 존중해야 한다고 강조한다. 또한 사이버 패권을 추구해서도 안 되고, 타국의 내정에 간섭하지 않아야 하며 다른 국가의 안전을 침해하는 사이버 활동을 용인하거나 지원해서는 안 된다고 강조한다.[24] 전략목표에서도 첫 번째 목표로 〈주권과 안전보호〉를 내세우고 있다. 기본원칙에서와 마찬가지로 어떠한 국가도 사이버를 활용하여 내정간섭을 해서는 안 되며 자국의 사이버안전 보호를 위한 권리와 책임이 있다고 강조한다. 두 번째 목표는 〈국제규칙체계 구축〉이다. 사이버공간이 새로운 영역으로 관련 규칙과 규범이 필요한 만큼 중국은 이러한 사이버공간의 규칙과 규범을 제정하는 데 적극적인 역할을 하겠다고 강조한다.

이렇듯 사이버 안전과 관련하여 구체화되고 있는 중국의 다양한 법과 규범들은 사회주의 사상과 체제 수호, 주권수호, 반패권, 내정불간섭 등 중국 공산당영도의 사회주의 체제를 보호하고 중국의 부상을 지속하기 위한 반패권의 노선이라는 정치외교적 논리를 강하게 반영하고 있음을 볼 수 있다. 중국은 주권원칙에 기반하여 각국이 필요에 따라 사이버 안전을 위한 정책과 법률을 제정할 권리를 가지고 있다고 강조하고 있어 사이버 안전법 등 중국의 조치에 대한 서구사회의 반발과 비판에 '주권과 내정불간섭 원칙'으로 지속 대응할 가능성이 높다.

V. 중국 사이버 안전 담론의 국제정치경제적 함의

본 연구는 중국 특색의 '사이버 위협인식'과 '사이버 안전 담론'을 분석하고, 그것이 사이버 안전 거버넌스 구축, 법과 국제규범의 창출 과정에서 어떻게 중국 특색의 제도화로 나타나는지를 고찰하였다. 중국은

---

24   중국중앙사이버안전과 정보화영도소조, 『网络空间国际合作战略』(2017.03.01). http://www.cac.gov.cn/2017-03/01/c_1120552617.htm (검색일: 2017.12.14.)

2017년 10월 개최된 19차 당대회에서 '시진핑 신시대 중국 특색 사회주의 사상'을 지도이념으로 당규에 삽입했다. 중앙사이버안전과 정보화영도소조 판공실도 국가의 사이버 안전 관련 조직과 공간을 통해 '시진핑 신시대 중국 특색 사회주의 사상'을 선전하고 확산시키는 데 주력하고 있다. 중국의 사이버 안전 담론의 핵심 보호 대상이 사상과 체제임을 보여주는 것이다. 중국의 사이버 안전이 정치적으로는 공산당 영도와 사회주의 체제를 유지하면서 경제적으로는 사이버 강국, 미래부국으로서의 위상을 확보하기 위한 중국의 양면인식과 전략의 구조 속에 존재한다는 점에서 글로벌 사이버공간의 주요한 행위자로 부상한 중국이 향후 사이버 안전 국제체제와 규범을 구축해 가는 데 있어서도 상당한 영향을 미칠 것으로 보인다.

우선 첫째, 중국은 사회주의 이념과 공산당 영도체제의 보호와 국내 정치사회의 안정, 국가통합을 위해 해외의 사상과 문화를 유입시키지 않기 위한 전략으로 사이버 국경을 강화해갈 것이다. 사이버공간의 통제가능성을 사이버 발전의 관건으로 인식하는 중국 공산당에게 유일한 방법은 사이버공간에 영토경계를 만들어 영토 내의 사이버공간을 통제하는 것이다. 외세의 침입, 체제 불안정이라는 다양한 위협인식에 근거하여 실제로 중국은 사이버공간에 국경을 만들어가고 있다. 실시간 검열을 통해 정보를 통제하고 있는 중국의 가장 대표적인 통제수단은 방화벽(the Great Firewall of China)[25]으로, 중국 사이버공간의 모든 트래픽을 모니터하면서 다수의 특정 웹사이트에 접근을 차단하고 모든 중국 네트워크를 세계의 인터넷 네트워크로부터 단절시

---

25   중국의 방화벽을 '만리장성'에 비유하여 칭하는 '사이버 만리장성(the Great Firewall of China)'은 1997년 와이어드가 처음 사용한 이후 중국의 인터넷 검열을 뜻하는 단어로 사용되고 있다.

키고 있다(Mikk Raud 2016, 6). 이미 중국은 유튜브, 구글 등 세계 상위 1000개 웹사이트 가운데 135개 사이트 접속을 차단하여, 중국 네티즌 7억 3000만 명 가운데 9000만 명이 우회로인 가상사설망(VPN) 사용하여 왔다.[26] 2017년 1월부터는 정부가 승인하지 않은 가상사설망(VPN) 차단에까지 나서면서 사이버공간의 국경 벽은 더욱 높아지고 있다.[27] 사이버 국경의 강화는 결과적으로 중국 네티즌들의 국내 인터넷 서비스에 대한 의존도를 높이게 되고 이는 사이버공간에 대한 정부의 통제가능성 제고로 연결된다. 중국이 2017년 8월 바이두, 턴센트, 시나닷컴 등 국내 인터넷 업체들에 대해 사이버 보안법을 적용하면서 여론통제를 시도한 것은 국내 인터넷 서비스가 독점하고 있는 사이버 공간에 대한 정부의 통제가능성이 확고함을 보여주는 것이다.

둘째, 이러한 사이버공간의 영토화, 국경화는 사이버 산업의 국산화를 제고하는 기반이 되고 있다. 중국의 사이버 안전담론이 사회주의 이념과 공산당 영도체제의 보호, 국가주권과 내정불간섭, 반(反)패권주의라는 대내외 인식에 근거하고 있는 상황에서 중국의 사이버 안보 전략은 외국에 대한 의존도를 줄이고 정보기술의 국산화를 확대하는 결과로 이어진다. 중국 네티즌들은 중국 국내기업들이 제공하는 인터넷 서비스에 절대적으로 의존하게 되고 결과적으로 국내 인터넷업체들에 의해 중국시장은 독점될 수 있다. 중국정부는 전략산업 분야에서 자국기업에 대한 보조와 지원으로 외국투자기업에 대해 경쟁력을 확보하여 중국의 대표적 기업으로 성장할 수 있도록 지원하고 있다(Scis-

---

26   전자신문(2017.4.27.) http://www.etnews.com/20170427000226
27   중국 공업정보화부, "工业和信息化部关于清理规范互联网网络接入服务市场的通知"
       (2017.1.17). http://www.miit.gov.cn/n1146295/n1652858/n1652930/n3757020/
       c5471946/content.html

sors 2009; Hemphill & White 2013, 196-197 재인용). 이러한 전략산
업들은 국가의 경쟁이익을 보완하기 위해서뿐만 아니라 교육, 과학,
기술 혹은 국가안보에서의 잠재적 긍정효과를 발휘할 수 있다는 점에
서 정부의 지원을 받는다(Prestowitz 2009; Hemphill & White 2013,
197 재인용). 인터넷 산업분야는 중국이 이념의 오염과 체제의 위협이
라는 정치안보적 위기인식이 매우 강한 분야로 체제안보와 국가안보
라는 차원에서 정부의 적극 지원을 받고 있다고 할 수 있다. 이러한 정
치적 배경과 경제적 지원의 결과로 중국 인터넷 기업은 급속도로 성
장하였다. 페이스북과 트위터가 막힌 중국 시장에 텅쉰의 위챗은 중
국 소셜네트워크서비스(SNS) 시장의 80% 이상을 점유하고 있다.[28] 중
국 공업정보화부가 내놓은 '2017년 중국 인터넷 100대 기업 분석 보
고'에 따르면 인터넷 100개사의 2016년 매출액은 전년 같은 기간보다
46.8%나 급증한 1조 700억 위안이다. 세계 인터넷 기업 시가총액 상
위 20개사 가운데 중국 기업이 7개이다. 미국 벤처투자회사 클라이너
퍼킨스의 파트너 메리 미커가 발표한 '2017 인터넷 트렌드 보고서'에
따르면 텅쉰(5위) 알리바바(6위)와 바이두(10위) 등 3개 기업이 글로
벌 인터넷 기업 시총 10위권 안에 들었다. 이어 알리바바 계열 금융회
사 앤트 파이낸셜(13위), 알리바바의 전자상거래 라이벌인 징둥(JD)닷
컴(14위), 디디콰이디(滴滴快的, 15위), 스마트폰 제조업체 샤오미(小米,
17위) 등이 20위 안에 들었다.[29] 이렇듯 중국 국내 인터넷 기업의 독점
과 경쟁력 제고는 글로벌 시장에서도 중국 기업의 경쟁력과 점유율 제

---

28   연합뉴스(2017.01.25). "내수시장 꽉잡은 위챗의 위력." http://www.yonhapnews.co.
       kr/bulletin/2017/01/25/0200000000AKR20170125082700083.HTML?input=1195m
29   서울신문(2017.08.04). http://www.seoul.co.kr/news/newsView.php?id=2017
       0812017003&wlog_tag3=naver (검색일: 2017.08.30)

고로 이어지고 있다.

셋째, 사이버 산업 분야는 중국정부의 정치적 목적과 영향력으로 인해 '정부-기업 간 후견관계'가 지속될 가능성이 높다. 중국정부는 새로운 사이버 도전에 대응할 수 있는 경험이 부족할 뿐만 아니라 민간기업의 역량도 서구에 비해 역량이 부족하다. 인터넷 시대 이전에는 정부가 안보를 책임지고 기업은 상품을 책임졌지만 인터넷은 새로운 장면을 만들었다. 인터넷 기술의 급속한 발전은 정부가 산업과의 협력 없이는 시장의 수요를 충족시킬 수도 안전을 보장할 수도 없도록 만들었다(Gao 2011, 187). 산업 또한 정부의 지원없이 성장하기 어려운 중국체제의 특징을 고려할 때 사이버 분야의 정부-기업 간 후견관계가 지속될 것으로 보인다. 중국은 국유기업 개혁 방식의 하나로 '혼합소유제', 즉 민간기업이 국유기업에 지분투자를 하여 경쟁력을 제고하는 정책을 추진하고 있다. 최근 중국 3대 이동통신회사인 중궈롄퉁(中國聯通 · 차이나유니콤)에 대한 혼합소유제 개혁은 정부-기업 간 후견관계의 대표적 사례라고 할 수 있다. 차이나모바일과 차이나텔레콤 등 다른 국영 통신사에 비해 경쟁력이 떨어지는 차이나유니콤에 대해 정부 주도로 중국 대표 인터넷기업인 바이두와 알리바바, 텅쉰 등이 지분의 35.19%를 사들였다.[30] 이는 여전히 국가의 필요에 대해 기업이 동원될 수 있는 중국의 모습을 보여주는 것이라 할 수 있다. 반대로 인터넷 기업들이 국가의 정책적 지원에 의해 해외기업에 대한 경쟁우위를 확보하는 것 또한 지속되고 있다. 텅쉰과 알리바바의 자회사가 합병한 차량호출 앱인 디디추싱(滴滴出行)이 2016년 우버차이나를 인수한 데에는 중국정부의 적극적인 금융대출과 정책적 지원이 큰 역할을

---

30   아시아경제(2017.08.30). http://www.asiae.co.kr/news/view.htm?idxno=2017082909421535521 (검색일: 2017.08.30)

하였다.[31] 정부의 국내기업 후견과 정부정책에 대한 기업들의 적극적 지원은 당국가체제의 특성 속에서 정부의 정치적 이익과 기업의 경제적 이해가 교환되는 모습이라고 할 수 있다.

넷째, 사이버 산업의 중화주의가 부상할 수 있다. 중국이 사이버 공간의 국경을 강화하는 상황에서 중국에 진출하는 해외기업들은 대체로 중국기업들과의 합작회사 설립 등 중국 산업 생태계에 들어가지 않을 수 없는 상황이 강화되고 있다. 2017년 미중전략대화 관련 보고서에 따르면 미국기업들이 중국시장에 접근하기 위해서는 중국기업과 반드시 합작회사를 설립해야 한다. 중국 산업생태계에 들어가기 위해서는 중국 정부, 소비자, 공급자, 심지어는 경쟁기업 등과 연계를 구축해야 한다는 것이다. 중국 생명과학 시장에 대한 한 산업분석가는 "중국시장에 진입하기 위해서는 허가증을 가지고 가거나 합작회사를 만들어야 한다"고 밝혔다(Atkinson 2017, 6). 결국 해외 인터넷기업들이 중국에 진출하기 위해서는 중국의 법과 규범을 따르고 중국기업들과의 합작을 통해서만 가능하다는 점에서 중국 주도의 인터넷 산업 생태계가 확대될 수 있다. 텅쉰이 운영하는 위챗에 해외기업들이 적극적으로 공식계정을 만들어 중국시장을 접근하고, 검색차단과 시장진출의 제약에도 불구하고 구글이 최근 중국에 AI연구센터를 설립하기로 하는 등의 모습은 중국 진출을 위해 중국이 주도하는 플랫폼과 규범에 외국기업들이 편입되는 모습을 보여주는 것이라 할 수 있다.

다섯째, 사이버 안전의 국제체제와 규범을 구축하는 데 있어 중국

---

31   중국정부는 디디추싱이 우버를 인수하기로 결정하기 며칠 전인 2016년 7월 29일 차량 공유 서비스를 합법화한다고 발표하였고, 정부가 정책적으로 디디추싱의 차량구매에 적극적 금융대출을 지원했다(뉴시스 2016.08.01). http://www.newsis.com/ar_detail/view.html/?ar_id=NISX20160801_0014259754&cID=10401&pID=10400

과 서구의 논쟁이 지속되고 국제체제와 규범을 주도하기 위한 중국의
노력이 강화될 것이다. 결국 중국 특색의 사이버 안전 담론은 사이버
안전과 관련한 국제체제와 규범을 형성하는 데 일정한 벽으로 작용할
수 있다. 중국의 사이버 안보협력은 주로 군사적·기술적 협력의 차원
으로 국제사회의 사이버경제를 규정하는 국제규범에 대한 협의나 협
력은 미약한 상황이다. 미국이 지식재산권 보호, 사이버 범죄 억제에
초점을 맞춰 국제공조를 이끌어내려는 것과 달리 중국은 사이버 테러
인터넷·네트워크 기술의 군사적 사용 등을 제한하는 규범을 만들고자
한다. 이를 위해 역내 국가들과의 사이버 안보 관련 협력에 적극적으
로 나서고 있는 것이다(정종필·조윤영 2015. 5). 또한 중국이 사이버공
간에 대해 갖는 위협인식으로 인해 '사이버공간 운명공동체 구축'이라
는 세계협력전략과 '사이버 주권수호' '反패권추구'라는 주권수호전략
을 동시에 견인하고 있는 점 또한 글로벌 국제규범과 체제를 구축하는
데 한계를 초래할 것이다. 중국의 경제적 외교적 부상과 함께 사이버
분야의 국제규범과 국제협력을 만들어 나가는 데 있어서 중국의 역할
과 협력이 필요함에도 불구하고 중국이 사이버공간을 새로운 주권의
영역으로 강조하고 사이버발전의 노선과 정책결정이 주권의 범위 내
에 있다는 주권적 결정권을 강조하면서 실제 보편적 국제규범과 협력
에 스스로 '벽'을 높게 쌓고 있다고 할 수 있다. 이러한 사이버공간에서
의 주권수호, 내정불간섭, 반패권주의 원칙은 국제사회가 제시하는 국
제규범의 압박을 내정간섭으로 규정하고 저항하거나 불수용하는 논리
적 구조를 제공하는 특징적 담론이 될 수 있다.

외국기업들의 반발, 혹은 국제사회의 대중국 압박이 경제적 자유
와 공정경쟁이라는 국제규범을 내세워 지속된다고 하더라도 국내정치
적 배경, 이념과 체제보호라는 목적을 가진 중국의 사이버 안전과 통

제 강화 추세가 쉽게 완화되기 어려울 것이다. 중국은 자국의 사이버 공간이 외세의 침입을 받지 못하도록 높은 벽과 감시망을 작동시키면서 한편으로는 사이버 주권, 반패권 등 세계에 중국 주도의 사이버 담론과 규범을 확산시키기 위한 노력을 강화해 가고 있다. 중국의 사이버 안전담론은 1979년 개혁개방 이래 지속되어온 '1개 중심과 2개 기본점'이라는 국가발전전략, 즉 경제적 개방과 정치적 통제라는 공산당의 원칙에 지배되고 있다. 중국 특색의 사회주의사상과 공산당 영도체제의 지속이 주요한 안보의 대상이 되고 있는 것이다. 또한 독립자주, 반패권, 주권수호 등 기존의 외교노선이 반영되면서 사이버공간의 국제담론이 주권과 반패권론의 지배를 받고 있다.

중국의 사이버 안보 인식을 연구한 왕(Wang 2012, 39-40)은 중국이 사이버 안보와 관련한 국제사회의 대화와 협력에 참여하는 것이 중국을 위해서도 세계 국가들을 위해서도 모두 이익이라고 한다면 국제사회의 사이버 안보규범을 만들어 가는 데 있어서 무엇보다 중요한 것이 중국과 서구의 가치 사이에 컨센서스를 구축하는 것이라고 주장한다. 전문가들 간의 소통을 통한 이해 증진의 노력이 필요하고 이것이 중국의 정책결정자들에게 영향을 미칠 수 있다는 것이다. 새로운 초국적 안보위협이 부상하고 있는 상황에서 과거의 국가안보인식과 이해를 넘어서는 국제사회의 협력이 중요하다고 할 때 중국의 사이버 안전에 대한 인식과 담론을 이해하는 것이 무엇보다도 중요하다고 할 수 있다. 본 연구는 아직도 형성 중에 있는 중국의 사이버 안전 인식과 담론, 제도화의 특징을 분석함으로써 향후 전개될 수 있는 다양한 국제사회의 협력과 규범형성 과정에 정책적 전략적 참고를 제공하는 데에 의미를 둔 것이라 하겠다.

참고문헌

조현석·이은미·김동욱. 2017. "An Integrated Approach of China's Cyber Security Strategy." 『한국위기관리논집』 13(7), pp.89-107.

김상배. 2015. "사이버안보의 미중관계 : 안보화이론의 시각." 『한국정치학회보』 49(1), pp.71-97.

남종호. 2014. "중국 외교정책 결정과정에 미치는 이데올로기적 요소 분석." 『중국과 중국학』 23, pp.125-144.

민성기. 2015. "중국 인터넷 서비스 기업의 국제화 패턴에 관한 연구." 『세계지역연구논총』 33(1), pp.35-57.

민병원. 2012. "안보담론과 국제정치: 안보개념의 역사적 변화를 중심으로." 『평화연구』 20(2), pp.203-240.

배영자. 2017. "사이버 안보 국제규범 논의와 한국 외교: 부다페스트 사이버범죄협약, 사이버 공간총회, 상하이 협력기구." 외교부, 서울대학교 국제문제연구소 공동주최 컨퍼런스 〈사이버 안보와 한국의 외교과제〉(2017.12.13.) 발제문.

윤봉한. 2016. "중국의 사이버 안전법제와 우리의 대응: 중국 '사이버 안전법'을 중심으로." 『신안보연구』 189, pp.48-83.

정종필·조윤영. 2016. "사이버안보를 위한 중국의 전략: 국내정책 변화와 국제사회에서의 경쟁과 협력을 중심으로." 『21세기 정치학회보』 26(4), pp.151-177.

조영남. 2013. "시진핑 시대 중국의 국가발전 전략: 사회 및 경제 정책을 중심으로." 『한국정치연구』 22(2), pp.303-328.

_____. 2013a. "시진핑 시대의 중국 외교 전망: 중국공산당 제18차 당대회의 정치보고를 중심으로." 『한국과 국제정치』 29(2), pp.203-231.

조원선. 2017. "국가 사이버안보 담론과 안보화 이론: 한국의 사이버안보 상황 분석을 중심으로." 『국방정책연구』 116, pp.145-177.

정영애. 2017. "사이버 위협과 사이버 안보화의 문제, 그리고 적극적 사이버 평화." 『평화학 연구』 18(3), pp.105-125.

조화순·김민제. 2016. "사이버공간의 안보화와 글로벌 거버넌스의 한계." 『정보사회와 미디어』 17(2), pp.77-98.

Atkinson, Robert D. 2017. "Testimony of Before the U.S.-China Economic and Security Review Commission, Hearing on Chinese Investment in the United States: Impact and Issues for Policy makers." http://www2.itif.org/2017-us-china-testimony.pdf (검색일: 2018.11.13.)

Aaronson, Susan. 2015. "Why Trade Agreements are not Setting Information Free: The Lost History and Reinvigorated Debate over Cross-Border Data Flows, Human Rights, and National Security." *World Trade Review* 14 (4): 671-700.

Chu, Cho-Wen. 2017. "Censorship or Protectionism? Reassessing China's Regulation of Internet Industry." *International Journal of Social Science and Humanity*, 7 (1): 28-32.

Ding, Qing Shan. 2017. "Chinese products for Chinese people? Consumer ethnocentrism in China" *International journal of retail &distribution management*, 45 (5): 550-564.

Emerson, Guy R. 2016 "Limits to a cyber-threat." *Contemporary Politics*, 22 (2): 178-196.

Erixon, Fredrik; Lee, Hosuk; Makiyama, "DIGITAL AUTHORITARIANISM: Human Rights, Geopolitics and Commerce." file:///C:/Users/Samsung/AppData/Local/Microsoft/Windows/INetCache/IE/FDOEAE6T/digital-authoritarianism-human-rights-geopolitics-and-commerce.pdf (검색일: 2017.09.14.)

Gao, Fei. 2011. "China's Cyber security Challenges and Foreign Policy." *Georgetown Journal of International Affairs*: 185-190.

Hansen, L., & Nissenbaum, H. 2009. "Digital disaster, cyber security, and the Copenhagen School." *International Studies Quarterly*, 53: 1155 – 1175.

Heinl, Caitríona H. 2017. "New Trends in Chinese Foreign Policy: The Evolving Role of Cyber." *Asian Security*, 13 (2): 132-147.

Hemphill, Thomas & White, George. 2013. "China's National Champions: The Evolution of a National Industrial Policy—Or a New Era of Economic Protectionism?" *Thunderbird International Business Review*, 55 (2): 193 – 212.

Hong, Yu. 2017. "Pivot to Internet Plus: Molding China's Digital Economy for Economic Restructuring?" *International Journal of Communication*, 11: 1486-1506.

Iasiello, Emilio. 2016. "China's Cyber Initiatives Counter International Pressure." *Journal of Strategic Security*, 10(1): 1-16.

Kennedy, Gabriela; Zhang, Xiaoyan. 2017. "China Passes Cyber security Law." *Intellectual Property & Technology Law Journal*, 29(3): 20-21.

Lawson, Sean. 2013. "Beyond Cyber-Doom: Assessing the Limits of Hypothetical Scenarios in the Framing of Cyber-Threats." *Journal of information technology & politics*, 10 (1): 86-103.

Lindsay, Jon. 2014. "The Impact of China on Cyber security : Fiction and Friction." *International Security*, 39 (3): 7 – 47.

_____. 2015. "Inflated Cybersecurity Threat Escalates US-China Mistrust." *New Perspective Quarterly*, 32 (3): 17 – 21.

_____. 2017. "Restrained by design: the political economy of cybersecurity." *Digital Policy, Regulation and Governance*, 19 (6): 493-514.

Mu, Rongping, Fan, Yonggang. 2014. "Security in the cyber supply chain: A Chinese perspective." *Technovation*, 34 (7): 385-386.

Nye, Joseph S. 2016. "Deterrence and Dissuasion in Cyberspace." *International security*,

41 (3): 44-71.

Raud, Mikk. 2016. "China and Cyber: Attitudes, Strategies, Organisation." *NATO Cooperative Cyber Defence Center of Excellence*: 1-34.

Tian, Zhilong; Shi, Jun; Hafsi, Taieb; Tian, Bowen. 2017. "How to get evidence? The role of government – business interaction in evidence-based policy-making for the development of Internet of Things industry in China." *POLICY STUDIES*, 38 (1): 1-20.

Wang, Peiran. 2012. "China's Perceptions of Cyber security." *Georgetown journal of international affairs*: 35-40

Yuen, Samson. 2015. "Becoming a Cyber Power: China's cybersecurity upgrade and its consequences." *China Perspectives*, 2: 53-58.

Zeng, Jinghan, Tim Stevens, Yaru Chen. 2017. "China's Solution to Global Cyber Governance: Unpacking the Domestic Discourse of 'Internet Sovereignty'." *Politics & Policy*, 45 (3): 432 – 464.

Zhang, Jun. 2008. "China's Dynamic Industrial Sector: The Internet Industry." *Eurasian Geography and Economics*, 49 (5): 549-568.

丹尼尔·埃肯森. 2017. "网络安全还是保护主义?—缓和中美关系中最不稳定的问题." 『信息安全与通信保密』. 2017年08期.

于志刚. 2014. "网络安全对公共安全, 国家安全的嵌入态势和应对策略."『法学论坛』. 2014年06期.

尹建国. 2013. "美国网络信息安全治理机制及其对我国之启示."『法商研究』. 2013年02期.

牛晋芳·孔德宏. 2003. "必须重视网络时代我国意识形态的安全问题."『理论探索』1.1

刘勃然·黄风志. 2012. "美国《网络空间国际战略》评析",《东北亚论坛》2012年 第3期: 54-61.

卢佳. 2016. "没有网络安全就没有国家安全,没有信息化就没有现代化"—解读习近平关于网络安全和信息化的重要论述."『党的文献』.

姜丽华. 2017. 完善网络政治参与 推动社会主义协商民主发展. 陕西社会主义学院学报. 2017年03期. 4-27.

刘忠厚. 2008. "浅谈信息网络时代社会主义意识形态建设的挑战与对策."『湖湘论坛』. 2008年06期.

梁保稳. 2009. "论网络民主是发展中国特色社会主义民主的有效形式."『新西部』. 2009年11期.

宋元林. 2009. "网络文化与发展社会主义民主政治."『当代世界与社会主义』. 2009年05期.

殷殷·姜建成. 2015. "社会主义核心价值观视域中的网络话语权建设."『思想教育研究』. 2015年01期.

王世伟. 2015. "论信息安全, 网络安全, 网络空间安全."『中国图书馆学报』. 2016年02期: 72-84.

_____. 2016. "论大数据时代信息安全的新特点与新要求."『图书情报工作』. 2016年06期.

王世伟·曹磊·罗天雨. 2016. "再论信息安全, 网络安全, 网络空间安全."『中国图书馆学报』. 2016年05期: 4-26.

王雅韬·刘颖. 2011. "网络民主对中国政治发展的影响."『辽宁行政学院学报』. 2013年03期.

赵净. 2012. "信息网络环境下的社会主义意识形态建设探析."『思想理论教育导刊』. 2012年09期.

赵春丽. 2010. "网络民主: 社会主义民主的重要实现形式."『唯实』. 2010年01期.

_____. 2011. "网络民主与社会主义民主的若干冲突与悖论."『天府新论』. 2011年01期.

周树辉·彭大成. 2008. "网络民主是发展中国特色社会主义民主的新路径." 『武陵学刊』.
　　2010年05期.
何频. 2009. "论网络文化与社会主义民主政治的发展." 『马克思主义与现实』. 2009年01期.
胡平建. 2015. "社会主义核心价值观在网络传播下的构建." 『新闻战线』. 2015年21期.
徐长安. 2017. 《网络安全法》解读. 『创新前沿』.
周汉华. 2017. "习近平互联网法治思想研究." 『中国法学』. 2017年03期. 5-21.
黄庭满. 2017. "习近平网络空间治理新理念新思想新战略研论(下)." 『汕头大学学报』. 2017年01期.
姜珊. 2017. "网络安全与信息化:习近平网络强国战略观的内核." 『现代交际』. 2017年07期.
林晓娴. 2017. "习近平网络安全思想研究." 『法制与社会』. 2017年04期.

제7장

사이버산업과 경제-안보 연계
─구글 vs. 한국 사례─

이승주

I. 서론

한국 정부와 구글이 공간 정보의 국외 반출을 둘러싸고 지난 10년 동안 갈등을 지속한 사례는 국가 안보, 산업정책, 기업 규제, 개인 정보 보호, 데이터 국지화 등 다양한 쟁점들과 연계되었다는 점에서 한국 IT산업의 향후 발전과 관련하여 상당한 시사점을 제공한다. 구글 vs. 한국 정부 사례는 또한 행위자 사이의 상호작용 측면에서 정치경제적 분석을 필요로 한다. 이 사례에 직간접적으로 참여한 행위자들은 구글과 한국 정부는 물론, 미국 정부, 한국 IT기업, 외국 IT기업 등 매우 다양하다. 구글과 미국 정부의 이해관계는 일치된 반면, 한국 정부는 부처별로 상이한 이해관계를 가졌을 뿐 아니라, IT기업 사이에도 상반된 이해관계를 드러낸 바 있다. 단일한 입장을 취하고 있는 초거대 다국적기업과 미국 정부를 상대로 이해관계가 분산되어 있는 한국 정부와 IT 업계가 이에 대응하는 과정과 그 결과는 흥미로운 정치경제 현상이라고 할 수 있다.

II. 배경 및 진행 과정

구글은 지난 2007년 이후 한국 정부에 상업용 공간 정보의 국외 반출을 지속적으로 요청해왔는데, 한국 정부는 현재까지 거부하고 있다. 구글을 포함한 외국 기업이 상업용 지도 정보 반출을 요청한 것은 모두 4회로 한국 정부는 국가보안 상의 이유 등으로 모두 거부하였다.

1. 진행 과정

2007년 구글 코리아는 국가정보원에 공간 정보의 국외 반출이 가능한지 여부를 타진하였으나, 정부의 반대로 실패하였다. 2008년 이에 대해 미국 측은 한미통상회의에서 공간 정보 국외 반출 필요성을 공식적으로 제기하였다. 2010년 한국 정부는 미국 측의 요구에 대해 조건부 승인 의사를 밝혔다. 한국 정부는 구글 코리아 측이 한국 내에 공간 정보를 저장할 수 있는 서버를 설치할 것을 전제로 승인이 가능하다는 의견을 제시하였으나, 구글 측이 거부하였다.

한편, 2010년 한국 검찰이 스트리트뷰 개인 정보를 무단 수집한 사건과 관련하여 구글을 소환했으나, 구글 측은 이에 불응하였다. 구글은 2010년 스트리브뷰 작업 중 개인 이메일과 전화번호를 무단 수집하였다는 이유로 검찰의 소환을 받았으나, 구글은 서버를 국내에 두지 않았기 때문에 수사가 이루어지지 않았다(뉴스1 2016.11.20). 이 과정에서 국회 토론회에 참석한 구글 코리아 측은 "개인정보 수집은 실수였으며, 구글이 문제를 먼저 인지하여 관련 사실을 공개하였다"는 주장을 하였으나, 유럽에서 이 문제에 대한 조사가 시작되자 이를 뒤늦게 공개하였다는 점이 밝혀지기고 하였다.

2011년 구글은 한국 로펌 김앤장에 공간 정보 국외 반출을 위한 법률 자문을 의뢰하는 등 법률적 검토에 착수하였다. 2016년 6월 구글 코리아가 국토지리정보원에 5000분의 1 정밀 공간 정보의 국외 반출 승인 신청서를 다시 제출하면서 쟁점화되었다. 2016년 6월 22일 한국 정부는 구글의 요청에 대하여 국외반출협의체 1차 회의를 개최하였으나 최종 결론을 내리지 못하였다. 2016년 8월 24일 정부는 국외반출협의체 2차 회의를 개최하였으나 결정 기한 60일 연기하였다.

한국 정부는 구글의 지도 데이터 반출 요청에 대해 협의체를 개최하여 논의한 끝에 심의 기간을 60일 연장하여 최종 결정을 11월 23일에 내리기로 하였다(조선비즈 2016.08.25). 정부는 "안보에 미치는 영향과 국내 위치 정보 산업에 대한 파급 효과 등을 감안하여 추가 협의를 할 필요가 있다"는 이유로 결정을 연기했다. 2016년 8월 협의체 회의에서는 8개 부처 가운데 다수 부처가 지도 데이터의 반출을 허가하지 않는 쪽으로 의견을 제시한 것으로 알려졌다(조선비즈 2016.08.25). 2016년 11월 23일 국외반출협의체는 공간 정보의 국외 반출 승인을 거부하는 최종 결정을 내렸다.

2. 논쟁의 법적 근거와 처리 절차

공간 정보의 해외 반출에 대한 결정을 하는 것은 '공간정보의 구축 및 관리 등에 관한 법률'(법률 제12738호)에 따른 것이다. 이 법률 제16조(기본측량성과의 국외 반출 금지) 1항에 따르면, "누구든지 국토교통부 장관의 허가 없이 기본측량성과 중 지도등 또는 측량용 사진을 국외로 반출하여서는 아니 된다. 다만, 외국 정부와 기본측량성과를 서로 교환하는 등 대통령령으로 정하는 경우에는 그러하지 아니하다"고 규정되어 있다. 또한 2항에는 "누구든지 제14조제3항 각 호의 어느 하나에 해당하는 경우에는 기본측량성과를 국외로 반출하여서는 아니 된다"고 규정되어 있는데, 제14조(기본측량성과의 보관 및 열람 등) 3항은 국가안보나 그밖에 국가의 중대한 이익을 해칠 우려가 있다고 인정되는 경우와 다른 법령에 따라 비밀로 유지되거나 열람이 제한되는 등 비공개사항으로 규정된 경우, 기본측량성과나 기본측량기록을 복제하게 하거나 그 사본을 발급할 수 없도록 되어 있다.

그럼에도 불구하고 구글이 공간 정보의 해외 반출을 다시 요청한 것은 16조 2항에 "다만, 국토교통부장관이 국가안보와 관련된 사항에 대하여 미래창조과학부장관, 외교부장관, 통일부장관, 국방부장관, 안전행정부장관, 산업통상자원부장관 및 국가정보원장 등 관계 기관의 장과 협의체를 구성하여 국외로 반출하기로 결정한 경우에는 그러하지 아니하다"는 규정에 근거한 것이다(〈개정 2014.6.3.〉). 16조 2항은 2014년 6월 개정된 것으로 박근혜 정부가 추진한 규제완화를 위한 조치의 일환이다.

공간 정보의 국외 반출의 기준과 절차에 대해서는 '공간정보의 구축 및 관리 등에 관한 법률'과 이 법의 시행령에 규정되어 있다. 공간 정보의 국외 반출은 국토교통부장관이 구성한 국외반출협의체가 결정한 경우 이외에는 기본적으로 금지하도록 되어 있다. 같은 법 시행령 제16조의 2에 따르면 국외반출협의체는 국토교통부, 미래창조과학부, 외교부, 통일부, 국방부, 안전행정부, 산업통상자원부 및 국가정보원 등 8개 기관의 장이 지명하는 4급 이상 공무원으로 구성된다. 국외반출협의체는 국토지리정보원예규 제88호에 규정된 국외 반출 허가 심사 기준에 따라 국가 안보를 포함한 한국의 국익을 검토하여 반출 여부를 결정하도록 되어 있다.

III. 주요 쟁점

1. 기업 활동의 자유 vs. 국가 안보

구글 사례는 기업 활동의 자유와 국가 안보 사이의 긴장 관계를 보여준다. 구글이 신청한 공간 정보는 군사 기지 등 국가 안보에 관련된 시설들을 삭제하는 가공을 거친 것으로, 보안 문제가 없는 것으로 확인된 데이터이다. 그러나 한국 정부가 우려하는 것은 상세한 공간 정보가 비록 합법적인 것이라 하더라도 국외로 반출되어 위성 영상과 결합되어 국가 안보 관련 시설에 대한 상세한 정보가 사실상 노출된다는 점이다. 한국 정부는 위성 영상에서 보안 시설을 삭제하는 조건으로 공간 정보를 반출할 수 있다는 입장을 표명하였으나, 구글은 이를 거부하였다. 이와 관련, 한국 정부가 구글 측에 군사 시설 등 민감 시설 정보를 삭제할 것과 한국 내 서버 설치를 요구하였으나 구글은 이를 거부하고, 지도 데이터 반출이 한국과 전세계 사용자들에게 더 좋은 지도 서비스를 제공하는 한편, 관련 산업의 발전에 기여할 수 있다는 점을 강조하였다(뉴시스 2016.8.25).

구글은 군사 안보 시설에 대한 영상을 판매하는 업체가 별도로 있기 때문에 구글이 한국 정부의 요청에 응하더라도 문제의 근본적 해결을 기대하기 어렵다는 입장을 취하고 있다. 구글이 위성 영상을 흐리게 처리하더라도 민감 시설에 대한 영상은 다른 경로를 통해 얼마든지 유통될 수 있다는 것이다. 따라서 구글은 한국 정부가 기존 입장을 바꿔 국가 간 협약을 통해 이 문제를 해결하는 것이 현실적 대안이라고 본다. 구글은 구체적으로 이스라엘 정부와 같이 상대국 정부와 협의하여 민감 시설 관련 영상을 차단하는 방법을 검토할 것을 제시하기까지 하였다. 더 나아가 데이터 국지화가 오히려 보안에 취약하다는 점도 문제로 지적되고 있다. 데이터 보안 문제의 대다수가 국내적 차원에서 발생하기 때문에, 한 장소에 데이터를 보관하는 것이 사이버 공격을 예방하기보다는 오히려 한국 정부가 우려하는 안보의 취약성을 증대시키는 결과로 이어질 수 있다는 것이다(Bauer et. al. 2014).

한편, 데이터 국지화는 경제적 비용뿐 아니라 유무형의 비용을 발생시킨다는 점에서 기업 활동의 자유를 제약하는 면이 없지 않다. European Center for International Political Economy(ECIPE)가 데이터 국지화에 대하 유사한 정책을 펼치고 있는 7개국을 대상으로 실시한 연구 결과에 따르면, 데이터 국지화로 인해 발생하는 GDP가 브라질 −0.2%, 중국 −1.1%, EU −0.4%, 인도 −0.1%, 인도네시아 −0.5%, 한국 −0.4%, 베트남 −1.7%가 각각 감소하는 것으로 추산되었다. 데이터 국지화는 투자에도 부정적 영향을 미치는 것으로 나타났다. 국가별 투자 감소율은 브라질 −4.2%, 중국, −1.8%, EU −3.9%, 인도 −1.4%, 인도네시아 −2.3%, 한국 −0.5%, 베트남 −3.1%에 달하는 것으로 추산되었다. 데이터 국지화가 주로 글로벌 IT기업에 경제적 부담을 증가시키는 요인으로 작용하기 때문에, 이를 요구하는 국가들의 투자 동기가 감소한 데 따른 것이라고 할 수 있다(Bauer et. al. 2014).

그러나 이 문제에 대한 구글의 입장 역시 일관성이 있다고 보기는 어렵다. 2016년 9월 대만 정부가 군사 시설의 이미지에 대해 흐리게 처리해줄 것을 요청한 데 대해 구글은 신중하지만 긍정적인 태도를 취하였다. 즉, 대만 국방부가 남중국해의 분쟁 도서 타이핑다오(太平島)/이투아바의 군사 시설의 이미지를 흐리게 해달고 요청하자, 구글은 "대만 당국의 안보상 우려를 매우 진지하게 인식하고 있으며, 이에 대해 협의할 의사가 있다"고 밝힌 바 있다(Reuters 2016.9.21).

구글이 이 문제에 대해 유연한 대응을 하는 이유는 중국을 의식한 때문이라고 할 수 있다. 타이핑다오는 현재 대만이 점유 중이나, 중국, 베트남, 필리핀, 말레이시아 등 다수 국가들 사이에 영유권 분쟁이 진행 중이다. 대만이 타이핑다오에 군사기지를 구축한 것이 공개적으로

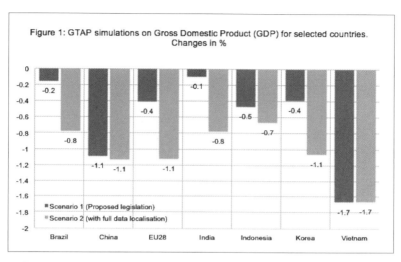

그림 7.1. 데이터 국지화가 GDP에 미치는 영향
출처: Bauer et. al. 2014.

드러날 경우 영유권 분쟁이 격화될 가능성이 있다. 구글은 타이핑다오 문제의 폭발력, 특히 중국의 반발을 감안하여 신중한 태도를 취한 것으로 보인다.

뿐만 아니라 구글 지도에는 이미지를 흐리게 처리한 장소가 25개에 달하고 있다(Pegg 2013). 25개 장소에는 미국, 일본, 독일, 프랑스, 캐나다, 스페인, 포르투갈, 네덜란드, 헝가리, 칠레, 러시아, 이라크, 북한 등 다양한 국가가 포함되어 있다. 흐리게 처리된 장소도 전력 생산 시설, 생화학 무기 시험 시설, 공항, 우주 연구 시설, 나토 본부 등 매우 다양하다. 또한 흐리게 처리된 방식과 정도 역시 매우 다양하다.

이는 구글이 예외 없는 원칙의 적용을 주장해왔으나, 사실상 개별 국가의 요청과 시설의 성격을 고려하여 원칙을 유동적으로 운용해온 것이라고 볼 수 있다. 결과적으로 구글은 상대국 시장의 중요성 등을 고려하여 자사의 원칙을 신축성 있게 실행하고 있다. 예를 들어, 시장 규모가 큰 중국과 이미지 처리 문제로 분쟁이 초래되는 데 따른 불이익을 회피하기 위해 유연성을 발휘하고 있는 것이다(이데일리 2016.9.26). 이를 한국의 상황에 대입하면, 구글이 지리 정보와 관련한 한국 정보의 요청을 수용하기 위해 최소한의 서버를 설치하고 클라우딩을 통해 자사의 서버와 연동하는 해법도 충분히 고려할 만하다. 그럼에도 구글은 문제 해결을 위해 한국 정부 및 기업들과 협력하기보다는 자사의 표준을 고수하고 있는 것이다.

구글은 해외에 구축한 데이터 센터에 한국의 공간 정보를 저장한 채 다른 국가와 같은 수준의 지도 서비스를 제공하겠다는 목표를 2007년 이후 꾸준히 추구해왔다. 구글이 한국에 내비게이션 등 일부 서비스를 제공하지 못하는 이유는 한국 정부가 공간 정보의 국외 반출을 허용하지 않아 구글이 이 정보를 직접 갖고 있지 못하기 때문이라는 것이다. 구글이 한국에 제공하는 지도 서비스는 위성 사진에 기반한 것이고, 구체적인 공간 정보가 없기 때문에 네비게이션 등의 기능을 제공할 수 없다는 것이다.

한국 정부는 구글의 요청에 대하여 일정 조건하에 공간 정보의 공간 반출을 승인할 수 있다는 입장을 구글 측에 전달하였다. 구글이 google.com에서 제공하고 있는 지도에서 한국의 주요 시설을 보안 처리할 경우, 공간 정보의 국외 반출을 승인할 수 있다는 것이 정부의 입장이다. 한국 정부의 이러한 제안은 공간 정보의 국외 반출을 인정하지 않던 과거 입장과 비교할 때, 진일보한 측면이 있다. 이러한 입장의 변화는 '공간정보의 구축 및 관리 등에 관한 법률'(법률 제12738호)이 2014년 6월 일부 개정된 데 따른 것이다. 즉, 구글은 2007년에도 공간 정보의 국외 반출을 요청하였으나, 당시에는 '공간정보의 구축 및 관리 등에 관한 법률'(법률 제12738호)이 국외반출협의체의 구성을 통해 반출 가능성을 열어놓았기 때문이다.

　구글은 정부의 이러한 요구가 실질적 효과가 없다고 지적하고 이 조건을 수용하지 않았다. 이에 대하여 한국 정부는 공간 정보가 국외 반출되어 구글 지도 서비스가 영상 정보와 결합될 경우, 주요 시설에 대한 정보가 노출되어 안보 위협이 증가한다는 것이다. 더욱이 한국 정부는 구글이 국외 반출을 요청하는 공간 정보는 골목까지 구분할 수 있는 5000:1 축척이어서 안보 위협은 매우 실질적이라는 것이다. 구글은 얀덱스(Yandex), 마이크로소프트, 노키아 등도 지도 서비스를 제공하는 기업들도 청와대 등 한국의 주요 시설에 대하여 보안 처리를 하지 않고 그대로 지도 서비스를 제공하고 있는데, 구글에게만 보안 처리를 요구하는 것은 차별적 조치라는 점을 지적한다. 이에 대하여 한국 정부는 구글 지도 앱이 10억 회 이상 다운로드되어 시장 점유율이

표 7.1. 구글 데이터 센터

지역	장소
미주	Berkeley County, South Carolina Council Bluffs, Iowa Douglas County, Georgia Jackson County, Alabama Lenoir, North Carolina Mayes County, Oklahoma Montgomery County, Tennessee Quilicura, Chile The Dalles, Oregon
아시아	Changhua County, Taiwan Singapore
유럽	Dublin, Ireland Eemshaven, Netherlands Hamina, Finland St Ghislain, Belgium

출처: Data Center Locations. https://www.google.com/about/datacenters/inside/locations/index.html

매우 높기 때문에 구글과의 협상을 바탕으로 다른 지도 서비스 제공 업체에도 같은 요구를 할 수 있게 될 것이라는 점에서 구글에 대한 대응은 매우 중요하다는 점을 밝히고 있다.

2. 데이터 국지화와 무역 장벽

구글은 2013년 미국 의회 청문회에서 "데이터 국지화가 이루어질 경우 인터넷의 발칸화(Balkanization)와 데이터가 국가 또는 지역별로 분산되어 국가 간 장벽이 만들어져 궁극적으로 현재와 같은 지구적 차원의 인터넷을 대체하는 결과가 초래될 것"이라고 위험성을 지적하고 있다. 구글도 고객이 원하는 지역에 데이터를 저장할 수 있도록 한 적이 있었으나, 현재는 안전성과 고객 편의성을 이유로 데이터를 다수 지역에 저장하고 있다.

구글이 데이터 국지화에 대하여 강력하게 반대해 온 것과 달리 마이크로소프트는 2014년 1월 사용자들이 미국 이외의 지역에 저장할 수 있도록 하는 방안을 검토한 바 있다. 2015년 마이크로소프트는 독일에 두 개의 데이터 센터를 설치하기로 하였다. 새로운 데이터 센터는 독일 통신 기업인 Deutsche Telekom의 자회사인 T-Systems가 관리하게 되며, 마이크로소프트 직원들은 독일 측의 승인 없이는 데이터에 접근할 수 없다. 이러한 조치는 스노든 사건 이후 미국 IT 기업들의 데이터 보호에 대한 유럽 기업 고객과 소비자들의 우려가 커진 데 따른 것이다(Ahmed and Chazan 2015). 마이크로소프트의 이 결정은 소비자들이 신뢰할 수 있는 모델을 구축해 달라는 요구에 응한 것이라고 할 수 있다.

한편, 구글은 이스라엘의 요구에 따라 주요 시설에 보안 처리를

한 지도 서비스를 제공하고 있기 때문에, 한국에 대해서도 유사한 보안 처리를 할 것을 요구하고 있다. 구글은 이에 대하여 1997년 미국의회가 'National Defense Authorization Act'를 통과시킨 때문이라는 입장이다("Google Maps: Keeping an Eye on Israel" 2014.5.5). 'Prohibition on collection and release of detailed satellite imagery relating to Israel'과 'Kyl-Bingaman Amendment' 수정안은 이스라엘에 대한 상세 이미지의 배포를 규제하도록 하고 있다. 즉, 미국이 이스라엘에 대한 지도 서비스를 제한하는 것은 미국 국내법의 규제 때문이라는 것이다.

2016년부터 미국 정부가 이 문제에 주목하기 시작하면서 무역 장벽의 문제로 변화하는 새로운 단계에 접어들게 되었다. 미국 통상대표부는 2016년 데이터 해외 반출 신청이 열 번째 거부된 점을 지적하고, 한국 정부가 이 문제를 전세계에서 지도 서비스를 제공하는 특정 기업의 이미지 처리 문제와 연계하는 것에 대해 매우 비판적 입장을 보이고 있다. 미국 통상대표부는 고해상도 이미지를 제한한다고 하더라도 다른 상업 제품을 통해 얼마든지 취득 가능하기 때문에 한국 정부가 기대하는 효과를 거둘 수 없다고 판단한다. 미국 통상대표부는 공간 정보 반출 금지가 국가 안보 문제 해결 방안이 될 수 없기 때문에, 한국 정부가 해외 기업들이 보다 원활한 서비스를 제공하여 공정한 경쟁을 할 수 있도록 해야 한다는 것이다. 요컨대 미국 통상대표부는 따라서 이 이슈를 국가안보의 문제가 아닌, 해외 기업에 대한 경쟁 제한의 문제로 인식한다.[1]

1　미국 통상대표부는 한국 정부의 국가안보에 대한 우려를 충분히 공감하나, 그렇다고 해서 한국 정부의 현 정책이 문제 해결 수단이 되지 않기 때문에 대안을 함께 모색할 것을 제안하기도 하였다. 특히 2018년 평창 동계 올림픽 기간 중 한국을 방문하는 수많은

2017년 미국 통상대표부(USTR)는 무역장벽보고서를 통해 데이터 국지화를 무역 장벽의 하나로 파악하고 있다(USTR 2017). 통상대표부는 공간 정보 데이터의 반출 제한이 교통 정보와 내비게이션 등 혁신적인 쌍방향 서비스를 제공하는 해외 기업에게는 경쟁 제한 요소가 된다고 지적하였다. 국내 기업들은 이 서비스를 위해 해외 기업의 데이터 처리를 필요로 하지 않는 반면, 데이터 국지화로 인해 해외 기업들은 한국 데이터 처리에 의존하지 않을 수 없다는 점에서 데이터 국지화가 경쟁 제한적 효과가 있다는 것이다. 미국 통상대표부는 한국과 같이 상당한 시장 규모를 가진 국가가 데이터 국지화에 제한을 가하고 있다는 점에 주목한다.

미국 통상대표부는 2011년 제정된 개인정보보호법 또한 시장 장벽이 될 수 있다는 문제를 제기한다. 기업이 고객 정보를 해외로 이전하는 데 매우 엄격한 요건을 부과하고 있다. 개인정보보호법은 개인 정보의 해외 이전을 위해서는 데이터 이전의 목적지, 제3자의 사용 계획, 보관 기간 등 다양한 정보를 고객에게 고지할 것을 규정하고 있다. 반면, 개인정보보호법은 한국 내의 개인 정보 이전에 대해서 이보다 완화된 요건을 부과한다. 이와 같이 이원화된 의무의 부과가 제3자의 데이터 보관 및 처리 서비스를 필요로 하는 해외 기업의 입장에서 볼 때 일종의 시장 장벽이 될 수 있다는 것이다(USTR 2017).[2]

외국인들이 지도 서비스를 필요로 할 것이기 때문에 이 문제의 조기 해결이 필요하다는 입장을 피력하였다(USTR 2017).

2   미국 통상대표부는 2016년 개정된 정보통신기반보호법 역시 개인 정보의 수집과 처리에 상당한 제한을 가하는 것으로 본다. 고객 동의 없이 개인 정보를 해외로 이전하는 등 데이터 보호 기준을 위반한 통신 및 온라인 서비스 제공 기업에게 최대 수익의 3%까지 벌금을 부과하게 되어 있기 때문이다.

3. 기업 간 경쟁: 규제 형평성과 국내 기업에 대한 역차별

구글에 공간 정보를 반출하는 문제는 국내 기업과 외국 기업 사이의 형평성 또는 차별과 관련된 다양한 문제를 초래할 가능성이 있다. 국내 기업들은 군사 기지, 군사 시설, 기타 법령이 정한 비공개 사항을 포함한 보안 시설을 표시할 수 없다는 규정을 준수해야 하는 반면, 구글과 얀덱스와 같은 외국 기업들은 위성 영상과 결합하여 관련 서비스를 제공하고 있다. 국외 기업들은 한국 정부의 규제를 사실상 회피함으로써 국내 기업에 비해 우수한 정보 서비스를 제공하고, 경쟁에서 유리한 위치를 점할 수 있게 된다. 반면, 구글을 비롯한 지도 데이터의 국외 반출을 찬성하는 측에서는 국내 콘텐츠 사업자 등이 구글 등 해외 지도 서비스 플랫폼을 기반으로 다양한 사업의 기회를 누릴 수 있다고 주장한다.

구글 코리아 측은 세금을 납부는 물론 고용을 창출하는 등 한국 경제에 상당한 기여를 하고 있다고 주장하고 있으나, 국내 기업들은 구글 코리아가 매출 등 기업 정보를 공개하지 않기 때문에 신뢰하기 어렵다는 비판을 지속하고 있다. 실제로 구글 코리아는 국내에 서버를 설치하지 않아 고정 사업장이 없기 때문에 조세를 회피한다는 의혹을 받고 있다. 비판의 핵심은 "구글 코리아가 유한회사이기는 하지만 한국에서 사업을 개시한 2004년 이래 재무제표조차 공시하지 않아 조세 납부 액수에 대한 대략적인 추정조차 불가능하며 조세 회피 의혹이 있다"는 것이다(Business Watch 2017.11.2). 구글 코리아가 강조하는 고용 창출에 대해서도, 비판적인 측에서는 "한국 내에서 수조 원대에 달하는 매출을 올리는 구글 코리아의 고용 규모가 수백 명 수준에 불과하기 때문에 한국 경제에 대한 기여는 매우 제한적이라는 점이다(Economic Review 2017.11.2). 이러한 비판에 대하여 물론 구글 코리아는 세법을 포함한 국내 세법과 조세 조약을 준수하고 있기 때문에 아무런 문제가 없다는 입장을 견지하고 있다. 실적 공개 의무가 없는 유한회사의 지위를 적극 활용하여 세금을 공개하지 않는 것이 불법은 아니기 때문에, 이에 대한 비판은 과도하다는 입장이다.

국내 기업들이 구글 코리아 문제에 대하서 예외적일 정도로 강력한 문제 제기를 하는 것은 역차별의 문제와 관련이 있다. IT 기반 서비스는 초국적 경쟁의 성격을 띠는데 해외 기업들은 한국에서 막대한 수익을 창출하면서 비용을 최소화하기 때문에 국내 기업과에 대해 유리한 위치에서 경쟁하게 된다는 것이다. 이와 관련, 네이버 창업자 이해진이 2017년 10월 국회 국정감사에서 바로 이 점을 지적하였다(Business Watch 2017.11.2).

구글(Google Inc.)의 경우, 구글 코리아(Google Korea)가 유한회사의 형태로 부가통신사업자와 위치기반서비스사업자로 신고하고 위치정보사업자 허가를 신청하여 사업을 하고 있다. 구글은 또한 한국에서 연간 2조 원 이상의 매출 규모를 갖고 있지만, 데이터센터를 싱가포르와 아일랜드 등에 설치하여 법인세를 사실상 회피하고 있다. 데이터 서버를 해외에 두고 있어 국내 매출도 해외 매출도 집계되기 때문이다(조선비즈 2017.5.15). 구글은 한국 사용자들이 국내 게임업체의 앱을 구글 코리아가 아니라 싱가포르에 위치한 구글아시아태평양(Google Asia Pacific Pte. Ltd.)로부터 구매하도록 한다(그림 7.2 참조). 국내 사용자들이 한국 게임업체의 앱을 구매하더라도 국내가 아닌 해외 매출로 잡히기 때문에 구글 코리아는 세금을 납부할 필요가 없게 된다(조선비즈 2017.5.15).[3]

반면, 네이버의 2015년 기준 네이버와 카카오의 법인세는 1900억

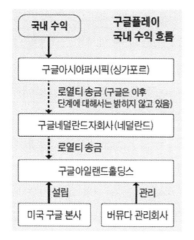

그림 7.2. 구글 코리아의 수익 흐름
출처: 조선비즈 2017.5.15.

원과 307억 원에 달했다. 이와 관련 네이버 이해진 의장은 "구글이 유튜브 등으로 벌어들이는 매출에 대한 정보가 없을 뿐 아니라, 세금도 내고 있지 않다"는 강도 높은 비판을 제기하였다(조선비즈 2016.8.8). 구글에 상세한 공간 정보를 제공하는 것이 한국 기업에 대한 역차별이라는 주장인 이유는 이 때문이다. 구글 코리아가 소송 및 행정처분이 발생할 경우 책임의 주체가 될 수 있는지에 대해서는 모호할 뿐 아니라, 애플과 바이두 등 다른 외국 업체들도 한국에 서버를 두고 지도 서비스를 제공하고 있다.

4. 산업적 파급 효과

한국 정부의 공간 정보 반출 불허 결정이 관련 산업에 미치는 효과가 빠르게 나타나고 있다. 그 결과 사용자 수가 가장 많은 지도 앱은 네이

---

3   구글이 이러한 방식을 취하는 것은 구글아시아태평양이 위치한 싱가포르의 법인세율이 17%로 한국보다 낮은 수준이라는 것도 하나의 원인이다(조선비즈 2017.5.15).

버 지도로 828만 명이 사용하고 있다. 구글 지도의 사용자는 766만 명이다(아시아투데이 2017.3.28). 공간정보산업협회 관계자는 "구글의 주장대로 조건없이 국내 정밀 지도를 해외에 반출할 경우 자율주행자동차(무인차), 드론(무인기), 위치기반 광고, 자동차용 운영체제(OS)에서 구글이 쉽게 주도권을 쥐게 된다"면서 "최근 우버가 구글 지도 서비스의 인상으로 자체 지도 제작에 나선 것도 구글 지도에 종속될 경우 경쟁력을 잃게 된다고 판단했기 때문"이라고 말했다(조선비즈 2016.8.8).

이 결정으로 인해 외국 IT기업들이 국내 진출 전략을 수정하는 등의 변화가 발생하고 있다. 위치 기반 게임 포케몬고 국내 서비스는 '오픈 스트리트 맵(Open Street Map)'에 기반하여 제공되고 있다. 구글 지도와 안드로이드 오토를 탑재한 외국 자동차의 수입이 어려워졌다. 테슬라는 구글 지도를 사용하지 않기로 결정하고, 웨이즈나 오픈 스트리트 맵과 같은 참여형 지도서비스 사용을 검토하고 있는 것으로 알려졌다. 한국 시장에 진출을 결정한 테슬라가 국내 기업의 지도를 사용할 경우 라이선스 비용을 둘러싼 협상 과정에서 한국 진출 시기가 지연될 수 있다는 우려하였기 때문에 대안을 모색한 것이라는 평가가 이루어지고 있다(조선비즈 2017.2.3). 사용자 참여형 지도 서비스는 사용자들이 실시간으로 제공한 정보에 기반하여 길 안내를 제공하고, 사용자 수가 증가할수록 안내의 효과가 증가한다. 다만, 구글이 웨이즈를 인수하였기 때문에 향후 구글 지도와 웨이즈가 통합될 가능성도 있다(조선비즈 2017.2.3).

2016년 포케몬고(Pokemon Go) 게임 출시 직후 한국의 대다수 지역에서 서비스가 제공되지 않자 이 문제가 본격적으로 쟁점화되었다. 구글에서 분사된 게임 개발 전문업체인 나이언틱 랩스는 포케몬고 서비스를 위해서는 공간 정보 데이터가 필요하다는 점을 강조하였다.

이러한 주장에 대하여 구글의 입장을 대변하는 나이언틱이 포케몬고 서비스 자체보다는, 이를 명분으로 한국의 공간 정보 데이터를 취득하려는 전략의 일환이라는 비판이 가하졌다. 이러한 비판이 설득력이 있었던 이유는 나이언틱 랩스는 공간 정보를 반출하지 못했음에도 불구하고 2016년 1월 한국에서 포케몬고 서비스를 시작하였고, 구글 코리아의 주장의 주장과 달리 포케몬고 서비스가 정상적으로 제공되었기 때문이다.[4] 즉, 구글 코리아는 당시 선풍적인 인기를 모았던 포케몬고 서비스 문제를 활용하여, 공간 정보의 국외 반출을 시도하였다는 비판에 직면하게 되었다(*Economic Review* 2017.11.2).

　한편, 공간 정보를 국외 반출을 허용할 경우, 관련 산업의 동반 발전을 기대할 수 있다는 견해도 조심스럽게 제기되고 있다. 예를 들어, 구글 코리아는 "지도를 활용한 사업—온라인 장터, 숙박, 차량 공유 서비스, 실시간 교통 상황 정보 활용 서비스, 증강현실 기반 게임—들이 발전할 수 있으며, 이는 구글뿐 아니라 한국 기업, 특히 스타트업들에게 커다란 기회를 제공할 것이라는 주장을 펼치고 있다(조선비즈 2016.8.8). 더 나아가 위치 기반 증강현실 게임 포케몬 고의 열풍 이후 국내 스타트업 관계자들 사이에서는 한국이 굳이 고립을 자초할 필요가 없다는 주장이 나오고 있다. 구글 지도가 국내에서 활성화하면, 구글의 안드로이드 오토 등 자율주행 관련 서비스도 활성화되는 효과를 기대할 수 있다는 것이다(조선비즈 2016.8.8).

---

[4]　나이언틱 랩스는 오픈스트리트맵의 데이터를 활용해서 포케몬고 서비스가 정상적으로 제공할 수 있었던 것으로 알려졌다(*Economic Review* 2017.11.2).

5. 공간 정보의 제공과 규제 문제

공간 정보가 없거나 위치가 불분명하게 처리된 장소가 적지 않게 있다
는 점에서 한국 정부의 요청이 유일한 예외는 아니라고 할 수 있다. 공
간 정보가 없는 장소는 (1) 남극 대륙, (2) 동아시아/남아시아 지역의
한국, 타이완, 파키스탄, 아프가니스탄, 네팔, (3) 중앙아시아의 투르크
메니스탄, (4) 서남아시아의 이스라엘, (5) 유럽의 프랑스, 독일, 아일
랜드, 네덜란드, 포르투갈, 러시아, 스페인, 스웨덴, 터키, 우크라이나,
(6) 북미의 미국, (7) 남미의 칠레 등이다.

구글은 5000분의 1 축척 지도 데이터 반출을 요청하고 있다. 그
러나 한국의 공간 정보는 국제 기준에 비교할 때 낮은 수준이 아니라
는 지적이 제기되고 있다. 한국은 미국, 일본, 유럽 국가, 러시아, 터

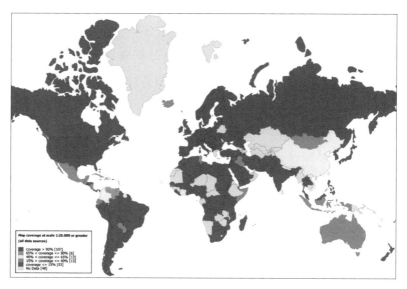

그림 7.3. 1:25000 축척 이상의 공간 정보를 제공하는 비율
출처: ISPRS(2015, 8).

키 등과 함께 90% 이상의 공간 정보 가운데 1:25000 이상의 축척으로 제공하고 있다. 그렇다고 해서 구글이 한국 정부에 요청하고 있는 1:5000 축적지도를 모든 국가에서 획득한 것도 아니다(동아일보 2016.10.19). 한국과 일본을 제외한 대다수 아시아 국가들과 오세아니아 및 아프리카 국가들로부터 1:25000 축적 지도도 확보하지 못하고 있으며, 1:25000 지도를 확보하고 있는 국가는 전체 아시아 국가 가운데 15.2%에 불과하다. 심지어 일본의 구글 서비스도 1:25000 지도 정보를 기반으로 하고 있으며, 1:100000 지도 정보를 활용하는 국가의 비중도 무려 56%에 달한다. 구글은 정밀한 지도데이터를 확보하지 못한 국가에서 구글 지도제작도구(Google Map Maker) 프로그램을 제공하고 있는데, 2011년 10월 기준 구글이 지도제작도구를 제공하는 국가는 180여 개국이다. 이 가운데 120개국 이상이 저화질에도 불구하고 구글서비스를 이용하고 있다.

따라서 한국만 1:5000 지도를 반출하지 않고 있다는 구글의 주장은 사실에 부합하는 것은 아니라고 할 수 있다. 구글이 1:5000 축척 데이터를 취득하더라도 그대로 쓰기 어려워 다시 가공해야 하기 때문에, 한국의 이동통신사가 제공한 정보를 싼 값에 구매할 가능성이 높다. 결국 구글은 사실상 한국 내에 정보 처리를 위한 투자를 최소화하면서 원하는 데이터를 갖기 위해 이 문제를 쟁점화하고 있다는 지적이 제기되고 있다(이데일리 2016.9.26).

한국은 러시아, 중국, 이란, 사우디아라비아 등과 함께 지도 데이터에 대한 접근 또는 배포를 제한하는 국가에 포함된다. 반면, 남미, 북미, 유럽, 대다수 아프리카 국가들은 지도 데이터에 대한 제한을 하지 않고 있다. 데이터의 판매 및 무료 사용 허용과 관련, 남미와 북미 국가들은 데이터의 무료 사용을 허용하는 반면, 유럽, 아프리카, 아시아,

그림 7.4. 지도 또는 데이터에 대한 접근을 제한하는 국가
출처: ISPRS(2015, 16).

호주 등은 공공기관에 데이터를 판매하고 있다.

구글은 2016년 8월 국회 토론회에서 "정밀 지도 반출을 규제하는 나라가 한국 뿐"이라는 주장을 펼쳤지만, 지도 데이터 반출을 규제하는 국가는 한국 이외에도 중국, 이스라엘을 포함한 상당수 국가들이 있다는 주장이 제기되었다. 신용현 국민의당 의원은 "중국과 이스라엘을 포함한 21개국이 지도 데이터 접근을 제한하고 있다"고 주장한바 있다. 또한 구글이 요청하고 있는 1:5000 지도는 북미와 유럽 등 일부 국가가 제공하고 있을 뿐, 구글은 대다수 국가들에서 1:25000 축척 지도에 기반하여 서비스를 제공하고 있다는 주장도 제기되었다(뉴스1 2016.11.20). 구글이 1:25000 혹은 그 이하 축척의 지도를 기반으로 서비스를 제공하고 있는 국가 다수 있으며, 1:25000 축척의 지도 정보는 국외 반출이 가능하다는 것이다(디지털데일리 2016.10.18).

6. 국내적 차원

구글 사례는 표면적으로는 한국 정부 대 구글의 구도로 보이지만, 실제로 한국 정부 부처 사이에 상당한 견해 차이가 발견된다. 반출 불허 입장은 대체로 국가 안보에 대한 위협과 지리 정보 산업 육성에 미치는 영향을 근거로 제시하고 있다. 국방부와 국가정보원은 북한의 위협이 지속되고 있음에도 지도 데이터를 해외로 반출하는 것은 중대한 국가 안보 문제를 초래할 수 있다는 입장이다. 군사·안보 시설에 대한 정보가 삭제된 지도 서비스를 제공하는 국내 기업들과 달리, 구글은 반출을 요청한 지도 데이터와 구글 어스를 결합할 경우 삭제된 국가 안보 시설에 대한 정보를 복구할 수 있기 때문에 안보 위협이 된다는 것이다. 또한 국내 위치·정보 산업에 미칠 수 있는 부정적 영향에 대한 우려도 불허 사유로 제시되었다.

반면, 국외 반출을 허용하자는 측은 관련 서비스 산업의 발전, 소비자 편익, 기술의 갈라파고스화, 통상 마찰 우려, 국외 반출을 허용하지 않는 국가가 한국만은 아니라는 점 등을 주요 이유로 제시하였다. 또한 외교부와 산업통상자원부는 미국과 통상 마찰을 우려하여 이 문제에 대한 보다 신중한 접근의 필요성을 제기했다(조선비즈 2016.08.25). 즉, 11월 미국 대선을 앞두고 반출 불허 결정이 또 하나의 통상 마찰 요인으로 작용할 가능성을 고려하였다는 것이다. 실제로 미국 정부는 반출 불허가 무역 장벽이라며 한국 정부를 문제를 제기한 바 있다.

반면, 미국 통상대표부는 구글의 입장을 적극 고려하여 한국 정부에 압력을 가하고 있다. 2016년 무역장벽보고서에서 공간 정보의 국외 반출에 대한 정부 규제가 제3자 데이터 저장과 서비스 처리를 필요로 하는 인터넷 기반 서비스의 제공에 장벽이 되어 한국 기업에 특혜를 부여하고 있다는 점을 지적한 바 있다(USTR 2016, 282). 미국 통상대표부는 또한 구글의 요청에 따라 한국 정부와 화상회의를 개최하여 구글이 지도 정보를 국외로 반출할 것을 허용해달라는 요청을 하였다(Herh 2016.8.23).

IV. 결론 및 시사점

구글과 한국 정부 사이에 전개된 갈등은 다양한 쟁점들이 서로 복합적인 얽혀 있다. 국가안보와 글로벌 기업의 자유, 정부 규제와 보호무역, 산업정책과 국내 기업에 대한 역차별 문제에 이르기까지 다수의 쟁점들이 분리되지 않고 서로 긴밀하게 연계되어 있다. 이 쟁점 가운데 상당수는 한국만의 문제는 아니다. 예를 들어, 구글과 같은 다국적 기업에 세금을 부과하는 이른바 '구글세' 추세가 유럽을 중심으로 확산되고 있다. 영국 정부는 2016년 1월 구글에 1억 3000만 파운드(약 1,932억 원)의 세금을 징수했고, 프랑스와 이탈리아 정부도 각각 16억 유로(약 2조 원), 3억 유로(약 3,790억 원)에 달하는 세금 징수를 추진하고 있다. 그러나 영국의 경우, 법인세가 대다수 EU 국가들보다 낮은 12.5%가 적용되었다는 점에서 구글에 우호적인 결정이었다는 비판이 제기되고 있다. 영국의 법인세가 20%이고, 프랑스 33.33%, 이탈리아 27.5%, 독일 30-33%인 반면, 영국 정부가 구글에 적용한 세율이 12.5%에 불과하다는 비판이 제기되었다(Robertson 2016.1.28). 이로 인해 독일과 프랑스를 중심으로 유럽 국가들의 법인세율을 동조화해야 한다는 제안이 나오고 있는 반면, 영국과 아일랜드는 이에 격렬히 반대하고 있다. OECD 또한 한 국가에서 1조 원 이상의 매출 규모를 갖고 있는 사이버 관련 다국적기업에게 세금 징수 계획을 밝히는 등 이러한 추세는 점차 확대될 가능성이 있다.

이를 감안할 때, 한국 정부와 기업들은 구글과의 문제를 해결하기 위해서는 특수성과 보편성을 정확히 구분하는 작업이 선행되어야 한다. 한국뿐 아니라 유럽 등 다른 여러 국가의 정부들이 공통적으로 직면하고 있는 쟁점에 대해서는 이들과 협력하여 보편적 기준과 규칙을 설정해 나갈 필요가 있다. 반면, 한국만의 특수한 문제의 경우, 이를 해결하기 위한 대안이 없는지 체계적으로 검토하고, 이를 위해서는 다양한 정부 부처 사이의 정책 조정이 필요하다.

참고문헌

'공간정보의 구축 및 관리 등에 관한 법률'(법률 제12738호)
"구글 공간정보 국외 반출 시도 9년 '첩첩산중'." 2016. 뉴시스. 8월 25일.
"구글, 왜 韓 정밀지도만 끈질기게 요구할까." 2016. 동아일보. 10월 19일.
"구글, 우리만 차별하나..대만 보안당국 지도 블러 처리 요구엔 "협의"." 2016. 이데일리. 9월
    26일.
"구글, 혁신 기업서 먹튀로…정밀지도 반출 시도했다 된서리." 2016. 디지털데일리. 10월
    18일.
"구글에 지도 반출 결정 또 연기… 일부 "美 눈치 보나"." 2016. 조선비즈. 8월 25일.
"국내 정밀 지도 해외 반출 논란. "구글이 한국에 서버 안두는 이유부터 파헤쳐야"." 2016.
    조선비즈. 8월 8일.
"네이버와 난타전…구글 코리아 믿을 수 없는 이유." 2017. *Economic Review*. 11월 2일.
"네이버 이해진에 발끈한 구글 팩트체크 해보니…." 2017. *Business Watch*. 11월 2일.
    〈http://m.bizwatch.co.kr/?mod=mview&uid=34419〉.
"네이버 · 카카오 · SKT…3社3色 위치기반 서비스." 2017. 아시아투데이. 3월 28일.
뉴스1 2016/11/20.
"작년 한국서 2조원 넘게 번 구글, 세금은 거의 안 낸다는데…." 2017. 조선비즈. 5월 15일.
"테슬라, 韓서 구글맵 대신 '웨이즈' 탑재…맞춤화 작업 돌입." 2017. 조선비즈. 2월 3일.
Ahmed, Murad and Guy Chazan. 2015. "Microsoft data centres: the key to internet
    security?" *Financial Times*. November 11.
Aleaziz, Hamed. 2011. "Why Google Earth Can't Show You Israel." *Mother Jones*.
    〈http://www.motherjones.com/politics/2011/06/google-israel-us〉.
Bauer, Matthias, Hosuk Lee-Makiyama, Erik van der Marel, Bert Verschelde. 2014.
    The Costs of Data Localization: Friendly Fire on Economic Recovery. European
    Institute of International Political Economy.
Carter, Eric. 2016. "Korean Tech Companies Aim to Thwart Google Maps' Expansion
    into South Korea." October 28. 〈https://www.programmableweb.com/news/
    korean-tech-companies-aim-to-thwart-google-maps-expansion-south-korea/
    brief/2016/10/28〉.
Data Center Locations. 〈https://www.google.com/about/datacenters/inside/locations/
    index.html〉.
"Google Maps: Keeping an Eye on Israel." 2014. *The Canadian Jewish News*. May 5.
Herh, Michael. 2016. "USTR Pressures S. Korean Gov't to Allow Google to Export Map
    Data." *Business Korea*. August 23.
_____. 2016. "Against Google Maps." *Business Korea*. October 27.
ISPRS. 2015. The Status of Topographic Mapping in the World. ISPRS.

Miller, Claire Cain. 2014. "Google Pushes Back Against Data Localization." *New York Times*. January 24.

Pegg, David. 2013. 25 Places That Are Suspiciously Blurry On Google Maps. October 16.〈https://list25.com/25-places-that-are-suspiciously-blurred-out-on-google-maps/〉.

Robertson, Jamie. 2016. "Google tax row: What's behind the deal?" *BBC News*. January 28.

The United States Trade Representative. 2016. The 2016 National Trade Estimate Report. USTR.

_____. 2017. The 2017 National Trade Estimate Report. USTR.

Wu, J. R. 2016. "Taiwan asks Google to blur images showing new South China Sea facilities." *Reuters*. September 21.

지은이

이승주 중앙대학교 정치국제학과 교수 , 중앙대 국익연구소 소장
연세대학교 정치학 학사 및 석사
캘리포니아 버클리대학교(University of California at Berkeley) 정치학 박사
전공분야: 국제정치경제, 동아시아정치경제
『일대일로: 중국과 아시아』(공저). 2016.
『한국의 중견국외교』(공저). 2016.
『국익을 찾아서: 이론과 현실』(공저). 2014.
『중견국의 공공외교』(공편). 2013.
Aggarwal, Vinod K. and Seungjoo Lee, eds. 2010. *Trade Policy in the Asia-Pacific: The Role of Ideas, Interests, and Domestic Institutions.* Springer.
"불확실성 시대의 국제정치경제: 자유주의 국제질서의 위기?" 2017. 외 다수

김상배 서울대학교 정치외교학부 교수, 서울대 국제문제연구소 소장
서울대학교 외교학과 학사 및 석사
미국 인디애나대학교 정치학과 박사
전공분야: 국제정치, 비교정치,정보세계정치론
『버추얼 창과 그물망 방패: 사이버 안보의 세계정치와 한국』. 2018.
『아라크네의 국제정치학: 네트워크 세계정치이론의 도전』. 2014.
『한반도 신흥안보의 세계정치: 복합지정학의 시각』(공편). 2017.
"세계 주요국의 사이버 안보 전략: 비교 국가전략론의 시각." 2017.
"사이버 안보 국제규범의 세계정치: 글로벌 질서변환의 프레임 경쟁."2017. 외 다수

강하연 정보통신정책연구원 (KISDI) 국제협력연구실 실장
캐나다 University of British Columbia 국제관계학 학사
연세대학교 Graduate School of International Studies 정치학 석사

미국 Northwestern University 정치학 박사 (국제정치 및 정치경제학 전공)

전공분야: 국제정치, 국제정치경제학

"ICT교역의 글로벌 거버넌스." 2013.

"사이버공간의 개인정보 글로벌 거버넌스." 2014.

"미국 엑슨 – 플로리오법의 특징 및 시사점 – 통신서비스 분야 적용사례를 중심으로." 2006. 외 다수

유인태 전북대학교 국제인문사회학부 조교수

연세대학교 정치외교학과 학사 및 연세대학교 대학원 정치학과 석사

미국 University of South Carolina 정치학 박사

전공분야: 국제정치경제, 지역통합, 인터넷거버넌스

"New Wine into Old Wineskins? Regime Diffusion by the Powerful from International Trade into Cyberspace." 2017.

"글로벌 인터넷 주소자원 거버넌스의 변천: IANA 관리체제 전환을 통한 다중이해당 사자원칙의 재확립."(공저). 2017.

"대학–지역 연계 수업의 신뢰 영향에 대한 실험 연구."(공저). 2017. 외 다수

배영자 건국대학교 정치외교학과 교수

서울대학교 외교학과 학사 및 석사

미국 University of North Carolina at Chapel Hill 정치학 박사

전공분야: 국제정치경제, 과학기술과 국제정치

"공공외교로서 과학기술외교." 2011.

"사이버안보 국제규범 연구." 2017.

"미중 패권경쟁과 과학기술혁신." 2016.

"한국 중견국 외교와 북극: 북극이사회 옵서버 승인과 중견국 지위 형성 연구." 2016. 외 다수

이왕휘 아주대학교 정치외교학과 교수

University of London 정치경제학 박사

전공분야: 국제정치경제

『일대일로: 중국과 아시아』. 2016.

『복합세계정치론』. 2012.

"세계금융위기 이후 경제학의위기: 국제정치경제학에 주는 함의." 2012. 외 다수

차정미 연세대학교 통일연구원 연구교수

연세대학교 중어중문학 학사, 연세대학교 정치학 석사

연세대학교 정치학 박사

전공분야: 중국정치외교, 한중관계

『중국은 우리에게 무엇인가』(공저). 2017.

『4차산업혁명론의 국제정치학』(공저). 2018.

"1980년대 한중관계 태동기, 정부–비정부 협력외교의 발전과정." 2018.

"China's threat perception and Response Strategy toward THAAD deployment in South Korea." 2017.

"한국의 대중국 인식 변화와 그 요인." 2017. 외 다수